Publizistik und
gesellschaftliche V

Olaf Jandura · Thomas Petersen
Cornelia Mothes
Anna-Maria Schielicke (Hrsg.)

Publizistik und gesellschaftliche Verantwortung

Festschrift für Wolfgang Donsbach

Springer VS

Herausgeber
Prof. Dr. Olaf Jandura
Düsseldorf, Deutschland

Dr. Cornelia Mothes
Columbus, Ohio, USA

PD Dr. habil. Thomas Petersen
Allensbach, Deutschland

Dr. Anna-Maria Schielicke
Dresden, Deutschland

ISBN 978-3-658-04703-0

Die Deutsche Nationalbibliothek verzeichnet diese Publikation in der Deutschen Nationalbibliografie; detaillierte bibliografische Daten sind im Internet über http://dnb.d-nb.de abrufbar.

Springer VS
© Springer Fachmedien Wiesbaden 2015
Das Werk einschließlich aller seiner Teile ist urheberrechtlich geschützt. Jede Verwertung, die nicht ausdrücklich vom Urheberrechtsgesetz zugelassen ist, bedarf der vorherigen Zustimmung des Verlags. Das gilt insbesondere für Vervielfältigungen, Bearbeitungen, Übersetzungen, Mikroverfilmungen und die Einspeicherung und Verarbeitung in elektronischen Systemen.
Die Wiedergabe von Gebrauchsnamen, Handelsnamen, Warenbezeichnungen usw. in diesem Werk berechtigt auch ohne besondere Kennzeichnung nicht zu der Annahme, dass solche Namen im Sinne der Warenzeichen- und Markenschutz-Gesetzgebung als frei zu betrachten wären und daher von jedermann benutzt werden dürften.
Der Verlag, die Autoren und die Herausgeber gehen davon aus, dass die Angaben und Informationen in diesem Werk zum Zeitpunkt der Veröffentlichung vollständig und korrekt sind. Weder der Verlag noch die Autoren oder die Herausgeber übernehmen, ausdrücklich oder implizit, Gewähr für den Inhalt des Werkes, etwaige Fehler oder Äußerungen.

Gedruckt auf säurefreiem und chlorfrei gebleichtem Papier

Springer Fachmedien Wiesbaden ist Teil der Fachverlagsgruppe Springer Science+Business Media
(www.springer.com)

Inhaltsverzeichnis

Vorwort 7

I. Wolfgang Donsbach und die Entwicklung des Fachs

Thomas E. Patterson
Journalism as a Profession: The Visionary Scholarship of Wolfgang Donsbach 13

Hans Mathias Kepplinger
Mainz-Tunis-Mainz 21

Wolfgang Donsbach und Hans Mathias Kepplinger
Dallas und Mohamed: Wie das Fernsehen das Denken und Leben in ländlichen
Regionen Tunesiens veränderte 27

Hans-Bernd Brosius und Alexander Haas
Zum Publikationsverhalten in der deutschen Kommunikationswissenschaft 39

Patricia Moy and Michael W. Traugott
A Research Career in the Public Interest 59

II. Mediennutzung und Medienentwicklung

Olaf Jandura und Katja Friedrich
Abkehr von politischen Informationsangeboten 69

Sara K. Yeo, Michael A. Cacciatore and Dietram A. Scheufele
News Selectivity and Beyond: Motivated Reasoning in a Changing Media
Environment 83

Cornelia Mothes & Silvia Knobloch-Westerwick
Kurzfristige und langfristige Effekte von Nachrichten auf politische
Informationsinteressen 105

Alejandro Navas y José J. Sánchez Aranda
La información sobre salud en los medios online españoles 125

III. Die Rolle des Journalismus in der Gesellschaft

Elisabeth Noelle-Neumann, mit einem Vorwort von Thomas Petersen
„Wer sagt Ihnen, dass die Journalisten nicht Recht haben?" Die Kommunikationsforschung und die Ethik des Journalismus 151

Winfried Schulz
Geht's bergab? Ein Blick auf den Wandel der politischen Kommunikation 157

Lutz M. Hagen und Claudia Seifert
Das Wirtschaftswachstum und die Objektivität seiner Darstellung in den Medien. Eine normative und empirische Betrachtung 173

Peter Neijens and Jeroen Slot
Media, Issue Information and Vote Choice in a Referendum Campaign 199

IV. Public Opinion and Public Opinion Research

Esteban López-Escobar and Ruth Breeze
Schäffle and Cooley on Public Opinion 215

Thomas Petersen
Das „Easterlin-Paradox" – eine Scheinkorrelation? 227

Heinrich Oberreuter
Revolution durch Öffentlichkeit 239

Biographische Angaben 251

Vorwort

Irgendwann in den frühen 80er Jahren, mitten in den Semesterferien, besuchte die Mannheimer Abiturientin Anne Jäckel die halbleere, etwas verschlafen wirkende Universität Mainz, um sich über die Studienangebote zu informieren. Sprach- und Literaturwissenschaften schienen ihr interessant, aber die Atmosphäre dort gefiel ihr nicht recht: zu viele junge Frauen, die vor allem damit beschäftigt schienen, die Dozenten anzuhimmeln, statt sich für den eigentlichen Gegenstand des Studiums zu interessieren. Also vielleicht doch besser Publizistik? Das Haus am Jakob-Welder-Weg, in dem sich das Institut für Publizistik damals befand, wirkte langweilig und nicht gerade besonders beeindruckend (trotz der exzentrisch lila angestrichenen Haustür). Es war eine notdürftig umgerüstete, überraschend kleine Mietskaserne aus den frühen 50er Jahren. Etwas ratlos betrat Anne Jäckel das muffige und enge Treppenhaus.

Da sprang plötzlich direkt neben ihr mit einem lauten Knall die Tür auf. Wolfgang Donsbach, irgendwelche Papiere unter dem Arm, schoss aus dem Zimmer heraus, begrüßte im Vorbeilaufen fröhlich die verdatterte Abiturientin und hastete dann, polternd, immer zwei Stufen auf einmal nehmend, die Treppe zum oberen Stockwerk hinauf, wo sich die Bibliothek befand. Nach wenigen Sekunden war der Wirbelsturm vorbei und Anne Jäckel wusste: „Hier bin ich richtig." In derselben Sekunde beschloss sie, Publizistik zu studieren. Heute ist Dr. Anne Niedermann, wie sie inzwischen heißt, Projektleiterin am Institut für Demoskopie Allensbach und eine der europaweit führenden Kapazitäten auf dem Gebiet der Umfragegutachten für die Rechtspraxis.

Derselbe Ort, ein paar Jahre später. Das Institut für Publizistik an der Universität Mainz hatte eine bescheidene Ausrüstung für Videoproduktionen angeschafft, die in einigen Altbau-Räumen lagerte, welche hochtrabend „Elektronisches Medienzentrum" genannt wurden, was bei Außenstehenden den fälschlichen Eindruck erweckte, es handele sich dabei um ein funktionsfähiges Fernsehstudio. Wolfgang Donsbach wollte dieses „Studio" nun nutzen, um Szenen einer inszenierten Fernsehdiskussion aufzuzeichnen, die für ein Laborexperiment verwendet werden sollten. Er fragte den Studenten Thomas Petersen, ob er bereit wäre, bei der Aufzeichnung eine Kamera zu führen, an einem, höchstens zwei Terminen. Es sollte auch einen kleinen Hilfskraftvertrag dafür geben. Petersen sagte zu. Doch die Bilder der untermittelmäßigen Kameras konnten mit professionellen Aufnahmen natürlich nicht mithalten, und die Akustik in den für Studioaufzeichnungen völlig ungeeigneten Räumen war erbärmlich. Die Studiotechniker holten das Beste aus dem Material heraus, doch Donsbach war nicht zufrieden und setzte Wiederholungsaufnahmen an, die auch nicht besser werden konnten. Aus ein, zwei, wurden sechs, acht, zehn Termine. Hinweise auf die Grenzen der technischen Ausstattung wurden ignoriert, es müsse einfach besser werden. Als Petersen bemerkte, dass er das Kameraführen an zwei Terminen zugesagt habe, nicht aber einen monatelangen Fulltimejob, fuhr Donsbach ihn an, er habe gefälligst zu gehorchen, schließlich habe er einen Hilfskraftvertrag. Daraufhin nahm der Student all seinen Mut zusammen und gab Donsbach den - glücklicherweise noch nicht unterschriebenen - Vertrag zurück. Donsbach fragte verblüfft, aber auch merklich verärgert: „Geht Ihnen die Inkompetenz der Leute im Studio nicht auch auf die Nerven?" Petersen, dem inzwischen alles egal war, antwortete: „Nein. Mir geht die Inkompetenz der Projektleitung auf die Nerven."

Man sollte meinen, dass sich Donsbach mit diesem dreisten Studenten nie wieder abgegeben hätte, doch das Gegenteil ist der Fall. Heute blickt der ehemalige Student Thomas Petersen, einer der Herausgeber dieses Bandes, voller Dankbarkeit auf die letzten etwa 25 Jahre zurück, die seit dem Vorfall vergangen sind, und in denen er von Wolfgang Donsbach kontinuierlich begleitet, immer wieder freundschaftlich beraten und gefördert worden ist.

Die beiden kleinen Anekdoten, von denen jeder seiner Schüler problemlos weitere beisteuern kann, erzählen viel über Wolfgang Donsbach: seine unbändige Energie, die andere mitreißen, aber auch überfordern kann, die Zähigkeit, mit der er schwierige Situationen zu überwinden sucht, die Tatsache, dass er sich selbst und auch anderen enorme Leistungen abverlangt, manchmal auch unmögliche, was aber zu einer beeindruckenden Produktivität führt. Es gibt wahrscheinlich nicht viele Forscher, die fast im Alleingang ein florierendes Universitätsinstitut aufgebaut haben, das nach wenigen Jahren zu den führenden seines Faches zählte, über zwei Jahrzehnte eine ebenfalls führende internationale Fachzeitschrift organisatorisch aufgebaut und betreut haben, nebenher Präsident zweier weltumspannender Fachverbände waren und in rekordverdächtiger Zeit eine zwölfbändige Enzyklopädie entwickelt haben, die voraussichtlich für lange Zeit ein Klassiker, ein Standardwerk in ihrem Fach bleiben wird.

Die Geschichten erzählen auch etwas über die Kampfeslust, die Wolfgang Donsbach gelegentlich auszeichnet, die einschüchternd wirken kann und es manchmal nicht leicht macht, mit ihm zusammenzuarbeiten. Viele erkennen nicht, dass bei ihm zur Bereitschaft zu einem gepflegten Streit auch die Bereitschaft gehört, Widerspruch hinzunehmen. Vielleicht ist das eine späte Folge seiner rebellischen Studentenzeit. Jedenfalls kann man den Eindruck bekommen, dass Wolfgang Donsbach weniger streitlustige Menschen nur schwer erträgt, angriffslustige dagegen mit Leichtigkeit.

Wolfgang Donsbach ist einer der wenigen deutschen Kommunikationswissenschaftler, die auch international allerhöchstes Ansehen genießen. Patricia Moy und Michael W. Traugott würdigen in ihrem Aufsatz „A Research Career in the Public Interest" in diesem Band ausführlich seine Verdienste, weswegen an dieser Stelle nur die wichtigsten Stationen kurz erwähnt werden sollen, allen voran die Gründung und der Aufbau des Instituts für Kommunikationswissenschaft an der Technischen Universität Dresden ab 1993 und die Konzeption und jahrzehntelange Arbeit als Chefredakteur (später auch Mitherausgeber) des *International Journal of Public Opinion Research* (IJPOR) seit 1989 mit nur einer kurzen Unterbrechung bis 2010. Wahrscheinlich trägt heute keine andere führende wissenschaftliche Fachzeitschrift in den Sozialwissenschaften so deutlich die Handschrift einer einzelnen Person wie das IJPOR die von Wolfgang Donsbach. Donsbach war 1995 bis 1996 Präsident der *World Association for Public Opinion Research* (WAPOR) und 2004 bis 2005 - als erster deutscher Wissenschaftler überhaupt - Präsident der *International Communication Association* (ICA). Die WAPOR zeichnete Donsbach im Jahr 2007 mit dem „Helen Dinerman Award" aus, dem, wie es der berühmte Politikwissenschaftler und Freund Donsbachs Seymour Martin Lipset einmal ausdrückte, „Nobelpreis der Umfrageforschung". Ein Jahr später folgten die *ICA* und die *American Political Science Association* (APSA) mit dem „David Swanson Award" für besondere Verdienste im Bereich der politischen Kommunikationsforschung.

Mit dem vorliegenden Band möchten sich nun Wegbegleiter, Freunde, Kollegen und Schüler von Wolfgang Donsbach anlässlich seines 65. Geburtstages bedanken für viele Jahre des guten Rats, der freundschaftlichen Begleitung und Anleitung, der stets anregenden und auch nicht selten aufregenden Zusammenarbeit. Die Beiträge in diesem Band sind sehr unterschiedlicher Natur. Fachartikel mit neuen Forschungsergebnissen zu Themenbereichen, die Wolfgang Donsbachs Forschungsschwerpunkte berühren, stehen neben Dokumentationen zweier fast schon historischer Texte und persönlichen Erinnerungen. Doch so unterschiedlich die Texte auf den ersten Blick sein mögen, so haben sie doch einen gemeinsamen roten Faden, eine Art Generalbass, der sich auch durch Wolfgang Donsbachs Forschung zieht und der den Anlass zum Titel dieses Bandes gab: Die feste Überzeugung, dass Forschung nicht um ihrer selbst willen betrieben werden darf, sondern nur dann zu rechtfertigen ist, wenn sie sich in den Dienst des pluralen, demokratischen Gemeinwesens stellt.

Seine wissenschaftlichen Fragestellungen entwickelt Donsbach mit der Leidenschaft, die den Menschen kennzeichnet, dessen Überzeugungen auf festen Werten beruhen. Doch dieses Engagement hält ihn nicht davon ab, bei der Forschung selbst größte Sorgfalt und Neutralität zu wahren. Die Fähigkeit, sich für eine Sache emotional zu engagieren und sie gleichzeitig sine ira et studio wissenschaftlich zu erforschen, ist auch unter Wissenschaftlern selten. Es ist eine wichtige Eigenschaft, denn sie bietet die Gewähr, dass die Forschung weder zur Produktion von Argumenten für vorgefasste Meinungen verkommt noch in inhaltliche Beliebigkeit mündet. Diese Haltung schimmert bei Wolfgang Donsbachs Publikationen fast immer durch. Man meint, bei der Lektüre stets auch den Menschen dahinter zu erkennen. Sie strahlen aus, was auch seine Persönlichkeit kennzeichnet: Sie wirken immer energiegeladen, sind niemals irrelevant und niemals langweilig.

Langweilig war auch die Zusammenstellung des Buches nicht. Unserer Einladung, sich an der Festschrift zu beteiligen, stieß auf ein reges Echo. Daher möchten wir uns zuallererst bei den Autoren für ihre Beiträge bedanken. Jannis Feller, Julia Gärtner und Lisa Korcik, Studierende im MA Politische Kommunikation und im BA Sozialwissenschaften der Heinrich-Heine-Universität Düsseldorf, gaben dem Buch seine Gestalt und übernahmen die formale Redaktion der Manuskripte. Björn Klein und Patty McGurty redigierten die Beiträge und koordinierten die Erstellung des Buches.

Düsseldorf, Allensbach, Columbus und Dresden im Januar 2015

Olaf Jandura, Thomas Petersen, Cornelia Mothes, Anna-Maria Schielicke

I. Wolfgang Donsbach und die Entwicklung des Fachs

Journalism as a Profession: The Visionary Scholarship of Wolfgang Donsbach

Thomas E. Patterson

Few scholars have been more devoted to advancing journalism as a profession than Wolfgang Donsbach. From Wolfgang's 1975 master's thesis ("The Role of Mass Communication Research for Professional Training in Journalism")[1] to his recent article in Journalism ("Journalism as the New Knowledge Profession and Consequences for Journalism Education"),[2] the effort spans nearly four decades.

Journalism developed as a practical pursuit, more craft than profession. Claims that a more disciplined approach was required of journalists were met with skepticism. When the 1947 Hutchins Commission on Freedom of the Press echoed journalist Walter Lippmann's claim that journalism needed a more systematic method,[3] the writers at Editor and Publisher fired back, dismissing the Commission's report as the work of "11 professors, a banker-merchant and a poet-librarian."[4] Los Angeles Times managing editor L.D. Hotchkiss said, "Outside of Walter Lippmann, I can think of no working newspaperman who could stand confinement with [the Commission] members for any length of time."[5]

Today's journalists are leagues apart from the crusty newsmen of yesteryear. Most journalists today are college graduates and receptive to knowledge-based claims.[6] Nevertheless, journalists have been slow to embrace the notion that their discipline should become a knowledge-based profession. Journalist-turned-professor

---

[1] Wolfgang Donsbach, "The Role of Mass Communication Research for Professional Training in Journalism," Master's Thesis, University of Mainz, 1975.
[2] Wolfgang Donsbach, "Journalism as the New Knowledge Profession and the Consequences for Journalism Education," Journalism, July (2013), 1-17, first published online. http://jou.sagepub.com/content/early/2013/06/27/1464884913491347.abstract
[3] Robert D. Leigh, A Free and Responsible Press (Chicago: University of Chicago Press, 1947), 23.
[4] Quoted in Stephen Bates, "Realigning Journalism with Democracy: The Hutchins Commission, Its Times, and Ours," The Annenberg Washington Program of Northwestern University, Washington, D.C., 1995, 23.
[5] Ibid, 10.
[6] See for example, Kevin G. Barnhurst, "The Makers of Meaning," Political Communication 20 (2003): 1–22.

Philip Meyer says many reporters are convinced that "a few facts and common sense will make any problem yield."[7]

Journalism education reflects this tradition. For the most part, students are instructed in the skills of the craft and taught how to shape a broadcast, print, or online story. Three decades ago, a top-level commission of journalists and practitioners criticized journalism schools for being "little more than industry-oriented trade schools."[8] Significant advances have occurred since then, but journalism schools still lag behind business, public health, public policy, and architectural schools in the application of knowledge. Economics, management science, and even social psychology are now an integral part of a business school education. Although business schools still puzzle over how best to align practice and scholarship, they have achieved a fuller integration of the two than have journalism schools.[9]

1. Bringing Knowledge More Fully into Journalism

In "Journalism as the New Knowledge Profession and Consequences for Journalism Education," Wolfgang argues that there are five competencies that professional journalists should have: 1) a broad understanding of society; 2) subject-matter expertise in their reporting area; 3) knowledge of the communication process; 4) a mastery of journalistic skills; and 5) ethical sensitivity.[10]

As it happens, journalism education does not address all of these competencies and the large majority of practicing journalists lack one or more of them. In fact, one of these skills – knowledge of the communication process – has been largely neglected within journalism. Research indicates that most journalists are unaware of how their reporting tools and story constructions affect story content and audience response.[11] It would be as if teachers had only a vague idea of the techniques that help students learn or if doctors had only a faint notion of the treatments that help patients get well. Admittedly, journalists don't have the face-to-face client relations that typify most professions. News audiences are out of sight and hard to imagine. Nevertheless, a body of knowledge about the communication process exists, if journalists were to seek it. Communication researchers have created it. As Wolfgang notes of journalism programs, "scientific knowledge about the news is not a substantial part

---

[7] Philip Meyer, Precision Journalism (Bloomington: Indiana University Press, 1973), 13.
[8] Project for Future of Journalism and Mass Communication Education, Planning for Curricular Change in Journalism Education, School of Journalism, University of Oregon, 1984, 5.
[9] See Rakesh Khurana and J.C. Spender, "Herbert A. Simon on What Ails Business Schools: More Than a Problem in Organizational Design," *Journal of Management Science*, 2012.
[10] Donsbach, "Journalism as the New Knowledge Profession and Consequences for Journalism Education," 7.
[11] Joseph P. Bernt, Frank E. Fee, Jacqueline Gifford, and Guido H. Stempel III, "How Well Can Editors Predict Reader Interest in News?" Newspaper Research Journal, 21(2000): 2-10.

of the curriculum, despite the fact that the necessary competence is in principle available to all journalism programs which include communication as a discipline."[12]

Almost alone among professions, journalism is not underpinned by a body of knowledge. It is instead defined by its primary tools—observation and the interview. Reporters are trained to look first to the scene of action and then to the statements of interested parties. Observation and interviewing are highly useful tools, which is why they have been around for so long. They are also tools that require judgment and experience if they are to be used properly.

Nevertheless, they are practical tools and, like all such tools, have limits. Although interviewing relieves the journalist of having to undertake more demanding forms of investigation, it has inherent risks. Who is interviewed, what is asked, and even the time and place of the interview can affect the responses, which are also subject to the limits of the source's information and memory. Sources can also withhold information or offer a selective or false version intended to mislead the reporter. As for the technique of observation, its usefulness is limited by the fact that it occurs at a particular time and from a particular perspective. Aspects of public life that are not in the line of sight get less scrutiny than those that are. Lobbying activities, for example, are reported less often than election activities, not because they have far less influence on public policy, but because they are far less visible.

Of the distortions that stem from observation, few are more prevalent or more predictable than "fundamental attribution error" – the tendency of an observer to exaggerate the impact of a salient actor or event.[13] The prevailing error of this type is the outsized credit or blame for developments that reporters assign top leaders, a tendency magnified by journalists' tendency to personalize developments.[14] Journalists' emphasis on events is also a source of attribution error. Journalists' assessments of social trends are only slightly more accurate than would be expected on the basis of chance alone,[15] a situation that can be explained in part by how reporters interpret events. For instance, a study by Wolfgang's long-time friend and colleague, Hans Mathias Kepplinger, found that major events alert journalists to smaller but similar events, leading them to conclude that such events are increasing in frequency.[16]

---

[12] Donsbach, "Journalism as the New Knowledge Profession and the Consequences for Journalism Education," 9.
[13] Edward E. Jones and Victor A. Harris, "The Attribution of Attitudes," *Journal of Experimental Social Psychology* 3(1967): 1-24.
[14] Wolfgang Donsbach, "Media Thrust in the German Bundestag Election, 1994," Political Communication 14 (1997), 158.
[15] Jorgen Westerstahl and Folke Johansson, "News Ideologies as Molders of Domestic News," European Journal of Communication 1 (1986): 126-143.
[16] Hans Mathias Kepplinger and Johanna Habermeier, "The Impact of Key Events on the Presentation of Reality," unpublished paper, Insitut fur Publizistik, University of Mainz, Mainz, Germany, 1995.

Given the many pressures they face, journalists have no choice but to find efficient and interesting ways to tell their stories. It is difficult, however, to accept reporting errors that would occur less frequently if journalists understood the lessons of communication research about the biases inherent in their reporting tools and their overreliance on particular frames, such as their tendency to portray politics as a competitive game.[17] They need to discover how to apply process knowledge in ways that would improve their ability to inform the news audience. "If journalists know more about audience research," Wolfgang writes, "they would be able to present their messages in a way that might maximize not only attention to news but also, if employed in a responsible way, its cognitive processing by the audience."[18] It is not a skill they currently possess. "For all the accelerating pace of news and the growing demand for context and analysis, journalists remain largely communicators, not analysts," writes Tom Rosenstiel. "Our skills are in gathering information and transmitting it to people's homes. We are masters of motion, not thought."[19]

2. Enhancing Professionalism through Journalism Education

Lee Shulman, an education researcher, was among the first to document the importance of knowing how to use knowledge. Shulman found that good teaching is more than a question of whether teachers know their subjects and pedagogical techniques. To be effective in the classroom, they must also know how to blend content knowledge and pedagogical knowledge in ways that heighten student learning. This blended knowledge, which Schulman called "pedagogical content knowledge," is acquired through reflective practice. Through trial and error, teachers learn "ways of representing and formulating the subject that make it comprehensible to others."[20]

Journalists have a need for the same skill, and the university rather than the newsroom is the logical place to acquire it. For the first time in their history, journalism schools are positioned to set the standard for quality journalism. News outlets set it in the past, but declining audiences and shrinking revenues have focused their attention on business issues. Moreover, knowledge competency is harder to acquire

---

[17] See Wolfgang Donsbach, Axel Mattenklott, and Hans-Berndt Brosius, "How Unique Is the Perspective of Television? Political Communication 10 (2003):41-57.
[18] Donsbach, "Journalism as the New Knowledge Profession and Consequences for Journalism Education," 8.
[19] Tom Rosenstiel, The Beat Goes On (New York: Twentieth Century Fund, 1994), 46.
[20] Lee S. Shulman, "Those Who Understand: Knowledge Growth in Teaching," Educational Researcher 15 (1986): 9, as described in Punya Mishra and Matthew J. Koehler, "Technological Pedagogical Content Knowledge," Teachers College Record 108 (206): 1021.

outside the university than within it. "It's hard to learn on the fly," is how Nicholas Lemann, former dean of Columbia University's journalism school, puts it.[21]

In a report for the Carnegie-Knight Initiative on the Future of Journalism Education, Wolfgang noted that practical skill training, though essential, does not constitute a well-rounded education, nor does it equip students to become reflective practitioners.[22] It is a false choice to ask journalism programs to choose between skill training and knowledge training. Their training would be strengthened by integrating the two. When taught by itself, knowledge is removed from the context in which practitioners work, rendering its applications unclear. Practice is also reduced when taught separately. It trains students to follow standardized rules and routines.

As demonstrated by the studies of Lee Shulman in the field of education and Chris Argyris in the field of business, the optimal training program for the professional practitioner is an amalgamation of knowledge and practice.[23] It is this type of training that Wolfgang envisions for journalism schools: "The general aim is that journalism students receive instruction in the process of knowledge-based reporting. Such training would educate journalism students to be truth-seekers in the scientific sense and provide evidence that is always tested against alternative explanations."[24]

Any large-scale effort to institute knowledge-based training in journalism programs would face resistance. One need look no further than the uneasy relationship that still exists between journalism and mass communication faculties, even though more than a half century has passed since Wilbur Schramm, building on the legacy of social scientists Harold Lasswell, Kurt Lewin, Carl Hovland, and Paul Lazarsfeld, introduced mass communication research into the journalism programs at Stanford and the University of Illinois.[25] As Wolfgang notes, "there has often been a lack of communication (and often appreciation) between the two camps."[26]

Yet whatever the merits of traditional journalism training, it is misaligned with the complexities of modern society and public policy. Journalism schools should aim higher, asking more of themselves and their students. Even numerical literacy is not required of every journalism graduate, despite the fact that solid reporting on everything from elections to international trade depends on it. "We cannot accept," says

---

[21] Nicholas Lemann, „Research Chat," http://journalistsresesource.org/skills/research/nicholas-lemann-journalism-scholarship-reporting.
[22] Wolfgang Donsbach and Tom Fielder, Journalism School Curriculum Enrichment: A Midterm Report of the Carnegie-Knight Initiative on the Future of Journalism Education, Joan Shorenstein Center on the Press, Politics, and Public Policy, Kennedy School of Government, Harvard University, 2008.
[23] Shulman, "Those Who Understand: Knowledge Growth in Teaching;" Chris Argyris, "Teaching Smart People How to Learn," Harvard Business Review 69 (1991): 99-109.
[24] Donsbach, "Journalism as the New Knowledge Profession and Consequences for Journalism Education," 8.
[25] Arvind Singhal, "Wilbur Schramm: Portrait of a Development Communication Pioneer," Communicator, 22 (1987): 18-22.
[26] Donsbach, "Journalism as the New Knowledge Profession and Consequences for Journalism Education," 9.

Pulitzer Prize winner Jack Fuller, "the kind of ignorance of basic statistics that so often leads to preposterous reporting."[27]

Journalism schools might conclude that their faculties are not equipped to take on the task of knowledge-based professional training. That would be true if the aim was to make every student a subject-matter expert. But that would not be the goal. Instead, journalism programs should train their students in "knowledge of how to use knowledge" – the equivalent of what Shulman calls the "pedagogical content knowledge" of teachers. Like teachers, journalists are asked to address a wide range of subjects. Like teachers, journalists are required to learn how to communicate effectively with their audience. "Knowledge of how to use knowledge" can be taught as readily in a school of journalism as in a school of education.

Journalism schools have not made full use of their knowledge resources. Many of their instructors have subject-area expertise as a result of formal education or an earlier career in journalism and could work it into their course assignments. Some already do so, but it's not a uniform requirement. The mass communication scholars within journalism schools are also an underutilized resource.[28] They have process knowledge –how story structure and content affect audience learning. Yet, in most journalism programs, they have little if any voice in practical skill courses and do not routinely include practical reporting exercises in their own courses. Closer collaboration between journalism educators and mass communication scholars is a necessity if journalism schools are to elevate their training.

3. Can the Goal Be Achieved?

Whether journalism and journalism education will meet the challenge of today's information environment is an open question. The press, like any institution, is conservative in its routines. Traditional ways of defining, structuring, and gathering the news are built into every facet of journalism practice. "What is of enduring importance," Wilbert Moore wrote in *The Professions*, "is the homely truth that new knowledge or innovations in technique and practice threaten the very basis upon which established professionals rest their claims to expert competence."[29]

Yet, if journalism is to become what Wolfgang calls "the new knowledge profession," it needs to change. The mere strengthening of traditional tools and routines is not the answer. "The biggest mistake of all those who are interested in preserving

---

[27] Quoted Bob Giles, "Universities Teach in Journalists Valuable Lessons," Nieman Reports, Spring 2001. http://www.nieman.harvard.edu/reports/article/101711/Universities-Teach-Journalists-Valuable-Lessons.aspx

[28] Wilson Lowrey, George L. Daniels, and Lee B. Becker, "Predictors of Convergence Curricula in Journalism and Mass Communication Programs," Journalism & Mass Communication Editor, 60(2005): 31-46.

[29] Quoted in Philip Meyer, The Vanishing Newspaper (Columbia: University of Missouri Press, 2006), 233.

or creating a professional journalism," writes Wolfgang, "would be to mourn the old times."[30] Citizens now have available a wide range of information sources, most of which reside outside the confines of a news organization. To compete in this environment, journalists must deliver information that stands out for its relevance and accuracy. If its information is seen as no better than what is otherwise available, the erosion in journalists' audience and standing of recent years will surely continue. Journalism needs to be reinvented if it is to thrive. As Wolfgang notes:

"Such a redefinition of journalism would create this new role of the 'knowledge profession,' and would make journalism distinct again from other forms of communication—for the sake of the quality of the public discourse. The argument for calling for a distinct profession of journalism is not a nostalgic preservation of an occupation for which intellectuals might have a natural affection. It is the specific function that this social role fulfills and that is necessary for society as a whole. I believe that the new communication ecology, with the Internet as its dominant feature, calls for a redefinition of journalists' social role more than ever before. Equipped with the skills for the five competencies (…) these professionals would stand out from [all other sources]."[31]

References

Argyris, C. (1991): Teaching smart people how to learn. Harvard Business Review 69. 99-109.
Barnhurst, K. (2003): The makers of meaning. Political Communication 20. 1–22.
Bates, S. (1995): Realigning Journalism with Democracy: The Hutchins Commission, Its Times, and Ours. The Annenberg Washington Program of Northwestern University, Washington, D.C.
Bernt, J. P., Fee, F. E., Gifford, J., Stempel, G. H. III. (2010): How Well Can Editors Predict Reader Interest in News? Newspaper Research Journal 21. 2-10.
Donsbach, W. (2013): Journalism as the New Knowledge Profession and the Consequences for Journalism Education. Journalism, July, 1-17, first published online. http://jou.sagepub.com/content/early/2013/06/27/1464884913491347.abstract
Donsbach, W., Fielder, T. (2008): Journalism School Curriculum Enrichment: A Midterm Report of the Carnegie-Knight Initiative on the Future of Journalism Education. Joan Shorenstein Center on the Press, Politics, and Public Policy, Kennedy School of Government, Harvard University.
Donsbach, W., Mattenklott, A., Brosius, H. B. (2003): How Unique Is the Perspective of Television? Political Communication 10. 41-57.
Donsbach, W. (1975): The Role of Mass Communication Research for Professional Training in Journalism. Master's Thesis, University of Mainz, 1975.
Donsbach, W. (1997): Media Thrust in the German Bundestag Election, 1994. Political Communication 14. 149-170.

---

[30] Donsbach, "Journalism as the New Knowledge Profession and Consequences for Journalism Education," 13.
[31] Ibid, 11.

Giles, B. (2001): Universities Teach in Journalists Valuable Lessons. Nieman Reports, http://www.nieman.harvard.edu/reports/article/101711/Universities-Teach-Journalists-Valuable-Lessons.aspx
Jones E.E., Harris, V.A., The Attribution of Attitudes, Journal of Experimental Social Psychology 3, 1-24.
Kepplinger, H.M., Habermeier, J. (1995): The Impact of Key Events on the Presentation of Reality. Unpublished paper, Insitut fur Publizistik, University of Mainz, Mainz, Germany.
Khurana, R., Spender, J.C.. (2012): Herbert A. Simon on What Ails Business Schools: More Than a Problem in Organizational Design. Journal of Management Science 49 (3). 619–639.
Leigh, R. (1947): A Free and Responsible Press. Chicago, University of Chicago Press.
Lowrey, W., G.L. Daniels, and L.B. Becker. (2005): Predictors of Convergence Curricula in Journalism and Mass Communication Programs. Journalism & Mass Communication Editor 60. 31-46.
Meyer, P. (1973): Precision Journalism. Bloomington. Indiana University Press.
Meyer, P. (2006): The Vanishing Newspaper. Columbia. University of Missouri Press.Project for Future of Journalism and Mass Communication Education, (1984): Planning for Curricular Change in Journalism Education, School of Journalism, University of Oregon.
Rosenstiel, T. (1994): The Beat Goes On. New York: Twentieth Century Fund.
Shulman, L.S. (1986): Those Who Understand: Knowledge Growth in Teaching. Educational Researcher 15. 4-14.
Singhal, A. (1987): Wilbur Schramm: Portrait of a Development Communication Pioneer. *Communicator* 22. 18-22.
Westerstahl, J., Johansson, F. (1986): News Ideologies as Molders of Domestic News. European Journal of Communication 1. 126-143.

Mainz-Tunis-Mainz

Hans Mathias Kepplinger

Die beiden in Tunis herausgegebenen Tageszeitungen, Le Temps und La Presse, berichteten am 1. Dezember 1983 in ausführlichen Beiträgen über Vorträge der „éminents chercheurs allemands...Hans Mathias Kepplinger et Wolfgang Donsbach" zum Einfluss des Fernsehens auf die ländliche Bevölkerung Tunesiens. Und das kam so: Im Spätsommer 1980 wurde ich von einem Vertreter der Friedrich-Naumann-Stiftung gefragt, ob ich Interesse daran hätte, einen Methodenkurs an der Universität Tunis zu leiten. Angeregt hatte das vermutlich Helmut Schäfer, damals außenpolitischer Sprecher der FDP-Bundestagsfraktion und viele Jahre früher mein Englischlehrer am Schlossgymnasium in Mainz. Ich fand die Idee verlockend, war aber der Meinung, dass die Studenten nach praxisfernen Seminaren die Methoden schneller vergessen würden als sie sie gelernt hatten. Ohne Forschungspraxis erschien mir das sinnlos. Außerdem war mein Französisch für eine Seminarveranstaltung zu schlecht. So ging es also nicht. Aber ich war fasziniert von der Idee, in Tunesien ein Forschungsprojekt durchzuführen. Dazu brauchte ich einen begeisterungsfähigen und methodenkundigen Mitstreiter, der auch noch gut französisch sprach. Das konnte nur Wolfgang Donsbach sein, und so flogen wir im Dezember 1980 nach Tunis, hielten an der dortigen Universität vor einem größeren Kreis Vorträge über mehrere Methoden der empirischen Sozialforschung und überzeugten eine Kerntruppe davon, dass sie ihre neuen Kenntnisse in einem Forschungsprojekt anwenden müssten. Das war der Start zu einem aufwändigen aber nahezu unbekannten Feldexperiment, das uns bis 1987 beschäftigt hat.

In den folgenden Jahren kamen wir im Frühjahr und Herbst in Tunis und gelegentlich in Mainz zu mehrtägigen Arbeitstreffen zusammen. Auf Seiten der Tunesier waren dabei der Direktor des dortigen Presseinstituts, Moncef Chenoufi, sowie seine Mitarbeiter Mohamed Ali Kembi, Rached Skik, Mohamed Hamdane und Youssuf Ben Romdane. In Tunis logierten wir standesgemäß im Hotel International in der Avenue Bourgiba. Eröffnet wurden die Arbeitstreffen mit einem Diner im Restaurant Orient zwischen gedrehten und bemalten Säulen, neben Arabern im weißen Burnus und französischen Colonel mit Képi. Es gab frischen Fisch und nach Sonnenuntergang reichlich tunesischen Wein. Für Abstecher in den Süden und Westen des Landes hatten wir einen Fahrer, der auch eigene Streckenvorschläge machte, die uns einmal in ein entlegenes Dorf zu Verwandten führten, wo wir auf einem hohen Sofa thronend mit Tee und Süßigkeiten verwöhnt wurden. Höhepunkte waren die Besichtigungen der Ruinen von Karthago und Dougga sowie die Besuche in Sidi Bou Said, wo wir die hohe Kunst erlernten, Brik á l'oeuf zu essen, ohne uns völlig zu bekleckern.

Gegen Ende eines unserer Arbeitsbesuche erklärte Monsieur Chenoufi, le Directeur, am späten Nachmittag, wir würden in zwei Stunden auf Einladung der Regierung nach Djerba fliegen und übergab uns die Tickets. Auf der Insel erwartete uns le Président Directeur Général der Transportgesellschaft, Nèzih Elkateb, mit seinem Fahrer und begleitete uns ins Hotel, wo gegen 23 Uhr die Küche wieder angeworfen wurde, damit wir noch speisen konnten. Am nächsten Tag zeigte er uns die Altstadt von Houmet-Souk, wo Wolfgang mit einem Händler feilschte, bis dem der Angstschweiß auf der Stirn stand, weil le Président Directeur Général darüber wachte, was Wolfgang im Eifer des Gefechts nicht bemerkt hatte, dass es sein Landsmann angesichts des hohen Besuchs nicht an der notwendigen Gastfreundschaft fehlen ließ. Aber gearbeitet haben wir auch, und das lange und intensiv.

Bild 1: Feld-Forschung

Wir standen vor zwei Problemen: Wie finden wir die geeigneten Orte für das auf mehrere Jahre angelegte Experiment? Und wie kann man durch eine Befragung von Berbern, die arabisch sprachen und teilweise Analphabeten waren die Wirkung des Fernsehens messen? Ein Jahr nach unserem ersten Treffen teilten uns die tunesischen Kollegen mit, dass sie drei Dörfer ermittelt hatten, wo wir mit Einwilligung der Regierung unser Feldexperiment durchführen konnten. Eines hatte seit 1975 Strom und folglich Fernsehzugang; eines sollte 1983 an das Stromnetz angeschlossen werden und damit Fernsehzugang erhalten; eines sollte bis auf weiteres ohne Strom und Fernsehen bleiben. Das klang besser als es sich herausstellte, aber wir waren überrascht und glücklich.

Die Entwicklung des Fragebogens war für alle Beteiligten ein hartes Stück Arbeit, weil wir in Deutsch dachten, Französisch sprachen und uns in Berber im Südwesten des Landes versetzen mussten. So wollten wir die Einschätzung ihrer Gefühlslage mit Hilfe einer Leiterfrage mit Bildblatt erfassen. Die geplante Frage lautete etwa: „Wenn Sie sehr unglücklich sind, kreuzen Sie bitte die unterste Sprosse an, wenn Sie sehr glücklich sind, die oberste, ansonsten entsprechend Ihrer Stimmung dazwischen." Die tunesischen Kollegen waren entschieden dagegen, und wir vermuteten schon, die ganze Frage sei ihnen peinlich. Der wahre Grund war, dass sie der Meinung waren, die Interviewten würden die Frage nicht verstehen, weil es in der Gegend unserer Testorte keine Bäume, keine hohen Häuser und folglich auch keine Leitern gebe: die hätten noch nie eine Leiter gesehen. Auch unser Vorschlag, den Einfluss amerikanischer Fernsehserien auf das Weltbild der neuen Zuschauer mit der Frage zu ermitteln, ob man – wie es viele amerikanische TV-Serien darstellen – nicht hart arbeiten muss, um ein großes Auto und ein schönes Haus zu besitzen, stieß auf entschiedene Ablehnung. Später stellte sich heraus, dass die Kollegen der Meinung waren, alle Tunesier wüssten auch ohne Fernsehen, dass Reiche nicht arbeiten. Warum wären sie denn sonst reich? Die protestantische Ethik mit ihrer Betonung des Zusammenhangs von Arbeit und Einkommen war dort noch nicht angekommen.

Das interessanteste methodische und theoretische Problem entstand bei der ersten Befragungswelle: zahlreiche männliche Bewohner hatten darauf bestanden, unsere Fragen nur zusammen mit ihren Freunden zu beantworten. Wir mussten entscheiden, ob wir in Zukunft methodisch korrekt auf anonyme Einzelinterviews bestehen und damit auf einen Teil der Befragten verzichten sollten, oder ob wir Interviews in der Gruppe akzeptieren wollten. Wir entschieden uns für die zweite Möglichkeit und bauten in den Fragebogen die Interviewnotiz ein: „Einzelinterview" – „Gruppeninterview". Später stellte sich heraus, dass die Befragten in der Gruppe bei sensiblen Themen wie der Vereinbarkeit der Abtreibung mit dem Islam häufiger die Sichtweise der Regierung vertraten als die alleine Befragten. Das führte zu der spannenden Frage, welche Ergebnisse die öffentliche Meinung bzw. die politisch relevanten Meinungen besser wiedergaben – die methodisch korrekt ermittelten Meinungen der isoliert Befragten oder die methodisch fragwürdig erhobenen Meinungen der Befragten in der Gruppe? Aber so weit waren wir noch nicht.

Bevor wir mit der ersten Umfrage beginnen konnten, wurde der Fragebogen unter realistischen Bedingungen getestet. Dazu fuhr die ganze Gruppe mit einem Kleinbus in die Nähe der Testorte, wo wir, weil es in der baum- und strauchlosen Gegend mit staubtrockener Luft keine Hotels gibt, in einem ehemaligen Lungensanatorium übernachtet haben. Kein beruhigender Platz für Hypochonder, aber was tut man nicht alles für die Wissenschaft. Das gesuchte Dorf bestand aus einigen Dutzend weithin

Bild 2: Kein Ort für Leitern

verstreuter Hütten aus unbehauenen Steinen, nahezu fensterlos, keine zwei Meter hoch. Hier gab es wirklich keine Leitern. Während die tunesischen Kollegen Probeinterviews machten und auf Tonbandgeräten aufzeichneten, hockten wir in einer schattigen Ecke und wunderten uns, weshalb sich die Befragten um einen der Interviewer drängten, während andere nur mit Mühe Ansprechpartner fanden. Zurückgekehrt in unser Sanatorium klärte sich die Sache auf: der umworbene Interviewer hatte den Leuten gesagt, er käme von Radio Tunis, und bei ihm könnten sie all ihre Sorgen loswerden.

Damit war klar, wo auch hier der Hammer hängt, aber seine Interviews waren für unser Vorhaben unbrauchbar. Wir haben ihn in postkolonialer Manier in den Senkel gestellt, und am nächsten Morgen lief alles wie am Schnürchen, aber nur noch nach ausdrücklichen Anweisungen: ohne Anweisung keine Aktion. Nach getaner Arbeit fuhren wir mit unserem Kleinbus nach Kairouan – Besichtigung der Großen Moschee und der Stadtbefestigung, dann ein spätes Mittagessen in einer Kneipe am Stadtrand. Nachdem alle an einem Wasserhahn auf der Straße ihre Hände gewaschen hatten, wurde mit den Fingern aus einer gemeinsamen Schüssel gefuttert. Die Rückfahrt nach Tunis verbrachten Wolfgang und ich hinten in unserem Kleinbus mit schweren Darmkrämpfen, während die tunesischen Kollegen vorne lautstark ihren Erfolg genossen.

Nach einigen Treffen waren aus Kollegen Freunde geworden. Mohamed Ali Kembi lud uns in sein Haus in der Altstadt von Tunis ein, von außen ein unscheinbarer Bau, dessen schmucklose Eingangstür einen großen Innenhof mit bunten Fließen verbarg, im ersten Geschoss durchbrochene Holzwände, hinter denen die Frauen verborgen das Leben darunter verfolgen konnten, eine Etage höher eine riesige Dachterrasse mit wunderbarer Aussicht auf die umliegenden Moscheen. Vor unserer Abreise wurden wir mit gefüllten Datteln beschenkt und Mohamed Hamdane schmuggelte einen ganzen Plastiksack mit leckeren Kapern nach Mainz. In der zweiten Hälfte der achtziger Jahre trübte sich das Bild, zunächst kaum bemerkbar, dann aber immer eindeutiger. Das Diner am Beginn unserer Sitzungen fand nicht mehr mitten in Tunis statt, sondern außerhalb, und Wein gab es selbst nach Sonnenuntergang nicht mehr. Auf dem Campus sah man weniger Studentinnen und einmal wurde eine von gleichaltrigen Männern mit Steinen beworfen. Das gesellschaftliche und politische Klima hatte sich geändert, und man wollte nicht mehr gerne mit uns in der Öffentlichkeit gesehen werden. Jetzt wurden auch unsere Briefe immer seltener beantwortet. Einer der Kollegen schrieb uns am 10. April 1987: „Ici à Tunis et d'une façon plus précise à l´université de Tunis, l'ambiance est très agitée. Beaucoup de grèves avec la montée des intégristes musulmans." Wenig später riss der Kontakt völlig ab und deshalb ist die lang geplante und weit gediehene Gesamtdarstellung unseres Feldexperimentes in französischer Sprache trotz intensiver Nachfragen von Wolfgang nie erschienen.

Mohamed Ali Kembi bin ich im Februar 1997 in Saarbrücken bei einer Tagung über die langfristigen Einflüsse der Medien auf Sozialstrukturen noch einmal begegnet. Aber auch da habe ich nichts Genaues darüber erfahren, weshalb sich unsere wissenschaftliche Wanderdüne scheinbar in Nichts aufgelöst hat – allerdings nur scheinbar, weil wir im Forschungsmagazin der Universität Mainz einen Überblick über Anlage und Ergebnisse veröffentlicht haben, den verständlicherweise kaum ein Kollege wahrgenommen hat. Das soll sich nun ändern und deshalb erscheint er hier zu Ehren von Wolfgang Donsbach, ohne den das ganze Projekt nicht hätte stattfinden können, noch einmal. Ich hätte den Text gerne als Faksimile veröffentlicht, dann hätte man aber die Schrift kaum lesen können, weil das Originalheft DIN-A 4-Format hat. Deshalb hier der unveränderte Text mit allen Bildern neu formatiert und ergänzt um zwei Fotos, die einen Eindruck von den Testorten und der Feldarbeit geben, sowie eine Liste der Publikationen über das Projekt in einer Reihe von entlegenen Quellen.

Rückblickend kann man zwei Dinge feststellen. Zum einen ist es auch heute noch erstaunlich, dass es gelungen ist, mit Kollegen und Studierenden, die über keinerlei methodischen Kenntnisse und Erfahrungen verfügten, ein dreijähriges Panel durchzuführen. Der organisatorische Aufwand war gewaltig, und es gab Probleme bei der Datenerhebung, die nicht alle zu beheben waren, vor allem fehlende oder mehrdeutige Angaben zu den Befragten. Deshalb entspricht die Qualität der Daten nicht dem hiesigen Standard. Sie lieferten aber trotzdem bei sorgfältiger Interpretation eine gute Grundlage für wissenschaftliche Aussagen. Zum anderen haben wir nicht zuletzt wegen unser Zweifel an den Daten das wichtigste Ergebnis unseres Feldexperimentes nicht hinreichend erkannt und herausgearbeitet: Zahlreiche Einzelindikatoren deuteten darauf hin, dass das Fernsehen (und andere Quellen der Entwicklung) entgegen der damals „herrschenden Lehre" nicht zu einer generellen Modernisierung im westlichen Sinn führte, sondern zu einer Spaltung der Gesellschaft in einen Teil, der dem Modernisierungspfad folgte, und einen Teil, der gerade deshalb Sicherheit in der Tradition suchte und den Rückweg in die Vergangenheit einschlug. Heute kann das jeder Zeitungsleser erkennen. Beide Befunde führen zur gleichen Folgerung: Man sollte mutig sein und weder methodische noch theoretische Risiken scheuen.

Literatur

Donsbach, W. (1991): Medienwirkungsforschung in ländlichen Gebieten Tunesiens: Methodische Probleme einer Panel-Untersuchung. Vortrag bei der Konferenz „Empirische Sozialforschung über Entwicklungsländer – Methodenprobleme und Praxisbezug". Universität zu Köln. 20-22. Juni 1991.
Donsbach, W. (1982): Le potential des données d'un analyse panel. In: Enquête empirique: Dépouillement des données recueillies. Tunis 1982. 72-94.

Donsbach, W. (1980): Reflexion sur les effets des mass media et l'importance der la recherche en science de l'information. In: Institut de Presse et des Sciences sur L'Information de L'Université Tunis (ed.): Methodes en Sciences de L'Information. Tunis 1980. 16-25.

Donsbach, W., Kepplinger, H. M. (1988): Dallas und Mohamed. Wie das Fernsehen das Denken und Leben in ländlichen Regionen Tunesiens verändert. In: Johannes Gutenberg-Universität Mainz (Hrsg.): Forschungsmagazin 1988. 34-40.

Kepplinger, H. M. (1982): De l'Expérience Interne. In: Institut de Presse et des Sciences de L'Information (Hrsg.): Enquête empirique: Dépouillement des données recueillies. Tunis 1982: 95-109

Kepplinger, H. M., Donsbach, W., Auer, R., Kembi, M. A., Hamdane, M., Skik, R. (1989): The Impact of Television on Ideas and Cultural Values in Tunisia. An Empirical Study. In: H. Danner (eds.): Mass Media and Arab Identity. Cairo: Shoronk Press 1989. 73-86.

Kepplinger, H. M., Donsbach, W., Auer, R., Kembi, Mo. A., Hamdane, M., Skik, R. (1986): The Impact of Television on Rural Areas of Tunisia. A Panel Field Experiment on Changes in Social Perception, Attitudes, and Roles after the Introduction of Television. In: Revue tunisienne de communication (10) 1986. 107-164.

Kepplinger, H. M., Donsbach, W., Auer, R., Kembi, M. A., Hamdane, M., Skik, R. (1985): Les Effets de la Télévision dans un Milieu Rural Tunisien. In: Communications (11) 1985. 75-97

Kepplinger, H. M., Donsbach, W. (1983): Les Effects de la Télévision dans un Milieu rural Tunisien. In: Institut de Presse et des Sciences de L'Information (eds.): Les Effets de la Télévision dans un Milieu Rural Tunisien. Tunis 1983. 29-77.

Kepplinger, H. M., Donsbach, W. (1983): Présentation des premiers résultats d'un project commun de la recherche: Les effets de la Télévision dans un milieu rural tunisien. In: Institut de Presse et des Sciences sur L'Information de L'Université Tunis (ed.): Les Effets de la Television dans un Milieu Rural. Tunis 1983. 29-77. Siehe dort auch die Beiträge von M. Hamdane (S. 89-117) sowie von M. A. Kembi, M. Hamdane, R. Skik (S. 125-134).

Rached, S., Kembi, M. A., Hamdane, M. (1983): Definition des Objectives du Project de Recherche. In: Institute de Presse et des Sciences de L' Information (ed.): Les Effets de la Television dans un Milieu Rural. Colloque organisé en collaboration avec La Fondation Friedrich Naumann. Tunis 1983 (18 Seiten)

Dallas und Mohamed: Wie das Fernsehen das Denken und Leben in ländlichen Regionen Tunesiens veränderte

Wolfgang Donsbach und Hans Mathias Kepplinger

1. Massenmedien und Entwicklung

Nach dem Zweiten Weltkrieg interessierten sich die Industrienationen für die politischen und wirtschaftlichen Verhältnisse in den Ländern der Dritten Welt. Aus verschiedenen Motiven heraus wollte man den Entwicklungsprozess beschleunigen, wobei mit „Entwicklung" eine Modernisierung in Richtung der westlichen Systeme gemeint war. Die Entwicklungs-Differenzen von Jahrhunderten, die beispielsweise zwischen einem schwarz-afrikanischen Land und den Vereinigten Staaten von Amerika bestanden, sollten durch gezielte, auf sozial- und wirtschaftswissenschaftlichen Erkenntnissen beruhende Planung innerhalb weniger Jahrzehnte überwunden werden.

Zu den Ratschlägen, die man den jungen Staaten in den fünfziger und sechziger Jahren gab, gehörte, dass Investitionen in moderne Massenmedien einen Schlüssel für die Modernisierung darstellten. Das Radio und später das Fernsehen sollten die Menschen z.B. über effektivere Produktionsmethoden belehren und ihnen eine neue Lebenseinstellung vermitteln, die den Horizont für das moderne Leben nach westlichem Muster öffnet. Die Hoffnungen haben sich – zumindest in dieser schematischen Form – meistens nicht erfüllt. Die Abstände zwischen der Ersten und der Dritten Welt sind kaum kleiner geworden. Kultur- und Gesellschaftskritiker beklagen darüber hinaus den kulturellen

Bild 1: Dorfbevölkerung in Tunesien

„Imperialismus" des Westens, vor allem der Fernseh-Industrie der USA, der die einstmals zwar rückständigen, aber integren Gesellschaften in anderen Kontinenten zerstört habe.

Die enge Verknüpfung von wissenschaftlichen Fragestellungen und politischen Interessen hat dazu geführt, dass in der Literatur heute die theoretischen und normativen Beiträge dominieren. Daneben präsentieren zahlreiche Autoren wenig fruchtbare Analysen des statistischen Zusammenhangs von Medienstrukturen und volkswirtschaftlichen Parametern. Forschungsarbeiten über konkrete Veränderungen nach der Einführung von Radio oder Fernsehen – wie sie beispielsweise nach der Inbetriebnahme von Rundfunksatelliten in Indien und bei kanadischen Eskimos durchgeführt wurden – sind dagegen eher die Ausnahme. Dies ist umso verwunderlicher, als in der Regel nur noch Entwicklungsländer die Möglichkeit bieten, grundlegende Wirkungen moderner Massenmedien im Feldexperiment zu studieren. Nur dort sind noch Bevölkerungsteile zu finden, die vor Untersuchungsbeginn ohne Kontakt mit Radio oder Fernsehen waren.

2. Die Chance für ein natürliches Experiment

In einem einwöchigen Seminar über „Methoden der Medienwirkungsforschung", das die beiden Autoren Ende 1980 am Institut de Presse et des Sciences de l'Information der Universität Tunis abhielten, entstand die Idee zu einem gemeinsamen Forschungsprojekt der Wissenschaftler aus Tunis und Mainz. Die Idee hatte zwei Motive: Erstens sollte das Seminar der Fortbildung der tunesischen Kollegen in der empirischen Kommunikationsforschung dienen, und es lag nahe, der abstrakten Vermittlung im Seminar ein „learning by doing" folgen zu lassen. Zweitens berichteten die tunesischen Kollegen eher beiläufig von den Planungen der Staatlichen Elektrizitäts-Gesellschaft, die in der nächsten Zeit in einige abgelegene Orte Strom und damit auch die bisher fehlende Möglichkeit zum Fernsehempfang bringen würde. Damit war die Chance für ein „natürliches Experiment" gegeben, d.h. eine Situation, in der durch externe Einflüsse Experimental- und Kontrollgruppen entstehen. Der experimentelle Faktor war in diesem Fall die Möglichkeit zum Fernsehempfang durch die Elektrifizierung. Ein Vergleich zwischen ansonsten statistisch ähnlichen Orten, von denen der eine angeschlossen wird, der andere weiterhin ohne Strom bleibt, würde die durch das Fernsehen ausgelösten Veränderungen bei den Menschen kausallogisch offenlegen.

Als die Ergebnisse der ersten Umfrage im Januar 1982 aus den ausgewählten Orten vorlagen, wurde deutlich, dass die Attraktion des Fernsehens die Menschen dazu bringen kann, geographische und technische Probleme zu überwinden. Keine Elektrizität zu haben, bedeutete nicht unbedingt, auch nicht fernzusehen. Viele Bewohner im Experimental- und Kontrollort legten weite Wege zurück, um bei Verwandten in Nachbarorten zumindest ab und zu das Programm verfolgen zu können. Andere brachten ihr Fernsehgerät mittels Autobatterien zum Laufen.Diese menschlichen „Störfaktoren" brachten die ursprüngliche Untersuchungsanlage, das reine Experiment, zu Fall.

Die Studie basierte aber von Anfang an auf einer zweiten Methode, die ebenfalls Kausalanalysen erlaubt: der Panel-Befragung. Bei der Panel-Befragung werden denselben Personen zu mehreren Zeitpunkten die gleichen Fragen gestellt. Aus den individuellen Veränderungen lassen sich so Rückschlüsse auf Ursache-Wirkungs-Beziehungen ziehen. Insgesamt drei Befragungen fanden zwischen 1982 und 1985 statt. Die Untersuchung umfasst dreieinhalb Jahre, eine Zeitspanne, die notwendig ist, um mittelfristige Veränderungen messen zu können. In dieser Zeit führte die Forschungsgruppe 1.058 Interviews durch, davon immerhin rund die Hälfte mit Personen, die zu allen drei Zeitpunkten befragt werden konnten. Die Auswahl der Personen erfolgte nach dem Quoten-System, die Befragung kam jedoch praktisch einer Vollerhebung in den drei Orten gleich. Die Interviews wurden von Studenten des Institut de Presse der Universität Tunis durchgeführt. Die Wirkungs-Analyse basiert im Wesentlichen auf diesen 169 Personen, die dreimal befragt wurden. Sie wurden in quasi-experimentelle Gruppen eingeteilt, je nachdem, ob sie zu Fernsehzuschauern wurden, weiterhin ohne Kontakt mit dem Fernsehen blieben oder bereits vorher ferngesehen hatten (Abbildung 1).

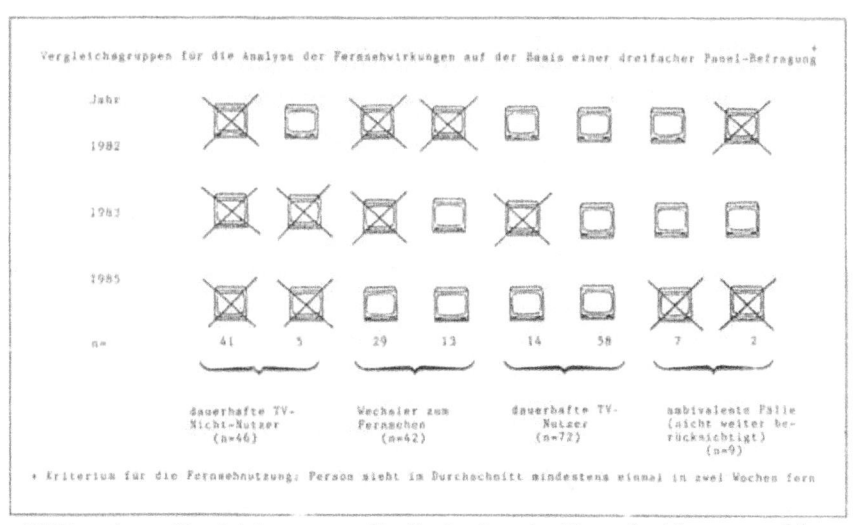

Abbildung 1: Vergleichsgruppen für die Analyse der Fernsehwirkungen auf der Basis einer dreifachen Panelbefragung

3. Anpassung der Befragungs-Instrumente an die Lebenssituation

In einem Land wie der Bundesrepublik ist den meisten Bürgern „demoskopische Befragungen" ein Begriff; viele sind bereits selbst interviewt worden. In einem Entwicklungsland stößt das Anliegen, anhand eines vorgegebenen Fragebogens ein Interview zu persönlichen Meinungen und Verhaltensweisen durchzuführen, zunächst auf Irritation, wenn nicht auf Ablehnung. Bei den Vortests, die einige Monate vor der ersten Befragungswelle liefen, waren die Bewohner nur schwer davon zu überzeugen, dass hinter der Aktion nicht irgendwelche Regierungsstellen steckten. Andere hielten die Interviewer – aufgrund ihrer Tonbandgeräte – standhaft für Journalisten des Rundfunks. Durch Gespräche konnten diese Anfangsschwierigkeiten überwunden werden.

Mehr Probleme bereiteten der Bildungsstand und die Normen des sozialen Verhaltens in den Untersuchungsorten. Die moderne Demoskopie arbeitet heutzutage mit einer Reihe von Befragungs-Instrumenten, die auch bei schwierigen, subtilen oder heiklen Themen zu verlässlichen Ergebnissen führen. Solche Instrumente, wie etwa Listenvorgaben, Kartenspiele oder Bildblätter mit Antwortalternativen, setzen die Fähigkeit zum Lesen voraus. In den drei Orten waren jedoch zwei von drei Einwohnern Analphabeten. Dies machte es erforderlich, zum Teil völlig neue Indikatoren und Fragemodelle zu entwickeln.

Eine wichtige Rolle spielten dabei Fotografien. Um einen möglichen Wandel in den Einstellungen zu Mode und Traditionen zu messen, wurden den Befragten Bilder von derselben Frau in fünf verschiedenen Kleidungsstilen präsentiert; sie sollten anschließend angeben, auf welchem Foto ihnen die Frau am besten gefällt. Die fünf Kleidungsstile sollten eine Skala zwischen traditioneller und moderner westlicher Erscheinung der Frau darstellen und reichten von der Verschleierung bis zu Jeans und Zigarette. Die gleiche Fotoserie wurde mit den Kleidungsstilen eines Mannes angefertigt (Abbildung 2).

Bild 2: Ein Untersuchungsort

Abbildung 2: Fotos mit den Kleidungsstilen der Frau

Eine Fragetechnik zur Messung des Normenwandels in Bevölkerungen mit einem hohen Anteil von Analphabeten: Die Vorlieben für Kleidungsstile indizieren Fernsehwirkungen.

Zu den Grundregeln des demoskopischen Interviews gehört es normalerweise auch, dass die Auskunftsperson allein befragt wird, um Beeinflussungen durch die sozialen Normen zu verhindern. In arabischen Ländern ist aber das Gruppengespräch die Regel, für Frauen praktisch ein Gebot, zumindest, wenn der Interviewer ein Mann ist. Diese sozialen Gepflogenheiten konnten für eine sozialwissenschaftliche Untersuchung nicht außer Kraft gesetzt werden. Allerdings wurde bei jedem Interview notiert, ob es in einer Einzel- oder einer Gruppensituation durchgeführt wurde. Ein Vergleich der Ergebnisse ließ so erkennen, ob die Anwesenheit von Ehepartnern, Verwandten oder Nachbarn auf das Antwortverhalten einen Einfluss hatte. So äußerten beispielsweise die Männer häufiger, sie seien gegen Geburtenkontrolle, wenn sie in der Gruppe befragt wurden, als wenn sie alleine waren. Sie antworteten damit in der Gruppe normkonformer. Interessanterweise spielte dagegen die Anwesenheit anderer Personen bei den Frauen in diesem Fall keine Rolle.

4. Wirkungsmöglichkeiten des Fernsehens

Wenn Menschen, die bisher in jahrhundertealten, auf die Primärgruppe, bestenfalls die örtliche Gemeinschaft beschränkten Lebensweisen verharrten, plötzlich mit einem Medium konfrontiert werden, das ihnen ein Fenster zu bisher unbekannter Welt öffnet, ändert sich ihr Zugang zur Realität. Der kulturelle Graben zwischen der eigenen Existenz und dem Leben, an dem man nun vermittelt durch das Fernsehen teilhaben kann, ist umso größer, je weiter das im Bild Gezeigte von der persönlichen Erfahrung entfernt ist. Da das tunesische Fernsehen wie alle Rundfunkanstalten in der Dritten Welt darauf angewiesen ist, in erheblichem Maße Programme aus den westlichen Industrienationen zu importieren, ist diese Diskrepanz groß. Aber auch die nationalen Produktionen – Koran-Lesungen, Politiker-Treffen, Sport- und Kulturereignisse, Ratgebersendungen – können das Realitätsgefühl alleine schon deswegen irritieren, weil es sich um bewegte Bilder von weit entfernten Orten handelt.

Das Projekt musste sich auf wenige Wirkungshypothesen beschränken. Ohnehin können mit Hilfe von Interviews nicht alle Forschungsfragen beantwortet werden und weitere Methoden (teilnehmende Beobachtungen, psychologische Tests) waren nicht möglich. Die Arbeitsgruppe einigte sich darauf, die Wirkungsanalyse auf drei abhängige Variablen zu konzentrieren: Kenntnisstand, Einstellungen und soziales Verhalten. Als Indikatoren dienten die Bereiche Politik, soziale Normen und Traditionen sowie soziale und familiale Rollen. Zu jedem Bereich wurden jeweils mehrere Fragen gestellt, um das Netz für die Suche nach Fernsehwirkungen möglichst eng zu knüpfen. Zunächst kam es jedoch darauf an, die Nutzung des Fernsehmediums festzuhalten.

5. Der Umgang mit dem neuen Medium

Im Jahre 1982 sahen noch 58 Prozent, dreieinhalb Jahre später bereits über 71 Prozent der Befragten zumindest manchmal fern. Das Fernsehen hat damit von allen Medien im Verlaufe der Studie den größten Reichweitenzuwachs erfahren. Die Fernsehzuschauer unter den Befragten sahen 1982 und 1985 konstant im Durchschnitt rund 1 Stunde 40 Minuten pro Tag fern. Nur jeder dritte Befragte verfügte 1982 über ein Fernsehgerät im eigenen Haushalt. Nach dreieinhalb Jahren war es schon jeder zweite. Die Verbreitung der Geräte schlägt sich auch in den Nutzungspräferenzen nieder: Zwischen 1982 und 1985 ist der Anteil derjenigen, die am liebsten bei sich zuhause das Fernsehprogramm verfolgen, von 51 auf 66 Prozent gestiegen. Nur noch wenige ziehen es vor, bei Freunden, Nachbarn oder in der örtlichen Boutique fernzusehen. Vor allem die Frauen sehen am liebsten zu Hause fern. Das Gerät im eigenen Haushalt gibt ihnen angesichts der traditionellen Rollenzuweisungen für das Verhalten in der Öffentlichkeit überhaupt erst die Möglichkeit, in der Fernsehnutzung mit den Männern gleichzuziehen.

Für fast alle Befragten in den drei Orten ist fernsehen dennoch ein Gruppenerlebnis. Mehr als 90 Prozent der Befragten gaben an, in der Regel gemeinsam mit anderen das Programm zu verfolgen. Dabei hat sich die durchschnittliche Größe des Zuschauerkreises angesichts der verbesserten Versorgung mit Empfangsgeräten deutlich von neun (1982) auf sieben Personen (1985) reduziert. Die durchschnittliche

Anzahl der Personen, die gemeinsam fernsehen, gleicht sich damit immer mehr der durchschnittlichen Haushaltsgröße in den Orten an. Daran lässt sich ein Trend ablesen, das Fernsehprogramm nur noch im Kreis der eigenen Familie gemeinsam anzusehen und auf Besuche bei Nachbarn und Freunden immer mehr zu verzichten, sobald die wirtschaftlichen Voraussetzungen gegeben sind, um ein eigenes Gerät anzuschaffen. Die Anschaffung eines Fernsehgeräts reduziert damit wieder die soziale Interaktion, die – vor dem Besitz eines eigenen Geräts – durch die Attraktion des Mediums selbst geschaffen wurde.

Das Fernsehen ist mit Abstand das beliebteste Medium. Dorfbewohner, die lesen konnten, wurden gefragt, durch welches Medium sie sich am liebsten über verschiedene Themen informieren: politische Ereignisse, Sport, kulturelle und religiöse Themen sowie Bildungs-Themen. 1983 präferierten die Befragten bei vier von fünf Themen, 1985 sogar bei allen fünf Themen das Fernsehen als Informationsquelle. Eine zweite Frage ermittelte die Bedeutung des Fernsehens als Informationsquelle nicht im Vergleich mit anderen Medien, sondern im Vergleich mit der Möglichkeit, einem Ereignis selbst beizuwohnen. Die Einwohner wurden gefragt, ob sie Veranstaltungen aus den Bereichen Politik, Religion, Musik und Sport lieber am Bildschirm verfolgen oder lieber direkt miterleben wollten. 1983 wie 1985 gaben die Befragten dem unmittelbaren und persönlichen Erlebnis eindeutig den Vorzug. Allerdings hat bei Sport- und Musikveranstaltungen die Präferenz für das passive Verfolgen am Bildschirm deutlich zugenommen.

6. Fernsehen als Wissensvermittler

Große Hoffnungen knüpften die Entwicklungstheoretiker vor allem an die Wissensvermittlung durch das Fernsehmedium. Die Befragungen testeten die Hypothesen auf verschiedenen Wegen. Eine Frage zielte auf die Kenntnis von Personen des öffentlichen Lebens ab. Den Einwohnern wurden Fotografien von zehn Personen aus Politik, Unterhaltung und Sport vorgelegt und sie sollten angeben, ob sie die Person vom Ansehen, mit Namen oder mit Funktion kennen. Am unterschiedlichen Kenntniszuwachs derjenigen, die im Verlaufe der dreieinhalb Jahre zu Fernsehzuschauern geworden waren, im Vergleich zu denjenigen, die weiterhin ohne Fernsehkontakt blieben, lässt sich die Wirkung ablesen.

Das Fernsehen hatte einen sehr starken Einfluss auf die Bekanntheit der Personen aus allen Bereichen des öffentlichen Lebens. So nahm die Bekanntheit des algerischen Präsidenten von 1982 auf 1985 bei den Fernsehnutzern um 41, die einer tunesischen Künstlerin um 35 Prozentpunkte zu. Der gesamte Kenntniszuwachs für alle zehn Personen lag für diese Gruppe bei 178 Prozentpunkten, bei der Kontrollgruppe, also Personen, die weiterhin keine Möglichkeit zum fernsehen hatten, lag er dagegen nur bei 65 Prozentpunkten. Ähnlich groß sind die Unterschiede für die namentliche Kenntnis. Die genaue Funktion scheint man durch das Fernsehen jedoch erst nach längerer Zeit zu lernen, denn bei diesem Kriterium hatten diejenigen Befragten den größten Zuwachs, die bereits seit mehreren Jahren zu den regelmäßigen Fernsehzuschauern gehörten (Abbildung 3).

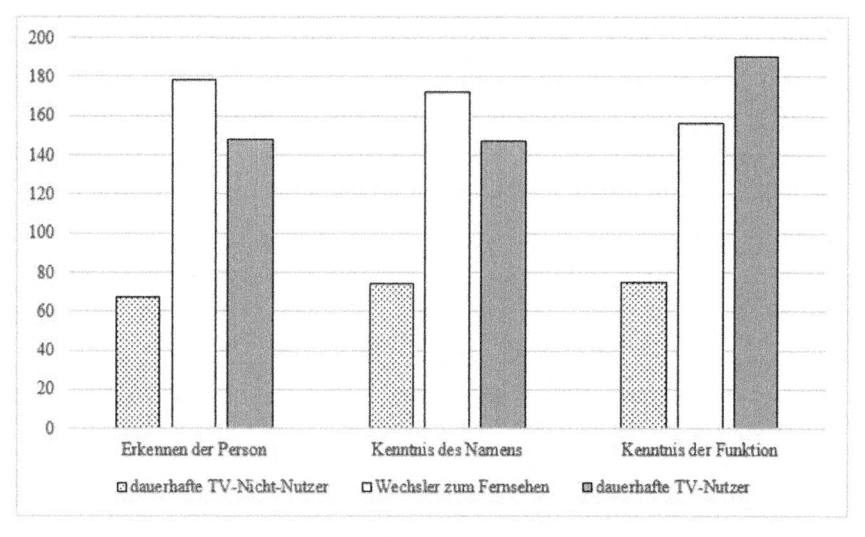

Abbildung 3: Kenntnis der Persönlichkeiten des öffentlichen Lebens aus Politik, Sport und Unterhaltung (Netto-Zuwachs der Kenntnis zwischen 1982 und 1985)

Das Fernsehen beeinflusste auch die Vorstellungen, die die Menschen von der Realität außerhalb ihrer örtlichen Gemeinschaft hatten. Den Politikern wurden mehr Aktivitäten als früher zugeschrieben – und zwar sowohl solche, die auf dem Bildschirm häufig zu sehen sind („Staatsgäste empfangen"), als auch eher verdeckte Tätigkeiten („im Büro arbeiten"). Die Fokussierung der Fernsehberichterstattung auf die großen Städte, insbesondere die Hauptstadt Tunis, ließ einen beschleunigenden Einfluss auf die ohnehin vorhandene Landflucht erwarten. Diese Befürchtungen bestätigten sich jedoch nicht. Im Gegenteil: Die Fernsehzuschauer entwickelten kritischere Haltungen gegenüber den Metropolen als die Nicht-Zuschauer. Sie hielten sie seltener für wirtschaftlich „attraktiv" und „angenehm", dafür häufiger für „gefährlich".

Das Fernsehen hat somit vermutlich einen eher bremsenden Einfluss auf die Land-Stadt-Mobilität, indem es durch seine Berichte die Mythen vom besseren Leben infrage stellt. Dieser Effekt zeigt sich auch bei den Vorstellungen, die die Menschen von den weit entfernten, auf dem Bildschirm in Filmen und Serien aber ständig präsenten Großstädten der westlichen Welt haben. Bei den Fernsehzuschauern stieg der Anteil derjenigen, die das Leben dort für „gefährlich" halten, innerhalb von dreieinhalb Jahren von 55 auf 79 Prozent.

7. Werte, Normen und Traditionen

Die erwähnten Fotoserien mit den verschiedenen Kleidungsstilen von Männern und Frauen gehörten zu den Indikatoren für den Wandel von Werten, Normen und Traditionen. Der Effekt des Fernsehens ist hier unterschiedlich. Neue Fernsehzuschauer bevorzugten im Vergleich zur Kontrollgruppe bei der Kleidung des Mannes zunehmend den europäischen Stil: Die Präferenz für das Foto, auf dem der junge Mann in Jeans abgebildet war, wuchs um 17 Prozentpunkte, die für das Foto mit dem traditionellen Burnus der Bauern sank gleichzeitig um 21 Prozentpunkte. Binnen dreieinhalb Jahren wurden so jahrhundertealte Vorlieben verändert. Bei der Kleidung der Frau zeigt sich die Fernsehwirkung wiederum eher in einem bremsenden Effekt: Die Fernsehzuschauer blieben gegen den Wandel zu einer zunehmenden Bevorzugung des traditionellländlichen Kleidungsstils (Foto 1) in der übrigen Bevölkerung resistent. Zwar nahm gleichzeitig auch die Präferenz für einen klassischen europäischen Stil zu (Foto 3), hier handelt es sich jedoch um einen eher generellen Trend, der nicht durch das Fernsehen verursacht wurde.

Für Tunesien ist die Geburtenregelung ein ambivalentes Thema. Regierung und Medien propagieren sie, der Islam ist offiziell dagegen. Die Regierung und die Massenmedien haben diesen Machtkampf um gesellschaftliche Normen offensichtlich gewonnen. Unter den Personen, die zu Fernsehzuschauern geworden sind, hat die Zustimmung zur Familienplanung zwischen 1982 und 1985 um 17 Prozentpunkte zugenommen, bei der Kontrollgruppe der Nicht-Zuschauer nur um 5 Punkte. Diejenigen, die bereits vor Beginn der Untersuchung regelmäßig fernsahen, zeigten einen „Decken-Effekt": sie waren schon 1982 zu 90 Prozent für die Geburtenregelung (Tabelle 1).

Frage: „Sind Sie für oder gegen Familienplanung?"

	dauerhafte TV-Nicht-Nutzer		Wechsler zum Fernsehen		dauerhafte TV-Nutzer	
	1982 (n=46)	Diff. 1985	1982 (n=42)	Diff. 1985	1982 (n=72)	Diff. 1985
Dafür	67	+5	71	+17	90	-1
Dagegen	17	0	24	-12	80	+2
Keine Antwort	14	4	5	1	1	0

Tabelle 1: Einstellung zur Geburtenregelung

Lesebeispiel: Bei den Personen, die im Verlauf der Untersuchung zu Fernsehzuschauern geworden sind, ist der Anteil derjenigen, die für die Familienplanung sind, zwischen 1982 und 1985 um 17 Punkte von 71 auf 88 angestiegen.

Ein großer Teil der Menschen in diesem Land erlebt bewusst oder unbewusst eine Dissonanz zwischen der eigenen Überzeugung und den religiösen Normen, denn die meisten glauben, dass der Islam die Geburtenregelung untersagt. Diese Ansicht hat sogar innerhalb des Untersuchungszeitraums erheblich an Bedeutung gewonnen – ein Zeichen für die gestiegene Präsenz des Islam auch in Tunesien. In indirekter Form zeigt sich aber auch hier wieder der Einfluss des Fernsehens: Die zu Fernsehzuschauern gewordenen Befragten sind einerseits die einzige Gruppe, bei der die Meinung sogar etwas zunimmt, der Islam erlaube die Familienplanung, andererseits steigt bei ihnen die Gegenmeinung deutlich unterproportional im Vergleich zur Kontrollgruppe. Das Fernsehen hat offensichtlich eine bremsende Wirkung auf einen allgemeinen Trend und erlaubt damit seinen Zuschauern eher, ihre subjektiven Ansichten mit den allgemeinen religiösen Normen in Einklang zu bringen.

8. Fernsehnutzung als Statussymbol

Wenn die Fernsehnutzung den Wissensstand der Menschen erhöhen kann, dann ist es auch möglich, dass das Gefüge der traditionellen sozialen Rollen und Positionen in Bewegung gerät. Solche Entwicklungen lassen sich zum Beispiel an der Position des „Meinungsführers" ablesen. Die Meinungsführerschaft wurde auf zwei Wegen gemessen: durch Fremd- und durch Selbsteinstufung. Im ersten Fall wurde zunächst danach gefragt, welche Personen im Ort als besonders gut informiert gelten, anschließend, ob die genannten Personen einen Fernsehapparat besitzen oder nicht. Fast ausnahmslos ist die Position des Meinungsführers mit dem Besitz eines Fernsehgeräts verbunden. Die Stärke der Beziehung lässt sich auch daran ablesen, dass der Prozentsatz der Fernsehbesitzer unter den Meinungsführern mit über 90 Prozent genau doppelt so hoch ist wie in der Gesamtbevölkerung. Der zweite Indikator zeigt das gleiche Bild. Die Personen, die zu Fernsehzuschauern geworden sind, geben 1985 deutlich häufiger als 1982 an, dass sie oft oder manchmal von anderen um Rat gefragt werden (Zuwachs von 33 Prozentpunkten im Vergleich zu 16 bei der Kontrollgruppe). Das Fernsehen beeinflusst somit ganz offensichtlich das Ansehen und damit die vertikale soziale Position der Menschen, die früher vermutlich von ganz anderen Attributen abhängig war. Ob diese Veränderungen Folge einer tatsächlich gestiegenen Kenntnis (und damit der Fernsehinhalte) sind, oder ob es sich um eine Folge des materiellen Prestiges (und damit des Fernsehbesitzes) handelt, kann mit den Daten nicht abschließend geklärt werden.

Bild 3: Die Autoren

Allerdings spricht ein anderes Ergebnis eher für eine tatsächlich gestiegene soziale und kommunikative Kompetenz der Fernsehzuschauer. Bei ihnen stieg der Anteil derjenigen, die sich häufig oder manchmal mit anderen über die Regierungspolitik unterhalten, zwischen 1982 und 1985 um 42 Prozentpunkte, bei der Kontrollgruppe um gerade 13 Prozentpunkte. Auch die Anzahl der Personen, mit denen man sich über Politik unterhält, nahm bei den Fernsehzuschauern zu – und zwar rund dreimal so stark wie bei den Nicht-Zuschauern.

Vor allem Familienmitglieder werden nun häufiger als Gesprächspartner für Politik genannt: die Schwester, der Bruder, der Sohn (jeweils +28 Prozentpunkte), die Tochter (+19 Prozentpunkte) und die Mutter (+17 Prozentpunkte, Tabelle 2). Für die tunesischen Frauen in diesen ländlichen Regionen ändert sich damit ihre familiale und soziale Rolle grundlegend. Sie werden zu annähernd gleichberechtigten Partnern in einer Sphäre, die bisher der Männerwelt vorbehalten war. Nimmt man andere Ergebnisse zu diesem Befund hinzu – ihre Bereitschaft, bisher für Frauen verschlossene Berufe zu ergreifen oder die Akzeptanz der Geburtenregelung und damit der Selbstbestimmung über die Mutterrolle – dann hat die Einführung des Fernsehens vor allem für die weibliche Bevölkerung Tunesiens einschneidende Folgen. Inwieweit die Ergebnisse dieses regional begrenzten Projekts auch auf andere islamische Länder oder ganz allgemein die Länder der Dritten Welt übertragbar sind, muss offen bleiben.

Frage: „Mit wem reden Sie über tunesische Politik? Ich nenne Ihnen jetzt einige Leute, mit denen Sie über Politik reden könnten. Sagen Sie mir bitte jeweils, welche auf Sie zutreffen."

(Auswahl)	dauerhafte TV-Nicht-Nutzer 1982 (n=46)	Diff. 1985	Wechsler zum Fernsehen 1982 (n=42)	Diff. 1985	dauerhafte TV-Nutzer 1982 (n=72)	Diff. 1985
Ehepartner	30	+20	33	+22	44	+6
Sohn	17	+5	10	+28	35	-9
Tochter	17	+5	12	+19	19	-4
Vater	20	-5	10	+4	11	+7
Mutter	26	0	19	+17	26	-1
Bruder	41	-2	24	+28	47	-1
Schwester	28	+18	24	+28	35	+1

Tabelle 2: Familienmitglieder als Gesprächspartner für Politik

Zum Publikationsverhalten in der deutschen Kommunikationswissenschaft

Hans-Bernd Brosius und Alexander Haas

1. Zunehmende Selbstreflexivität der deutschsprachigen Kommunikationswissenschaft

Wolfgang Donsbach überlässt einem viele Freiheitsgrade, wenn es um die Wahl eines Themas für diese Festschrift geht. Journalismus, politische Kommunikation, Medienwirkung, das sind einige der Themen, in denen der Erstautor und Donsbach zusammen publiziert haben. Auch die Situation des Fachs kann man als Gedankenschwerpunkt der Arbeit von Wolfgang Donsbach begreifen. Wir haben auch hier zusammen publiziert (Donsbach et al. 2005). Wir haben gerade eine Inhaltsanalyse – die fünfte ihrer Art – abgeschlossen, welche diesen Faden Donsbach'scher Gedanken aufgreift und weiterführt. Die vier Vorläuferstudien wurden allesamt in den beiden Zeitschriften publiziert, die Gegenstand dieser Studie sind. Wir bitten die Herausgeber um Verzeihung, dass wir in dieser Situation die fünfte Studie in der Festschrift platzieren.

Die Selbstdiagnose des Faches hat in den letzten Jahren deutlich an Fahrt aufgenommen. Neben den Debatten in der Deutschen Gesellschaft für Publizistik- und Kommunikationswissenschaft (DGPuK) zum Selbstverständnis des Fachs insgesamt haben etliche Studien verschiedene Aspekte der wissenschaftlichen Qualität und Ausrichtung von Personen und Einrichtungen in Deutschland in den Blick genommen (etwa Schweiger, Rademacher & Grabmüller 2009; Altmeppen, Weigel & Gebhard 2011; Altmeppen, Franzetti & Kössler 2013; Potthoff & Kopp 2013; Wilke 2013). Auch internationale Aktivitäten (vgl. Lauf 2001) wurden analysiert. Eine solche Nabelschau ist sicherlich für jedes Fach förderlich und dient neben der strategischen Ausrichtung auch der Selbstverständigung der Akteure als einem Fach zugehörig. Die Digitalisierung von Produktion, Vermittlung und Rezeption von Medieninhalten hat jedoch speziell unser Fach verunsichert. Dies stellt vermutlich einen wichtigen psychologischen Faktor dar, der die Selbstverständnisdebatte in dieser Intensität vorantreibt. Unsere Unsicherheit darüber, was Kommunikation – zumal öffentliche Kommunikation –, was Medien, und was vor allem auch Massenkommunikation beinhaltet, führt zu einer Debatte, welche Gegenstandsfelder, welche Theorien und welche Methoden das Fach in den Mittelpunkt stellen soll. Brosius und Haas (2009) haben gefragt, ob damit die in den letzten Jahrzenten beobachtbare Standardisierung des Fachs umgekehrt wird und ob nicht sogar die Existenzberechtigung des Fachs in Frage gestellt wird.

Eine weitere Antriebsfeder der Selbstbeschäftigung des Fachs stellt vermutlich die Konkurrenzsituation mit benachbarten Fächern und das Orientierungsbedürfnis vor allem jüngerer Wissenschaftler dar, die ihre Karriere planen. Hier ergeben sich Fragen nach der Qualität verschiedener Publikationsformen genauso wie Fragen nach der Bedeutsamkeit verschiedener wissenschaftlicher Standorte. Zwar ist es trotz einer eher guten Prognose für Nachwuchswissenschaftler und -wissenschaftlerinnen keineswegs so, dass diese freie Auswahl bei der Wahl des Standortes haben, aber die Kooperationsmöglichkeiten innerhalb einzelner Einrichtungen spielen sicher für die eigene Produktivität eine große Rolle.

2. Forschungsfragen

Die vorliegende Studie setzt bei etlichen Vorläuferpublikationen an, welche die Publikationsaktivitäten deutschsprachiger Kommunikationswissenschaftler in den zentralen deutschen Fachzeitschriften beschreiben. Die Datenbasis bezieht sich mittlerweile auf einen Zeitraum von 30 Jahren (1983 bis 2012) und kann damit nicht nur Aussagen über gegenwärtige Entwicklungen, sondern auch zeithistorische Perspektiven aufzeigen. Anders als in vielen (vor allem amerikanischen) Studien geht es uns hier nicht in erster Linie darum, eine Hitparade der Produktivität einzelner Sektionen und Standorte aufzuzeigen, sondern vielmehr die Bedingungen, Voraussetzungen sowie strukturelle und organisatorische Veränderungen des Faches nachzuzeichnen. Wir sind uns der Tatsache bewusst, dass wir durch die Konzentration auf deutschsprachige Fachzeitschriften nur einen Ausschnitt des Gegenstandsbereiches beleuchten können, allerdings erscheint eine Gesamtbetrachtungsweise, welche Buchbeiträge, ausländische Fachzeitschriften, Herausgeberbände oder gar Monografien mit berücksichtigt, zu komplex und zu angreifbar zu sein. Man müsste jeweils zahlreiche (letztlich arbiträre) Entscheidungen darüber treffen, wie Gewichtungen und Verrechnungen vorgenommen werden sollten.

Als Fortführung der Vorläuferstudien von Brosius (1994, 1998), Donsbach et al. (2005) sowie Brosius und Haas (2009) verfolgt diese Studie ähnliche Forschungsfragen:

1. Welche Forschungsthemen werden in den Beiträgen Publizistik und Medien & Kommunikationswissenschaft bearbeitet?
2. Wie ist die berufliche Stellung der Autoren? Hat sich dies seit den 80er Jahren verändert?

3. Aus welchen Institutionen stammen die Autoren? Hat sich dies seit den 80er Jahren verändert?
4. Welche Quellen werden in den Beiträgen zitiert? Wie ist das Verhältnis von Zeitschriftenbeiträgen und Monografien?

3. Methode

Datenbasis der Studie ist eine Inhaltsanalyse der Fachzeitschriften Publizistik und Medien & Kommunikationswissenschaft (M&K). Wir haben diese Beschränkung bereits mehrfach begründet (vgl. etwa Brosius & Haas 2009). Die beiden Fachzeitschriften reflektieren die aktuelle Forschung im deutschsprachigen Gebiet, sind bis zu einem gewissen Punkt „Agenda-Setter" und sind nicht monothematisch ausgerichtet. Sie sind quasi „Zentralorgane [des] Faches, die der scientific community zur Orientierung über das gesamte Fachgeschehen dienen und in denen eine Veröffentlichung als prestigeträchtig gilt" (Hohlfeld & Neuberger 1998: 332) und nehmen somit eine Sonderrolle ein. Seit 2008 erhält jedes Mitglied der DGPuK beide Zeitschriften im Abonnement als Teil der Mitgliedschaft im Fachverband.

In diese Untersuchung gingen alle wissenschaftlichen Aufsätze, Berichte und Diskussionsbeiträge der Zeitschriften Publizistik und Rundfunk und Fernsehen bzw. M&K der Jahre 1983 bis 2012 ein. Unberücksichtigt blieben die Beiträge aus Sonderheften (z. B. 50 Jahre Publizistik) sowie Buchbesprechungen, Bibliographien, Chroniken, Mitteilungen und Editorials. Insgesamt ergab sich für den aktuellen Zeitraum von 2008 bis 2012 ein Sample von 181 Aufsätzen, wobei 86 auf die Publizistik entfielen und 95 auf die M&K.

Die pro Beitrag erfassten Variablen lassen sich in zwei Bereiche einteilen. Zunächst wurden formale und inhaltliche Merkmale der Aufsätze erfasst. Dazu gehören der thematische Schwerpunkt des Beitrages anhand einer Liste von 13 Themen und die Anzahl unterschiedlicher Arten von zitierten Quellen. Weiterhin wurden die Namen und weitere Merkmale der Autoren erfasst. Dazu gehören das Geschlecht, die Art der Institution, an der der Autor arbeitet (z. B. Hochschule, Medien), sowie die dortige Stellung des Autors. Bei Angehörigen von (Fach-)Hochschulen wurde weiterhin das akademische Fach – operationalisiert über die momentane Institutszugehörigkeit – erfasst.

Die Codierung wurde von einer studentischen Hilfskraft unter Supervision der Autoren vorgenommen. Der thematische Schwerpunkt wurde anhand des Abstracts erfasst. Beide Zeitschriften lieferten vollständige Angaben über die institutionelle Anbindung der Autoren. Lediglich die dortige Position ging in einigen Fällen nicht aus der Autoreninformation hervor. Mit Informationen aus Lebensläufen und biographischen Angaben der Autoren, die meist im Internet recherchiert werden konnten, wurde diese Lücke geschlossen.

4. Ergebnisse

Die folgenden Analysen beruhen, wo nicht anders vermerkt, auf einer Gewichtung der Autoren eines Beitrags. Ein Alleinautor erhält ein Gewicht von 1,0, bei zwei Autoren erhält jede Person ein Gewicht von 0,5 usw. Tabelle 1 schreibt die Entwicklung über die formalen Aspekte der Beiträge und Autoren über die Zeit fort. Dabei fällt auf, dass die Anzahl der Beiträge sich über die Zeit weiterhin reduziert hat. Während in den 80er Jahren noch etwa 250 Zeitschriftenbeiträge in Publizistik und M&K publiziert wurden, sind es mittlerweile deutlich weniger als 200.

Man könnte es fast sachlogisch nennen, dass die geringere Anzahl der Artikel einhergeht mit einer größeren Anzahl von Autoren, die für einen Artikel verantwortlich zeichnen. Zwar werden Autoren auf der Mikroebene das Problem der zurückgehenden Anzahl von Publikationsmöglichkeiten gar nicht wahrnehmen, scheinbar ist aber auf der Makroebene eine Strategie zu erkennen, die reduzierte Anzahl von Publikationsplätzen dadurch aufzufangen, dass man in Gemeinschaftsproduktionen arbeitet. Natürlich entspricht diese Entwicklung auch den in internationalen und in anderen Fächern beobachteten Trends einer vermehrten Co-Autorenschaft von Publikationen. In der Publizistik wird nur noch ein Drittel der Beiträge, in der Medien- und Kommunikationswissenschaft immerhin noch die Hälfte der Beiträge von einem Autor/einer Autorin verantwortet, Gemeinschaftspublikationen machen einen zunehmenden Anteil aus.

Die Themen der Beiträge haben wir analog zu der Kategorisierung in Brosius und Haas (2009) zugeordnet. Wir standen erneut vor der Problematik, dass die Heterogenität der Beiträge sich nur schlecht in thematische Oberkategorien passen lässt. Die gleiche Problematik ist auch bei Altmeppen und anderen (2011) vorhanden. In der vergleichsweise kurzen Zeit von 2003 bis 2012 sind zwei markante Trends zu erkennen: Der Anteil der Beiträge zu den Teilgebieten Aussageforschung und Journalismus- und Kommunikatorforschung hat deutlich zugenommen, Medienökonomie und Kommunikationspolitik sind dagegen auf dem Rückzug. Wir sehen hierin eine stärkere sozialwissenschaftliche, am Verhalten von individuellen Akteuren ausgerichtete Orientierung des Fachs.

Die in den Vorläuferstudien beobachtete stärkere Homogenisierung der Autorenschaft, welche auf die Tendenz eines Einheitsfaches hinweist, setzt sich im letzten Untersuchungszeitraum weiter fort (vgl. Tabelle 2). Mittlerweile stammen vier von fünf Autoren aus einem der Institute, welche Hauptfachstudiengänge in der Publizistik- und Kommunikationswissenschaft anbieten. Im ersten Zeitraum war das nur jeder vierte Beitrag. Rückläufig sind vor allem die sonstigen universitären Fächer im Bereich der Sozialwissenschaften und außeruniversitären Einrichtungen (z. B. Medienunternehmen wie das ZDF). Das Fach ist also weiterhin auf dem Weg einer Formierung bzw. einer Normalwissenschaft.

Bei der beruflichen Stellung der Autoren haben wir – einfacher als in den vergangenen Studien – Professoren sämtlichen Formen des wissenschaftlichen Mittelbaues gegenübergestellt (Tabelle 3). In früheren Publikationen wurde noch zwischen Privatdozenten, Hochschulassistenten und akademischen Räten und sonstigen wissenschaftlichen Mitarbeitern unterschieden. Da sich die Gebräuchlichkeit der Verwendung dieser Begriffe über die Zeit allerdings verändert hat, könnten entsprechende Längsschnittauswertungen in die Irre führen.

Der Anteil der Professoren hat sich im Gesamtuntersuchungszeitraum bei etwa 40 Prozent eingependelt, der Anteil der wissenschaftlichen Mitarbeiterinnen und Mitarbeiter hat sich leicht vergrößert, aber eher zu Lasten sonstiger Personen, die vor allem in den ersten beiden 5-Jahreszeiträumen noch eine Rolle gespielt haben. Damit kann man zumindest auf der Ebene der Publikationen nicht nachvollziehen, dass der wissenschaftliche Mittelbau, durch die Karriere getrieben, die Publikationsaktivität der Professoren behindert oder gar marginalisiert. Die Konstanz könnte die gestiegene Belastung des wissenschaftlichen Mittelbaus durch sonstige Tätigkeiten indizieren oder die nach der Professur gleich bleibenden Forschungsaktivitäten der Professoren schaft.

Der Anteil von Professorinnen und sonstigen Mitarbeiterinnen an der Publikationsaktivität steigt langsam, aber kontinuierlich an (vgl. Tabelle 4). Mittlerweile ist mehr als ein Drittel der Publizierenden weiblichen Geschlechts. Der Anstieg betrifft Professorinnen und sonstige Mitarbeiterinnen gleichermaßen.

Zeitraum	1983-1987	1988-91	1993-97	1998-02	2003-07	2008-12
Anzahl der Beiträge						
Publizistik	122	138	93	82	82	86
RuF bzw. M&K	124	125	114	116	104	95
Gesamt	**246**	**263**	**207**	**198**	**186**	**181**
Anzahl der Autoren						
Publizistik	145	173	133	117	144	186
RuF bzw. M&K	154	164	153	166	180	175
Gesamt	299	337	286	283	324	361
Anzahl der Autoren pro Beitrag						
Publizistik	1,2	1,3	1,4	1,4	1,8	2,2
RuF bzw. M&K	1,2	1,3	1,3	1,4	1,7	1,8
Gesamt	**1,2**	**1,3**	**1,4**	**1,4**	**1,7**	**2,0**

Anzahl der Autoren pro Beitrag (%)						
Beiträge in Publizistik						
mit einem Autor	88	84	81	71	54	37
mit zwei Autoren	8	13	10	18	25	34
mit drei oder mehr Autoren	4	3	9	11	21	29
Beiträge in RuF bzw. M&K						
mit einem Autor	82	84	82	63	54	47
mit zwei Autoren	16	12	12	32	27	32
mit drei oder mehr Autoren	2	4	6	5	19	21

Tabelle 1: Eckdaten der Beiträge in Publizistik und Rundfunk und Fernsehen bzw. M&K (gewichtet)

Fachrichtung	1983-87 (N=246) %	1988-92 (N=263) %	1993-97 (N=207) %	1998-02 (N=198) %	2003-07 (N=186) %	2008-12 (N=181) %
Publizistik- und Kommunikationswissenschaft						
Hauptfachstudiengänge	24,5	27,5	35,1	47,8	64,8	80,3
Nebenfachstudiengänge	4,5	5,4	8,0	6,9	2,4	2,6
Aufbaustudiengänge	3,5	4,6	0,7	0,0	0,0	,6
Insgesamt	32,5	37,5	43,8	54,7	67,2	83,5
Forschungseinrichtungen	4,4	4,2	19,3	9,3	4,7	4,3
Sozialwissenschaften	12,3	14,7	15,5	9,1	11,7	5,9
Sonstige universitäre Fächer	6,7	5,1	5,8	11,5	6,6	1,2
Außeruniv. Einrichtung/ Sonstiges/kein Fach genannt	44,3	38,5	15,7	15,3	9,8	5,2
Summe	100,2	100,0	100,1	100,0	100,0	100,1

Tabelle 2: Fachrichtungen der Autoren (gewichtet)

Stellung	1983-87 (N=166)	1988-92 (N=263)	1993-97 (N=207)	1998-02 (N=198)	2003-07 (N=186)	2008-12 (N=181)
Professor(in)*	47,3	32,5	40,3	41,8	35,6	40,5
Wiss. Mitarbeiter(in)**	37,9	58,9	55,9	53,7	60,5	50,6
Student(in)	5,9	2,5	2,5	0,2	1,8	6,4
Sonstige Personen	8,9	6,0	1,3	4,2	2,1	2,5
Summe	100,0	99,9	100,0	99,9	100,0	100,0

* einschließlich emeritierter Professoren
** einschließlich PD, akademische Räten etc.

Tabelle 3: Berufliche Stellung der Autoren (gewichtet, nur Universitäten)

Geschlecht und Stellung	1983-87 (N=166) %	1988-92 (N=193) %	1993-97 (N=152) %	1998-02 (N=165) %	2003-07 (N=165) %	2008-12 (N=165) %
Frauen	13	15	23	26	32	35
Professorinnen*	1	1	7	8	7	9
Sonstige Mitarbeiterinnen	12	14	16	18	25	26

* einschließlich emeritierter Professorinnen

Tabelle 4: Geschlecht und berufliche Stellung der Autoren (gewichtet, nur Universitäten)

In Tabelle 5 ist die institutionelle Herkunft der Autoren abgebildet. Die Universität München hat ihren Spitzenplatz weiter ausbauen können, danach hat sich im Vergleich zu den vorherigen Zeiträumen ein breites Mittelfeld von Instituten etabliert, welches vom zweiten bist zum zwölften Platz reicht und für knapp die Hälfte aller Beiträge verantwortlich zeichnet. Die geringen Abstände verdeutlichen, dass ein Anstieg und ein Abfall um mehrere Plätze relativ schnell realisiert werden kann, wenn nur ein Beitrag mehr oder eben weniger publiziert wird. Ab Platz 13 ist die Reihenfolge noch arbiträrer, da die dort aufgeführten Institutionen für einen halben Beitrag pro Jahr bzw. weniger verantwortlich zeichnen. Das breite aber dennoch begrenzte Feld von Institutionen, die einen Großteil der Publikationsaktivitäten leisten, deutet ebenfalls auf eine Formierung des Fachs im Sinne einer begrenzten Anzahl von Institutionen, die den Kern bilden, hin.

In der folgenden Tabelle 6 werden die Rangplätze in den sechs untersuchten 5-Jahres-Zeiträumen abgebildet. Die Rangplätze geben im Wesentlichen Auskunft über die Entwicklung der Verfasstheit von Institutionen. Einige, zum Beispiel die TU Ilmenau oder die Universität Düsseldorf, etablierten sich erst in der Mitte des von uns untersuchten Zeitraums und haben nach einer Anlaufphase ihre Publikationsaktivitäten aufgenommen und stabilisiert. Einige Einrichtungen haben gewaltige personelle Umbrüche hinter sich bzw. befinden sich mitten in einem Generationswechsel. Dass hierdurch die Publikationsaktivität eingeschränkt wird, ist evident. Dies betrifft beispielsweise die Universität Leipzig, die im aktuellen Zeitraum nicht mehr zu den ersten 15 Institutionen gehört. Für Kenner der Fachentwicklung werden die vielen, teils auch deutlichen, Veränderungen hinsichtlich der Rangplätze nicht überraschend sein. In den meisten Fällen dürften personelle Ausstattung, Alterszusammensetzung des Personals, Anteil der Qualifizierungsstellen, eingeworbene Drittmittelprojekte, und ähnliches dazu geeignet sein, die Schwankungen zu erklären. Dass nicht Variablen des Standortes an sich, sondern dessen Verfasstheit und Idiosynkrasien für ein Ranking dieser Art maßgeblich ist, könnte man differenziert für jeden der 15 Plätze dokumentieren.

		N	Prozent	kumulierte Prozent
1.	Universität München Institut für Kommunikationswissenschaft und Medienforschung	28,0	17,0	17,0
2.	Universität Zürich Institut für Publizistikwissenschaft und Medienforschung	10,2	6,2	23,2
3.	Universität Jena Institut für Kommunikationswissenschaft	8,6	5,2	28,4
4.	Universität Münster Institut für Kommunikationswissenschaft	8,4	5,1	33,5
5.	Universität Hamburg Institut für Journalistik und Kommunikationswissenschaft	8,3	5,1	38,5
6.	Hochschule für Musik und Theater Hannover Institut für Journalistik und Kommunikationsforschung	7,4	4,5	43,0
6.	Freie Universität Berlin Institut für Publizistik- und Kommunikationswissenschaft	7,4	4,5	47,5
8.	Technische Universität Ilmenau Institut für Medien- und Kommunikationswissenschaft	6,6	4,0	51,5
8.	Universität Düsseldorf Kommunikations- und Medienwissenschaft	6,6	4,0	55,6

10.	Universität Mainz Institut für Publizistik	6,3	3,8	59,4
11.	Technische Universität Dresden Institut für Kommunikationswissenschaft	4,8	2,9	62,4
12.	Universität Hohenheim Institut für Kommunikationswissenschaft	4,7	2,9	65,2
13.	Universität Klagenfurt Institut für Medien- und Kommunikationswissenschaft	2,5	1,5	66,7
13.	Universität Bremen Institut für historische Publizistik, Kommunikations- und Medienwissenschaft	2,5	1,5	68,2
15.	Universität Freiburg (Schweiz) Departement für Medien- & Kommunikationswissenschaft	2,3	1,4	69,6

Tabelle 5: Institutionelle Herkunft der Autoren 2008-2012 in "Publizistik" und "Medien & Kommunikationswissenschaft" (gewichtet, nur Universitäten, N=165)

		Rangplatz 83-87	Rangplatz 88-92	Rangplatz 93-97	Rangplatz 98-02	Rangplatz 03-07	Rangplatz 08-12
1.	LMU München IfKW	2	9	5	1	1	1
2.	Universität Zürich IPMZ	8	15	17	11	2	2
3.	Universität Jena IfKW	--	--	--	14	6	3
4.	Universität Münster IfK	3	4	7	5	9	4
5.	Universität Hamburg IJK	--	--	11	14	13	5
6.	Hochschule Hannover IJK	--	7	4	4	3	6
6.	FU Berlin IfPK	3	3	6	17	--	6
8.	TU Ilmenau IfMK	--	--	--	6	7	8
8.	Universität Düsseldorf KMW	--	--	--	--	15	8

10.	Universität Mainz Institut für Publizistik	1	1	2	10
11.	TU Dresden IfK	--	--	8	11
12.	Universität Hohenheim IfKW	16	14	17	--	16	12
13.	Universität Klagenfurt IfMK	--	--	--	--	13
13.	Universität Bremen IPKM	--	20	17	--	13
15.	Uni Freiburg (CH) M&K	--	--	--	--	15

Anmerkung: Nur Rangplätze bis Platz 20 werden ausgewiesen

Tabelle 6: Institutionelle Herkunft der Autoren 1983-2012 (gewichtet, nur Universitäten)

Verdichtet man diese Befunde mit einem höheren Abstraktionsgrad (vgl. Tabelle 7) lässt sich die Formierung des Faches plastischer beschreiben. Nimmt man den Anteil der Institutionen, welche die Hälfte der publizierten Artikel verantworten, so zeigt die Tendenz in Richtung eines Normalfachs. Im letzten Untersuchungszeitraum tragen gerade einmal neun Institutionen (von insgesamt 80) die Verantwortung für die Hälfte der Beiträge. Im ersten Untersuchungszeitraum waren das mehr als doppelt so viele. Der deutliche Sprung um die Jahrtausendwende ist bemerkenswert.

	1983-87	1988-92	1993-97	1998-02	2003-07	2008-12
Anzahl Institutionen	22	22	18	16	9	9
Anzahl Autoren	82	84	57	65	50	59

Tabelle 7: Anzahl der Institutionen bzw. Autoren, die zusammen die Hälfte der Artikel publizierten (gewichtet)

Dies geht auch mit einer Konzentration auf der Autorenebene einher. Im letzten Zeitraum haben die 59 produktivsten Autoren zusammen die Hälfte der Beiträge veröffentlicht. Im ersten Zeitraum lag die absolute Zahl noch um 23 Autoren höher. Im Vergleich zu der über den gesamten Zeitraum zunehmenden Konzentration auf wenige Institute fällt der Rückgang bei den Autoren allerdings weniger deutlich aus. Er war vor allem schon Anfang der 90er Jahre abgeschlossen. Dies bedeutet, dass es offensichtlich seit diesem Zeitpunkt eine ähnliche Verteilung hinsichtlich der Produktivität unter den Autoren von Publizistik und M&K gibt, dass sich die „Vielschreiber" inzwischen aber mit größerer Wahrscheinlichkeit an einigen wenigen Instituten wiederfinden. Vermutlich kann man dies mit den besseren finanziellen und personellen Ressourcen der Einrichtungen erklären. Die Exzellenzinitiative und das unterschiedliche finanzielle Vermögen der einzelnen Bundesländer lässt hier eine Schere erkennbar werden, die vermutlich in den nächsten Jahren die „reichen" und die „armen" Standorte noch weiter auseinanderdriften lässt.

Das Zitierverhalten der Autoren in Publizistik und Medien & Kommunikationswissenschaft hat sich seit 2003 kaum verändert (vgl. Tabelle 8). Differenziert man die beiden 5-Jahres-Zeiträume, so sind die Übereinstimmungen weitaus größer als die Unterschiede. In absoluten Zahlen gesehen setzt sich der typische Beitrag in einer deutschen Fachzeitschrift immer noch ähnlich zusammen. Die zitierten Quellen sind jeweils zu einem Drittel Zeitschriftenbeiträge, Monografien und Beiträge in Sammelbänden. Bei den Zeitschriften liegt dabei der Schwerpunkt auf den englischsprachigen, bei den Monografien und Sammelbänden auf deutschsprachigen Publikationen. Eine Entwicklung hin zu einem stärkeren internationalen Zitationsverhalten lässt sich damit bislang nicht nachweisen. Englische Quellen machen knapp ein Drittel der zitierten wissenschaftlichen Quellen aus. Der Anteil von Publizistik und M&K an den Zitationen deutschsprachiger Zeitschriftenbeiträge liegt konstant bei etwa 40 Prozent und verdeutlicht noch einmal die herausragende Stellung dieser beiden Titel im deutschsprachigen Zeitschriftenbereich.

	Publizistik (N = 86)	M&K (N = 95)	2003-07 (N = 186)	2008-12 (N = 181)
Länge der Beiträge in Seiten	20,0	20,0	19,5	20,0
Anzahl zitierter Zeitschriftenbeiträge	15,6	18,2	17,8	16,9
deutsche	6,8	6,8	6,7	6,8
englische	8,8	11,4	11,1	10,2
Anzahl zitierter Monographien	13,4	18,1	15,5	15,9
deutsche	10,2	14,1	10,7	12,3
englische	3,2	4,0	4,8	3,6
Anzahl zitierter Sammelbände	11,0	15,9	12,6	13,6
deutsche	8,9	11,7	8,8	10,4
englische	2,1	4,2	3,8	3,2
Anzahl Internetquellen	2,8	2,1	2,1	2,4
Anzahl sonstige	1,7	1,9	5,5	1,8
Anteil Publizistik/M&K an deutschen Zeitschriften in %	44,4	42,4	40,6	43,4
Anteil englischer an wissenschaftlichen Quellen insgesamt in %	35,6	37,7	38,9	36,7

Tabelle 8: Zitierte Quellen in *Publizistik* und *M&K*

5. Fazit

Die vorliegende Studie liefert einen weiteren Beitrag zur Analyse von Zustand und Selbstverständnis des Fachs unter der Perspektive des Publikationsverhaltens seiner Akteure. Mittlerweile können wir auf 30 Jahre zurückblicken, die mit einem homogenen Untersuchungsdesign in sechs 5-Jahresschritten beschrieben werden können. Die wichtigsten Trends lassen sich wie folgt zusammenfassen:

- Die Forschungsthemen bewegen sich weiterhin überwiegend im Spektrum von öffentlicher, sozialer oder Massenkommunikation. Individualkommunikation spielt, trotz der gestiegenen Bedeutung im Kontext des Internet, keine nennenswerte Rolle.
- Der Trend zu Publikationen mit mehreren Autoren hält an, ebenso steigt der Anteil weiblicher Autorinnen weiterhin an. Der Anteil des Mittelbaues an den Autorinnen und Autoren hat sich bei etwas über der Hälfte stabilisiert.
- Vier von fünf Autoren stammen aus Instituten mit etablierten Haupt- und Nebenfachstudiengängen. Die Publikationen werden immer stärker von wenigen Standorten geprägt. Etwa zehn bis zwölf Institute sind für zwei Drittel der Beiträge verantwortlich. Allerdings lässt sich weiterhin eine relativ große Korona von Einrichtungen identifizieren, deren Angehörige hin und wieder Beiträge in den beiden untersuchten Zeitschriften publizieren.

Die vorliegenden Analysen dürfen nicht im Sinne einer „Leistungsschau" missverstanden werden (vgl. hierzu ausführlicher Brosius & Haas 2009), da deutschsprachige Kommunikationswissenschaftler zunehmend auch im internationalen Raum publizieren und Einrichtungen aus benachbarten Fächern naturgegeben keinen Schwerpunkt der Publikationstätigkeit in den beiden untersuchten Zeitschriften sehen.

Zum Schluss sei noch – dem Publikationsort dieses Beitrags entsprechend – eine besondere Bemerkung über den Dresdner Standort erlaubt. Wolfgang Donsbach gehört seit seiner ersten Publikation in Rundfunk und Fernsehen im Jahr 1977 zu den produktiven Autoren des Fachs, und das nicht nur in den beiden untersuchten Zeitschriften. Wie viele Zeitschriftenbeiträge beispielsweise allein die Herausgabe der International Encyclopedia of Communication aufwiegt, lässt sich nur schätzen. Für Donsbach haben wir im Untersuchungszeitraum von 1983 bis 2012 elf Beiträge in den beiden untersuchten Fachzeitschriften gefunden. Diese Beiträge sind es, die Dresden seit der zweiten Hälfte der neunziger Jahre maßgeblich im Feld der 15 publikationsstarken Standorte halten. Neben seinem Schwerpunkt im Journalismus finden sich vor allem auch Beiträge zu Zustand des Fachs im weiteren Sinn. Seiner erkennbaren und stetigen Sorge um den Zustand des Fachs ist dieser Beitrag gewidmet.

Literatur

Altmeppen, K.-D., Franzetti, A. & Kössler, T. (2013): Das Fach Kommunikationswissenschaft. Publizistik, 58. 45-68.

Altmeppen, K.-D., Weigel, J. & Gebhard, F. (2011): Forschungslandschaft Kommunikations- und Medienwissenschaft. Ergebnisse der ersten Befragung zu den Forschungsleistungen des Faches. Publizistik, 56.373-398.

Brosius, H.-B. (1994): Integrations- oder Einheitsfach? Publizistik, 39. 73-90.

Brosius, H.-B. (1998): Publizistik- und Kommunikationswissenschaft im Profil. Rundfunk und Fernsehen, 46. 333-347.

Brosius, H.-B. & Haas, A. (2009): Auf dem Weg zur Normalwissenschaft. Themen und Herkunft der Beiträge in Publizistik und Medien & Kommunikationswissenschaft. Publizistik, 54. 168-190.

Donsbach, W., Laub, T., Haas, A. & Brosius, H.-B. (2005): Anpassungsprozesse in der Kommunikationswissenschaft. Themen und Herkunft der Forschung in den Fachzeitschriften "Publizistik" und "Medien & Kommunikationswissenschaft". Medien & Kommunikationswissenschaft, 53. 46-72.

Hohlfeld, R. & Neuberger, C. (1998): Profil, Grenzen und Standards der Kommunikationswissenschaft. Rundfunk und Fernsehen, 46. 313-332.

Lauf, E. (2001): "Publish or Perish?" Deutsche Kommunikationsforschung in internationalen Fachzeitschriften. Publizistik, 46. 369–382.

Potthoff, M. & Kopp, S. (2013): Die meistbeachteten Autoren und Werke der Kommunikationswissenschaft. Publizistik, 58. 347-366.

Schweiger, W., Rademacher, P. & Grabmüller, B. (2009): Womit befassen sich kommunikationswissenschaftliche Abschlussarbeiten? Publizistik, 54. 533-552.

Wilke, J. (2013): Von der "entstehenden Wissenschaft" zur "Big Science"? Die deutsche Publizistik- und Kommunikationswissenschaft im Rückblick auf 50 Jahre. Vortrag auf der 58. Jahrestagung der DGPuK, Mainz.

A Research Career in the Public Interest

Patricia Moy and Michael W. Traugott

In 2008, at the annual meeting of the International Communication Association in Montreal, the Political Communication Division bestowed upon Wolfgang Donsbach the David Swanson Award for Service to Political Communication Scholarship. As nominators are wont to do, particularly where academically oriented awards are concerned, the letter of support (excerpted below with permission of the author) began with an overview of Donsbach's research:

> "Prof. Donsbach is a well-renowned political communication scholar whose work has focused on news values and journalistic practices, the formation of public opinion, and media effects and information processing. His research in these domains has transcended time and space, with his 30-plus years of scholarship examining communication processes and effects in Europe, Africa, and North America.
>
> English-language scholars would be most familiar with Prof. Donsbach's publications such as: (1) "Psychology of news decisions. Factors behind journalists' professional behavior," published in *Journalism* (2004); (2) "Survey research at the end of the twentieth century: Theses and antitheses," *International Journal of Public Opinion Research* (1997); (3) "News decisions: Journalists as partisan actors," *Political Communication* (1997), co-authored with Thomas Patterson; (4) "Media thrust in the German Bundestag election, 1994: News values and professional norms in political communication," *Political Communication* (1997); and (5) "How do text-picture relations affect the informational effectiveness of television newscasts?", *Journal of Broadcasting and Electronic Media* (1996), co-authored with Hans-Bernd Brosius and Monika Birk.
>
> However, these English-language journal articles tell us nothing about Prof. Donsbach's scholarship published in other languages, including French, German, and Spanish. Among his more prominent German-language publications are two books that revolve around media and public opinion in the German general election campaigns of 1998 and 2002 (*Kampa* and *Wählerstimmungen in der Mediendemokratie*, respectively, both published by Verlag Karl Alber)."

The letter of nomination ended with a brief description of some endeavors Donsbach had spearheaded, each illustrating the potential for communication research to intersect with our social, political, and legal realms. Indeed, this interweaving of academic, intellectual, and socially significant domains has been at the heart of Donsbach's career. Across this period, he has focused on the ways that mass communication – and journalism in particular – can contribute to a better-informed public. At the same time, he has argued for the importance of empirically based research that illustrates how communication forces impact society and how they might best serve democratic systems.

As president-elect of the ICA, Donsbach organized the association's 2004 annual conference, themed "Research in the Public Interest." In his presidential address delivered a year later, he noted how "empirical research without normative goals can easily become arbitrary, random, and irrelevant... A common denominator of all endeavors in communication research could be to strive for research that has the potential to serve such general human and democratic values and norms, that is, 'research in the public interest'" (Donsbach 2006: 447). In that address, he advocated for one key norm – the principle of having choices or options. Choices, he said, "have to do with the freedom of the individual to perceive his or her environment and to act in this environment" (Donsbach 2006: 447).

1. Public Opinion Polling

Donsbach's emphasis on choice is reflected in his work in the domain of public opinion, particularly where public opinion polls are concerned. Conceptually, his scholarship has focused, among other things, on the spiral of silence and how perceptions of what others think shape one's own expression of opinion (Noelle-Neumann 1993; Donsbach/Salmon/Tsfati 2014). In today's highly mediated society, polls naturally play a critical role in constructing that climate of opinion, and the effects of the dissemination of their results are not relegated to academic studies.

In fact, the question of how poll results shape electoral behavior and electoral politics is of great political concern around the globe. This issue is one in which normative concerns are often at odds with empirical realities. If, as some democratic theorists argue, voting should be based on full information (or as much information as possible), then knowing the electoral preferences of those in one's immediate and not-so-immediate environment should add to this body of knowledge. However, the mere dissemination of such information can lead to attitudinal, cognitive, and behavioral changes at the individual and macro levels (Holtz-Bacha/Strömbäck 2012). Moreover, whether these changes are positive or negative for the populace at large has remained a point of contention.

Where the effects of published opinion polls are concerned, the effects on voting behavior are of great significance. As Moy and Rinke (2012) summarize, polls can both mobilize and demobilize turnout, and the effect may hinge on the closeness of the race. Voting preference also can be shaped by public opinion polls, leading to any or all of the following consequences in the electorate: a *bandwagon effect*, in which polls can boost support for the candidate or party that the majority of respondents support; an *underdog effect*, in which citizens exposed to poll results support the party or candidate that is trailing; and *strategic voting*, in which citizens vote for their second-best (perhaps viable, perhaps unviable) candidate if their preferred candidate appears to have little chance of success in the election. Naturally, the effects of strategic voting are greater in multi-party or multi-candidate elections.

Specific poll results notwithstanding, the fact that media increasingly sponsor and cover opinion polls means that citizens are being treated to greater and greater levels of horse-race coverage (see Patterson 1993). In this particular type of journalism, competition and strategy are emphasized with considerable effects. Which campaigns, candidates, and issues are covered and how they get covered shapes the polity's perceptions of individuals (e.g. Miller/Goldenberg/Erbring 1970), issues (e.g. Cappella/Jamieson 1997), and the system at large (Iyengar 1987). Mere coverage can draw attention to issues, thereby potentially changing what citizens deem salient (as reflected in decades of agenda-setting research), what they discuss, and how they engage with politics.

But opinion polls have effects on more than just individual citizens; they are essential strategic inputs for political candidates and parties. Support for a party as communicated in published opinion polls can maximize internal cohesion within that party, and candidates who lead in opinion polls often are rewarded by increased campaign contributions. In fact, as Strömbäck (2012) summarizes, political parties can proactively use opinion polls in news management to put them in the most favorable light and to maximize their chances of electoral success, or, as Jacobs and Shapiro (2000) noted, politicians don't pander. Instead, they use polls to achieve goals they already have set for themselves and/or their constituents.

With this myriad of effects, it is not surprising that legal restrictions have been placed on pre-election and/or exit polls in many countries. In 2012, an analysis of such regulations in 85 countries showed a broad array of restrictions, including a blackout period for pre-election polls, the banning of specific types of questions that could be asked, the types of information that could be published with the poll results, and whether and how exit polls could be conducted (Chung 2012). This analysis, conducted under the auspices of the World Association for Public Opinion Research (WAPOR), is the fifth worldwide study on the freedom to publish opinion polls. Relative to the previous studies, conducted in 1984, 1992, 1996 and 2002, the 2012 analyses were based on a slightly larger sample, which reflects the inexorable entrenchment of public-opinion polling across various societies as well as some shifts in data-collection methods. Unfortunately, a closer look at the data reveals that compared to 2002, 13 countries/regions had lengthened embargo periods for the reporting of polls.

In this light, it is interesting to re-read Donsbach's (2001) report, titled tongue-in-cheek, "Who's Afraid of Election Polls?" In this report, he makes two important arguments with regard to the public interest. The first revolves around the rights of individual researchers and firms to collect data in the ways and on the schedules they see fit – rights that are a central element of the scientific method. The second argument concerns the public's right to know and be informed about current events, including the prospects of candidates and parties in a current election campaign. According to Donsbach, restrictions on the collection and dissemination of polling data clearly run counter to such interests.

2. Creating Communities

Donsbach's commitment to research in the public interest is epitomized by his institutional efforts in the field of public opinion. When he presided over WAPOR in 1996, the association conferred its highest honor, the Helen Dinerman Award, to Daniel Yankelovich, a pioneer of modern opinion polling. In his acceptance speech, Yankelovich denounced how the media handled polls and according to Petersen (2012: 48), this speech jolted WAPOR into action.

Donsbach worked tirelessly to organize the first four seminars, soliciting participants and papers, organizing the program, and hosting all of the social events. At every seminar, there were scholars from Europe, North American, and South America, and there often were participants from Africa, the Soviet Union, and the Middle East. Donsbach was always sensitive to broad geographical representation, just as he was for the authors appearing in the journal he edited.

Donsbach played a key role in conceptualizing and running these thematic seminars, adapting them to the ever-shifting landscape of the field. For instance, in 2002, just as web surveys were beginning to gain purchase, the call for papers for that year's seminar was crafted to stimulate submissions related to quality in emerging survey modes, namely the internet and email. This focus, however, was certainly not at the expense of traditional areas of concern in public opinion research, e.g., the psychology of survey measurement, the media and the public quality of surveys, and declining response rates.

Regardless of the year, the seminars were relatively small, typically with around 25 participants, to facilitate an active interchange of ideas. Seminar presentations often were revised for submission to and eventual publication in WAPOR's official refereed journal. One function that Donsbach performed particularly well was to organize a final discussion session for the seminar, summarizing the topics covered, integrating them in a conceptually useful way, and raising the prospect of a future research agenda that they suggested. This also became the basis for the organization of the next seminar.

Donsbach's institutional efforts, particularly on behalf of WAPOR, go far beyond Cadenabbia, and they involve the creation of intellectual communities that not only sustain and inform their members, but also bring the field to other constituents. As an essential element of his support for WAPOR and scholarly research on public opinion, political communication and research methods, Donsbach had what is undoubtedly the longest association with a single journal of any international scholar. Conceptualized in 1987 and first published in 1989, the *International Journal of Public Opinion Research* (IJPOR) is WAPOR's refereed journal. Donsbach managed the editorial office at the University of Mainz until 1994. He tried to step down, but difficulties with his replacement and the operation of the editorial office drew him back in, and he was officially the Managing Editor and then Editor of the journal from 1996 to 2010, first alone and then in conjunction with others.

When he moved to a senior position at the University of Dresden, he took the journal's editorial operation with him and nurtured it there. In 2010, a replacement editor was found, but Donsbach moved on to chair the journal's International Advisory Board, a position he still holds. All told, he has contributed to the life of the journal for more than 27 years. One legacy of Donsbach's efforts can be seen in any issue of *IJPOR*: at the time of this writing, the latest issue of the journal includes research conducted around the globe, from Europe to Oceania. Today, *IJPOR* is ranked by the Institute for Scientific Information (ISI) and is deemed the "one classic mass communication journal" that, true to its name, "could be classified as international" (Lauf 2005: 147).

Donsbach's efforts to facilitate high-quality research in public opinion and related fields are reflected in other undertakings. In 2008, he co-edited with Michael Traugott *The SAGE Handbook of Public Opinion Research*, which brought together state-of-the-art reviews of public opinion theory and methodology. In over 50 chapters, contributors from a dozen countries spoke to the history and philosophy of public opinion and public opinion research; the development of public opinion research; theories of public opinion formation and change; methodological concerns such as design and measurement; and the application, such as marketing research, voter research in campaigns, and the use of surveys as legal evidence. The transnational lens with which this volume was crafted speaks to the potential opportunities and challenges facing public opinion research in different parts of the world. It is no surprise then that a *British Politics* review of the handbook called it "admirable and expansive" and "a substantial resource" (Higgins 2010: 385).

Also in 2008, working with Wiley-Blackwell and the International Communication Association, Donsbach launched the *International Encyclopedia of Communication*, a 12-volume collection of over 1300 entries defining key concepts, theories, and concerns in the field. In his introduction to the encyclopedia, Donsbach (2008) cited as an overarching goal the creation of a product that represented the plurality of the communication discipline. Crafting this product involved efforts by over 4,000 contributors in nearly 70 countries, representing different epistemologies and methodological approaches in "this fascinating and socially crucial field of communication." Donsbach is currently collaborating on a revised and updated version of this important reference work.

As with all other disciplines, communication will continue to evolve. New theories will come to light, new tools will emerge. In a sector where impact is often measured by the number of citations, it is easy to overlook those efforts and achievements that shape how research gets conducted and the impact that research ultimately has on everyday life. Wolfgang Donsbach's work in the field has served, and will continue to serve, that important function for many.

References

* works cited in Swanson Award nomination letter
*Brosius, H.-B., Donsbach, W., Birk, M. (1996): How Do Text-Picture Relations Affect the Informational Effectiveness of Television Newscasts? Journal of Broadcasting & Electronic Media 40. 180-95.
Cappella, Joseph N., Hall Jamieson, K. (1997): Spiral of Cynicism: The Press and the Public Good. New York: Oxford University Press.
Chung, R. (2012): The Freedom to Publish Opinion Poll Results: A Worldwide Update of 2012. Lincoln, NE: World Association for Public Opinion Research. Available online at http://wapor.org/wp-content/uploads/2012/12/WAPOR_FTP_2012.pdf.
*Donsbach, W. (1997): Media Thrust in the German Bundestag Election, 1994: News Values and Professional Norms in Political Communication. Political Communication 14. 149-70.
*Donsbach, W. (1997): Survey Research at the End of the Twentieth Century: Theses and Antitheses. International Journal of Public Opinion Research 9. 17-28.
Donsbach, W. (2001): Who's Afraid of Opinion Polls? Normative and Empirical Arguments for the Freedom of Pre-Election Surveys. Amsterdam: Foundation for Information. Available at http://wapor.org/pdf/who-is-afraid-of-opinion-polls.pdf.
*Donsbach, W. (2004): Psychology of News Decisions: Factors behind Journalists' Professional Behavior. Journalism 5. 131-57.
Donsbach, W. (2006): Presidential Address: The Identity of Communication Research. Journal of Communication 56. 436-48.
Donsbach, W. (2008): Introduction: The Challenges of This Encyclopedia. In The International Encyclopedia of Communication, ed. Wolfgang Donsbach. Blackwell Reference Online. Available at http://www.communicationencyclopedia.com/subscriber/toc-node.html?id=g9781405131995_yr2011_chunk_g97814051319955.
Donsbach, W., Salmon, C. T., Tsfati, Y. (Eds.) (2014): The Spiral of Silence: New Perspectives on Communication and Public Opinion. New York: Routledge.
Donsbach, W., Traugott M. W. (Eds.) (2008): The SAGE Handbook of Public Opinion Research. London: SAGE Publications Ltd.
Higgins, M. (2010): The SAGE Handbook of Public Opinion Research. British Politics. 385-86.
Jacobs, L. R., Shapiro, R. Y. (2000): Politicians Don't Pander: Political Manipulation and the Loss of Democratic Responsiveness. Chicago: University of Chicago Press.
Holtz-Bacha, C., Strömbäck, J. (Eds.) (2012): Opinion Polls and the Media: Reflecting and Shaping Public Opinion. Basingstoke: Palgrave Macmillan.
Iyengar, S. (1987): Television News and Citizens' Explanations of National Affairs. American Political Science Review 81. 815-31.
Lauf, E. (2005): National Diversity of Major International Journals in the Field of Communication. Journal of Communication 55. 139-51.
Miller, A. H., Goldberg, E. N., Erbring, L. (1979): Type-Set Politics: Impact of Newspapers on Public Confidence. American Political Science Review 73. 67-84.

A Research Career in the Public Interest 65

Moy, P., Rinke, E. M. (2012). Attitudinal and Behavioral Consequences of Published Opinion Polls. In: Opinion Polls and the Media: Reflecting and Shaping Public Opinion, ed. C. Holtz-Bacha and J. Strömbäck. 225-45. London: Palgrave Macmillan.

Noelle-Neumann, E. (1993): The Spiral of Silence. Public Opinion—Our Social Skin, 2nd edition. Chicago: University of Chicago Press.

*Noelle-Neumann, E., Donsbach, W., Kepplinger, H. M. (2005): Wählerstimmungen in der Mediendemokratie: Analysen auf der Basis des Bundestagswahlkampfes 2002. Freiburg and Munich: Verlag Karl Alber.

*Noelle-Neumann, E., Kepplinger, H. M., Donsbach, W. (1999): Kampa: Meinungsklima und Medienwirkung im Bundestagswahlkampf 1998. Freiburg and Munich: Verlag Karl Alber.

Patterson, T. E. (1993): Out of Order. New York: Knopf.

*Patterson, T. E., Donsbach, W. (1996): News Decisions: Journalists as Partisan Actors. Political Communication 13. 455-68.

Petersen, T. (2012): Regulation of Opinion Polls: A Comparative Perspective. In: Opinion Polls and the Media: Reflecting and Shaping Public Opinion, ed. C. Holtz-Bacha and J. Strömbäck. 47-68. London: Palgrave Macmillan.

Strömbäck, J. (2012): Published Opinion Polls, Strategic Party Behavior and News Management. In: Opinion Polls and the Media: Reflecting and Shaping Public Opinion, ed. C. Holtz-Bacha and J. Strömbäck. 246-66. London: Palgrave Macmillan

II. Mediennutzung und Medienentwicklung

Abkehr von politischen Informationsangeboten

Olaf Jandura und Katja Friedrich

1. Einführung

Eine gesellschaftsweite politische Öffentlichkeit ist ein zentrales Element im Selbstverständnis der westlichen Moderne; es kulminiert im Gedanken der Partizipation der Bürger an politischen Entscheidungen (Wendelin 2011). Medien gelingt es – das zeigen die Statistiken der letzten Jahrzehnte – ein großes und beständiges Publikum aufzubauen. Sie zählen zu den wichtigsten Informationsquellen über das politische Geschehen. Aus diesem Grund wird ihnen die zentrale Aufgabe zugesprochen, ein gemeinsames Reservoir an Themen und Wissen bereitzustellen (Schulz 2008: 27ff.), das es allen Gesellschaftsmitgliedern erlaubt, sich untereinander über gemeinsame medial vermittelte Erfahrungen auszutauschen. Wir haben es hier mit einer monolithischen und keiner liquiden Vorstellung von Öffentlichkeit zu tun.

Historisch betrachtet konnten die Medien in der Geschichte der Bundesrepublik diese für demokratische Systeme immanent wichtige Aufgabe in den 1960er und 1970er Jahren wohl am besten erfüllen. Durch das öffentlich-rechtliche Rundfunkmonopol mit seiner binnenpluralen Berichterstattung, einer hohen Zeitungsdichte sowie nur gering variierenden Medienrepertoires auf Publikumsseite war es selbstverständlich, dass das Fernsehen, aber auch Tageszeitungen, ein Massenpublikum mit gleichem oder zumindest ähnlich lautendem Medientenor erreichten. In der Kommunikationswissenschaft wird diese Phase aus heutiger Sicht durch einfache methodische Designs repräsentiert. Es reichte z.B. für Agenda-Setting Studien aus, die Tagesschau zu analysieren, um zu wissen, was die Bevölkerung denkt.

Unter den heutigen Bedingungen stimmen diese Prämissen nicht mehr. Mit der Deregulierung des Rundfunksektors und der Digitalisierung der Medienbranche setzten im Mediensystem massive Wandlungsprozesse ein. In der Literatur werden diese Entwicklungen mit den Stichworten Ausdifferenzierung, Digitalisierung, Modularisierung und Angebotsfragmentierung beschrieben (Brosius 2013: 14ff.). Das heutige diversifizierte Medienangebot fördert eine individualisierte Mediennutzung und trägt somit zur Auflösung des Massenpublikums bei. Die normativ begründeten Leistungsanforderungen an die Medien und ihre Aufgabe, Öffentlichkeit herzustellen, haben sich seit den 1960er Jahren jedoch nicht verändert. Die Diskussion um die Rundfunkgesetzgebung der letzten Jahrzehnte zeigt, dass den Medien, und hier insbesondere dem Fernsehen (BVerfG, 1 BvR 2270/05 vom 11.09.2007: 116), weiterhin die Aufgabe übertragen wird, einen gemeinsamen gesellschaftlichen Verständigungsrahmen zu relevanten Fragen und Themen zu schaffen (z. B. Bennett/Iyengar 2008; Katz 1996).

Doch kann dieser Anspruch in einer sich stetig wandelnden und ausdifferenzierenden Medienumgebung überhaupt noch eingelöst werden? Führt die Angebotsfragmentierung nicht zwangsläufig zu einer Fragmentierung der politischen Öffentlichkeit und zu einer Verschlechterung des demokratischen Diskurses in der Gesellschaft? Solche oder ähnlich lautende Befürchtungen finden sich in Beiträgen, die sich mit den negativen sozialen Folgen der Digitalisierung der Medien beschäftigen. Viele Studien greifen dabei aus Mangel an verfügbaren sozialwissenschaftlich relevanten Datenquellen auf aktuelle Querschnittserhebungen bzw. Längsschnittdaten zurück, die sehr kurze Zeitintervalle abdecken, oder fokussieren sich auf einen ausgewählten Verbreitungskanal für politische Informationen, wie z.B. das Fernsehen oder die Tageszeitung. Mit dem vorliegenden Aufsatz wollen wir einen Beitrag dazu leisten, die Fragmentierung des Publikums klassischer Informationsmedien in Deutschland genauer zu beschreiben. Es soll untersucht werden, inwieweit sich die Zuwendung zu politischen Informationsangeboten in der Umbruchsphase von einer weniger vielfältigen in eine zunehmend differenzierte Medienumgebung verändert hat.

2. Publikumsfragmentierung

Der Fragmentierungsbegriff bestimmt in den letzten Jahren die Debatte um die Veränderung der Mediennutzung. Dabei wird die Fragmentierungsdiskussion auf zwei unterschiedlichen Betrachungsebenen geführt. Auf einer ersten Ebene steht die Frage im Mittelpunkt, ob die Zuwendung zu politischen Informationsangeboten mit steigender Angebotsfragmentierung rückläufig ist. Studien, die auf der zweiten Analyseebene angesiedelt sind, fragen danach, ob sich die Zuwendung zu solchen Angeboten polarisiert. Will man Aussagen über den Fragmentierungsgrad des Publikums politischer Medieninhalte treffen, müssen beide Ebenen gemeinsam betrachtet werden.

Die Forschung zur Vermeidung von politischen Medieninhalten lässt sich zudem in einen medien- und einen publikumszentrierten Zweig differenzieren. Aus medienzentrierter Perspektive interessiert, wie sich die Reichweite einzelner Informationsangebote entwickelt hat. Der international vielfach beobachtete Trend rückläufiger Reichweiten von Nachrichtensendungen oder anderen politischen Informationsangeboten wird als Abkehr der Bevölkerung von informierenden Inhalten interpretiert.

Der publikumsorientierte Zweig dieser Forschung steht in der Tradition der Wissenskluftforschung (Tichenor et al. 1970) und dabei im Speziellen der Forschung zu Zuwendungsklüften (Wirth 1997: 228). Entsprechende Studien setzen bei der Mediennutzung des Einzelnen an und suchen nach Erklärungen, wie die mangelnde Zuwendung zu politischen Informationsangeboten ursächlich zu erklären ist. Hierbei werden zunehmend individuelle Merkmale des Einzelnen betrachtet, wie z.b. die soziale Lage, Alter, Geschlecht oder Bildung. Aber auch strukturelle Merkmale, in die das Handeln des einzelnen Rezipienten eingebettet ist, wie etwa das Mediensystem oder das verfügbare Medienangebot, werden integrativ in den Fokus gerückt. Aus Mehrebenenanalysen geht hervor, dass die Vermeidung von politischen Informationsangeboten durch ein Zusammenspiel von technologischen Faktoren, Charakteristika des Mediensystems, kulturellen Normen sowie individuellen Merkmalen wie Bildung oder die soziale Lage der Befragten erklärt werden kann (Prior 2007; Stroud 2010; Bennett/Iyengar 2008; Ksiazek/Malthouse/Webster 2010; Ksiazek/Webster 2008). Aus dieser Determinantenvielfalt der Variablen auf der Individual- und Mediensystemebene lässt sich ableiten, dass die vorrangig aus den USA stammenden Befunde zur Dichotomie von Nutzern und Nichtnutzern politischer Informationsangebote nicht auf andere Länder übertragen werden können. Vielmehr ist es naheliegend, dass die jeweiligen Spezifika der Mediensysteme solche Entwicklungen moderieren bzw. verändern können (u.a. Wonneberger/Schoenbach/van Meurs 2012; Kleinen von Königslöw 2013; Trappel/Nieminen/Nord 2011).

Die Forschung zur zweiten Ebene der Publikumsfragmentierung ist eng mit der Polarisierungsthese und somit mit dem Selective-Exposure Paradigma der Rezeptionsforschung verbunden. Mit steigender Anzahl von Informationskanälen wächst auch die Möglichkeit, dass sich die Inhalte dieser Medienangebote polarisieren, weil bestimmte gesellschaftliche Positionen vordergründig und andere nachrangig oder überhaupt nicht beachtet werden. Die Medieninhaltsforschung hat hierfür in den letzten Jahrzehnten verschiedene Maße entwickelt, die die Verzerrung von politischen Informationsangeboten offenlegen können (vgl. im Überblick für Deutschland u.a. Brettschneider/Wagner 2008). Solche polarisierten Medieninhalte erlauben es dem Rezipienten, diejenigen auszuwählen, die seinen Meinungen und Einstellungen am nächsten kommen (Donsbach 1991; Donsbach/Mothes 2012; Prior 2007). Als Konsequenz einer solch selektiven Mediennutzung kommt es zu einer Polarisierung der breiten Medienöffentlichkeit im Sinne einer Lagerbildung: Dann bilden sich zersplitterte Teilöffentlichkeiten aus, die sich gegenseitig nicht zur Kenntnis nehmen.

Die Bewertung der Konsequenzen der Publikumsfragmentierung ist aus beiden Perspektiven identisch. Sowohl der Anstieg der Nichtnutzer politischer Informationsangebote als auch die Polarisierung des Publikums dieser Angebote werden gemeinhin als Bedrohungsszenario für eine freie, plurale Gesellschaft bewertet. Ist das Publikum fragmentiert und polarisiert, können die Medien ihre Aufgabe, ein gemeinsames Reservoir an Wissen, Positionen und Themen bereitzustellen und somit für einen gesamtgesellschaftlichen Verständigungsprozess zu sorgen, nicht mehr erfüllen (z.B. Katz 1996). Forschende warnen in diesem Zusammenhang vor einer Balkanisierung der politischen Kommunikation oder vor Weimarer Verhältnissen (Mutz 2006; Donsbach 2012).

3. Methode

Anhand einer Sekundärdatenanalyse der Daten der MA-Intermedia wollen wir im Folgenden zeigen, wie sich die Zuwendung zu politischen Informationsangeboten zwischen 1998 und 2009 sowohl auf der Ebene der Zuwendung als auch im Hinblick auf die Polarisierung der Medienöffentlichkeit entwickelt hat. Die Wahl des Untersuchungszeitraums erfolgt dabei sowohl aus Gründen der Verfügbarkeit des Datenmaterials als auch aus inhaltlichen Gründen. Das MPLZ in Köln stellt für die Jahre 1998–2009 den Datensatz MA-Intermedia bereit. Dabei handelt es sich um einen fusionierten Datensatz, der die Nutzung von TV, Hörfunk und Pressemedien beinhaltet. Im Gegensatz zu vielen anderen Fragmentierungsstudien, die sich auf ein singuläres Medium oder eine Mediengattung konzentrieren (Stroud 2010: 558), sind mit der MA-Intermedia mediengattungsübergreifende Analysen der Zuwendung zu den klassischen Massenmedien möglich. In diesem Datensatz können 25 verschiedene Quellen für politisch und gesellschaftlich relevante aktuelle Medieninhalte identifiziert und in die Studie mit einbezogen werden:

- Tageszeitungen: lokale/regionale Abonnementzeitungen (n= 124)
- Sechs überregionale Tageszeitungen: Frankfurter Allgemeine Zeitung, Frankfurter Rundschau, Handelsblatt, Süddeutsche Zeitung, WELT, tageszeitung
- Acht Boulevardzeitungen: Bild, Berliner Kurier, BZ, Express, Hamburger Morgenpost, Morgenpost für Sachsen, tz
- Fünf Wochenzeitungen und Magazine: Focus, Spiegel, Stern, Welt am Sonntag, Die Zeit, Neon
- Hauptnachrichtensendungen der wichtigsten 5 TV-Programme: Tagesschau, heute, RTL-aktuell, Sat.1-Nachrichten, Pro7-Nachrichten

Ein weiterer Vorteil dieser Datenquelle liegt in ihrer großen Stichprobe. Mit jährlich zwischen 25.928 und 39.092 Befragten lässt sich die Mediennutzung auch kleiner Bevölkerungssegmente valide beschreiben. Für den Untersuchungszeitraum von 1998 bis 2009 liegt die Größe des Gesamtsamples bei 434.865 Befragten. Die zentrale inhaltliche Begründung sehen wir in der Umbruchsphase des Mediensystems, das sich in diesem Zeitraum von einem Medienangebot mit vergleichsweise wenig Auswahlmöglichkeit zu einer Medienumgebung mit bis dahin ungekannter Optionsvielfalt entwickelt hat. Dass dieser Wandlungsprozess in das ausgewählte Zeitfenster fällt, belegen folgende Daten: So stieg zwischen 1998 und 2009 die Zahl der durchschnittlich pro Haushalt empfangbaren Fernsehsender von 34 auf 73 Programme (Zubayr/Gerhards 2010: 106) und der Anteil der deutschen Internetnutzer wuchs von 7 Prozent auf 67 Prozent an (van Eimeren/Frees 2010: 335).

Um eine Vergleichbarkeit der Reichweitendaten für die einzelnen Mediengattungen herstellen zu können, werden aus den unterschiedlich erhobenen Nutzungskennwerten Nutzungswahrscheinlichkeiten (p-Werte) berechnet, die über Mediengattungen hinweg vergleichbar sind. Diese Nutzungswahrscheinlichkeiten liegen zwischen den Werten 0 (keine Nutzung) und 1 (tägliche Nutzung). Eine Nutzungswahrscheinlichkeit von 0,75 bedeutet somit, dass zwei von drei Ausgaben einer Zeitung gelesen werden, bzw. dass an zwei von drei Tagen die gleiche halbe Stunde eines Fernsehprogramms gesehen wird.

Für die Interpretation der Befunde vergleichen wir drei verschiedene – an pressestatistische Maße angelehnte – Definitionen von Nutzern von Informationsangeboten:

- Für das *Minimalkriterium* ist es – gleich dem weitesten Leserkreis – ausreichend, wenn der Befragte in den letzten zwei Wochen zumindest einmal eines der erfassten Informationsmedien genutzt hat.
- Beim *weichen Kriterium* zählen alle Befragte als Nutzer, die in den letzten beiden Wochen mindestens jeden zweiten Tag eines der 25 ausgewählten Medien (p>0,49) verfolgen.
- Für das *harte Kriterium* wird der Schwellenwert auf p> 0.74 gesetzt, d. h. die Befragten müssen drei von vier Ausgaben einer Tageszeitung bzw. einer Nachrichtensendung verfolgen, um als Nutzer zu zählen.

4. Ergebnisse

1. Ebene: Abkehr von Informationsangeboten

Im ersten Analyseschritt untersuchen wir, ob das Publikum der traditionellen politischen Informationsangebote im Untersuchungszeitraum kleiner geworden ist. Dafür wird der Anteil der Deutschen ab 14 Jahre, die zum Nutzerkreis mindestens eines der einbezogenen Informationsangebote zählen, betrachtet. Legt man das Minimalkriterium an, also die mindestens einmalige Zuwendung zu Fernsehnachrichten oder Tageszeitungen innerhalb eines Zweiwochen-Zeitraums, lässt sich kein Reichweitenrückgang aufzeigen. Sowohl 1998 als auch 2009 wird fast jeder Deutsche mindestens einmal in zwei Wochen von traditionellen politischen Informationsangeboten erreicht. Anders sieht das Bild aus, wenn man die anderen zwei Nutzungsindikatoren zugrunde legt, die eine gewisse Regelmäßigkeit der Zuwendung voraussetzen. Hier zeigt sich – wenn auch auf unterschiedlichem Niveau – ein und derselbe Trend: Der Anteil der Befragten ohne regelmäßige politische Informationsnutzung steigt über die Jahre hinweg signifikant an. Legt man die Nutzung von mindestens jeder zweiten Ausgabe eines der untersuchten Angebote an (weiches Kriterium), stieg die Zahl der Nichtnutzer von Informationsmedien zwischen 1998 und 2009 von 13 Prozent auf 21 Prozent. Analysiert man die Zahlen für das harte Nutzungskriterium (mindestens drei von vier Ausgaben eines Informationsmediums), das eine größere Regelmäßigkeit bei der Nutzung verlangt, steigt die Nichtnutzerquote gar von 22 Prozent auf 33 Prozent (Abbildung 1).

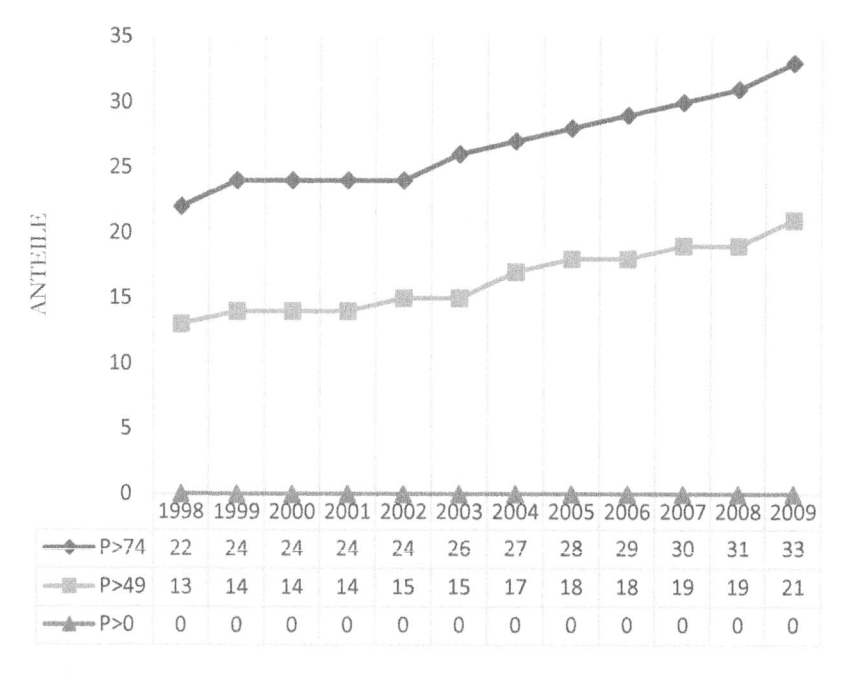

ANTEILE	1998	1999	2000	2001	2002	2003	2004	2005	2006	2007	2008	2009
P>74	22	24	24	24	24	26	27	28	29	30	31	33
P>49	13	14	14	14	15	15	17	18	18	19	19	21
P>0	0	0	0	0	0	0	0	0	0	0	0	0

Abbildung 1: Anteil der Nichtnutzer von Informationsmedien[1]

Die Veränderungsprozesse bei der klassischen Informationsnutzung weisen dabei die aus der Literatur bekannten Muster auf. Angebotsseitig (medienzentrierte Perspektive) wird deutlich, dass der Rückgang der Zuwendung zu politischen Informationsangeboten allein zu Lasten der Nicht-Boulevardmedien und hierbei insbesondere der

---

[1] Basis: n (gesamt)= 434.865; pro Jahr zwischen 25.928 (2003) und 39.092 (2006) Befragte

regionalen Tageszeitungen verläuft. Die untersuchten acht Boulevardzeitungen und drei privaten Fernsehnachrichtensendungen konnten innerhalb des Untersuchungszeitraums ihre Reichweite in etwa konstant halten (1997: 23 Prozent, 2009: 21 Prozent), während die Reichweite der Nicht-Boulevardmedien von 70 Prozent auf 58 Prozent stark sank (p<0.001).

In der Debatte um die sozialen Folgen einer möglichen Fragmentierung interessiert darüber hinaus aus publikumszentrierter Sicht, wie sich die Gruppe der Nutzer von Informationsmedien zusammensetzt. Hier wird eine klare stratifikatorische Differenzierung sichtbar. Während der Anstieg der Verweigerer politischer Information bei den formal Hochgebildeten mit Studienabschluss (1998: 19 Prozent, 2009: 24 Prozent) bzw. denen im obersten Einkommensquartil (1998: 16 Prozent, 2009: 21 Prozent, p<0.001) nur moderat zunimmt, ist in der Gruppe der Befragten mit niedriger formaler Bildung (1998: 21 Prozent, 2009: 31 Prozent, p<0.001) oder niedrigem Einkommen (1998: 31 Prozent, 2009: 40 Prozent, p<0.001) ein starker Anstieg der Gruppe der Verweigerer festzustellen.

Zudem bestätigt sich der Befund vieler anderer Studien (u.a. Donsbach et al. 2012; Patterson 2007), dass gerade bei den jüngeren Deutschen (unter 30 Jahre) der Anteil der Nichtnutzer von Informationsmedien rasant zunimmt. Zählten in der MA-Intermedia 1998 schon damals bedenkliche 40 Prozent zu dieser Gruppe, steigt dieser Wert 2009 auf 59 Prozent (p<0.001). Bei den über 50jährigen ist dieser Anstieg nur moderat von 16 Prozent auf 20 Prozent (p<0.001) (Abbildung 3). Nun könnte dieser Befund mit dem Argument relativiert werden, dass Jüngere heute politische Informationen hauptsächlich über das Internet beziehen – ein Medium, das in unserer Analyse nicht berücksichtig werden konnte. Dem ist entgegenzuhalten, dass eine Verschiebung dieser Ergebnisse bei Berücksichtigung der Internetnutzung eher gering sein dürfte, da sich derzeit nur ein äußerst geringer Teil der deutschen Bevölkerung exklusiv über das Internet über Politik informiert und somit von uns nicht erfasst wird (Hasebrink/Schmidt 2013).

Die Langzeitdaten offenbaren also, dass ein wachsender Teil des Publikums nicht mehr regelmäßig an massenmedial geführten politischen Diskursen teilnimmt. Vor dem Hintergrund der zentralen medienpolitischen Forderung nach der Inklusion des Publikums stimmen diese Zahlen nachdenklich.

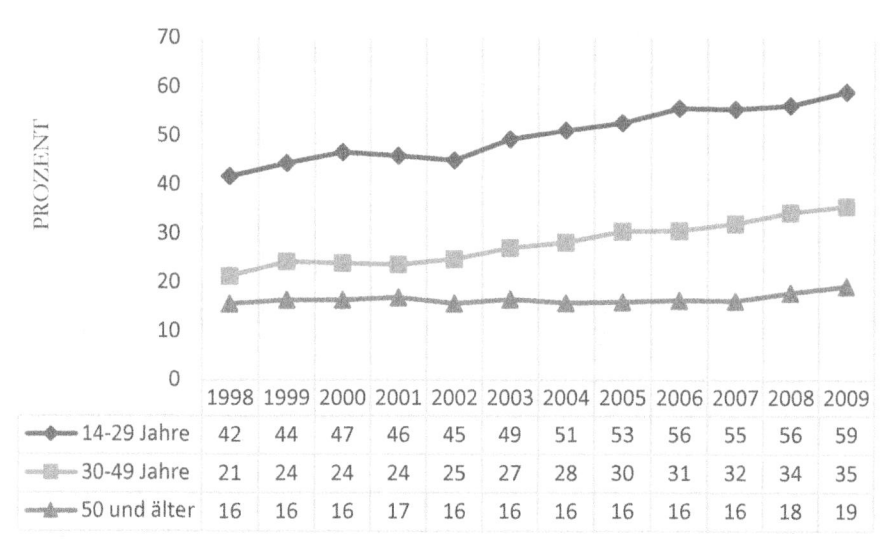

PROZENT	1998	1999	2000	2001	2002	2003	2004	2005	2006	2007	2008	2009
14-29 Jahre	42	44	47	46	45	49	51	53	56	55	56	59
30-49 Jahre	21	24	24	24	25	27	28	30	31	32	34	35
50 und älter	16	16	16	17	16	16	16	16	16	16	18	19

Abbildung 2: Nichtnutzer nach Altersgruppen (p>.74)[2]

2. Ebene: Polarisierung innerhalb des Nutzerkreises von Informationsmedien

Die Abkehr von politischen Medieninhalten ist ein wichtiger Krisenindikator einer abnehmenden Integrationskraft der Massenmedien. Je weniger man sich mit politischen Medieninhalten auseinandersetzt, desto schwerer wird es, die in vielen normativen Ansätzen geforderte Rolle des mündigen Bürgers in der Demokratie einzunehmen und sich aktiv mit einer fundierten Meinung an politischen Diskursen zu beteiligen. In einem weiteren Schritt prüfen wir nun, ob sich die Publikumsfragmentierung der Informationsmedien auf die Dichotomie zwischen „informed and uninformed citizens" (Delli Carpini/Keeter 1996) reduzieren lässt oder ob es auch innerhalb des Publikums der Informationsmedien zu Fragmentierungsprozessen in Form einer Polarisierung der Zuwendung kommt.

Die erste Herausforderung stellt hierbei die Überführung des auf der Makroebene verwendeten Fragmentierungsbegriffs auf die Mikroebene dar, in der die Mediennutzung des einzelnen Befragten im Zentrum der Betrachtung steht. Couldry et al. (2007: 29) folgend wird massenmediale Öffentlichkeit auf der Makroebene über gemeinsame mediale Bindungen, d.h. über gemeinsam genutzte Informationsangebote auf der Mikroebene konstituiert. Je größer die Zahl der Befragten ist, mit der

---

[2] Basis: n (gesamt)= 434.865; pro Jahr zwischen 25.928 (2003) und 39.092 (2006) Befragte

man sich die Nutzung mindestens eines Titels bzw. einer Sendung aus dem eigenen Medienrepertoire teilt, desto integrierter und weniger polarisierter ist die Mediennutzung des einzelnen und desto besser ist dessen Einbindung in eine massenmediale Öffentlichkeit. Je weniger massenmediale Bindungen der einzelne Rezipient in die Gesellschaft hat, desto eher kann er als von der politischen Medienöffentlichkeit isoliert bezeichnet werden.

Um den Grad der Polarisierung des Publikums auf der Mikroebene festzustellen, übertragen wir die in der Inhaltsanalyse zur Anwendung kommende Logik des Intercoderrelibilitätstests nach Holsti auf die Befragungsdaten der Publikumsforschung. Für jeden Befragten werden Paarvergleiche mit den anderen Befragten der repräsentativen Stichprobe mit dem Ziel berechnet, Übereinstimmungen in der Mediennutzung der 25 untersuchten Informationsangebote zu finden. Sobald eine Übereinstimmung (z.B. das Lesen einer regionalen Tageszeitung oder das Schauen einer Nachrichtensendung) vorliegt, wird von einer medialen Bindung zwischen beiden Befragten ausgegangen. Dieser Abgleich der Zuwendung zu Informationsangeboten wird für alle Fälle einer repräsentativen Stichprobe von 10.000 Fällen pro Erhebungsjahr durchgeführt. Fasst man die Ergebnisse der Paarvergleiche zusammen, erhält man eine neue kontinuierliche Variable, die anzeigt, mit wie vielen Befragten der Stichprobe jeder einzelne Rezipient die Nutzung mindestens eines Mediums teilt. Damit diese Befunde auch auf der Makroebene interpretiert werden können, wenden wir die Mittelwertberechnung als Aggregationsregel an, um Auskünfte über Fragmentierungstendenzen auf der Makroebene zu erhalten. Diese Berechnungen werden jeweils für den Beginn (1998), die Mitte (2005) und das Ende (2009) des Untersuchungszeitraums durchgeführt; so können wir dem Prozesscharakter der Fragmentierung gerecht werden. Als Nutzungsindikatoren wird wieder auf das weiche ($p>.49$) und das harte ($p>.74$) Nutzungskriterium zurückgegriffen.

Bei der Analyse der Zuwendung zu politischen Informationsangeboten auf der zweiten Fragmentierungsebene zeigen sich wiederum für beide Nutzungsindikatoren vergleichbare Verläufe. Jedoch geht hier die Polarisierungsquote für den gelegentlichen Nutzungsindikator von 23 auf 20 Prozent und für den härteren Nutzungsindikator von 26 Prozent auf 20 Prozent zurück. Das bedeutet, dass die Gruppe der Nutzer klassischer politischer Informationsangebote zwar schrumpft, aber eine stabile mediale politische Teilöffentlichkeit bildet.

Diese Befunde legen die Schlussfolgerung nahe, dass in Deutschland eine dynamische Fragmentierung des Publikums von Informationsmedien vor allem durch die Differenzierung von Nutzern und Nichtnutzern (1. Ebene) getrieben wird. Innerhalb der abnehmenden Nutzerschaft der klassischen Informationsmedien hingegen steigt der Anteil der Befragten, die sich zumindest eine traditionelle Quelle zur politischen Information mit anderen teilen (Tabelle 1). Diese Ergebnisse lassen sich dahingehend interpretieren, dass sich seit 1998 zunehmend eine Informationselite herausbildet, die untereinander gemeinsame mediale Bindungen und damit auch über einen gemeinsamen Themen- und Wissenshorizont verfügen dürfte.

	p>.74			p>.49		
	1998	2005	2009	1998	2005	2009
	%	%	%	%	%	%
Vermeidungsquote (1. Ebene)	22	28	33	13	18	21
Polarisierungsquote (2. Ebene)	26	22	20	23	21	20
Fragmentierung gesamt	48	50	53	36	39	41

Tabelle 1: Fragmentierungsgrad des Publikums

5. Fazit

Ausgangspunkt der Studie war die Frage nach dem Grad der Publikumsfragmentierung klassischer politischer Informationsangebote in Deutschland. Der Überblick über die Literatur macht deutlich, dass Fragmentierung zum einen auf der Ebene der Vermeidung politischer Informationsangebote und zum anderen auf der Ebene der polarisierten Nutzung politischer Informationsangebote diskutiert wird. Beide Perspektiven werden hier nochmals aufgegriffen.

Analysiert man zunächst die erste Ebene, so wird deutlich, dass die meisten Deutschen zwar noch von klassischen Informationsangeboten erreicht werden. Die Anzahl derjenigen, die sich von diesen Medieninhalten jedoch abwenden, ist kontinuierlich über den Untersuchungszeitraum gestiegen. Legt man die Differenzierung in Nutzer und Nichtnutzer zugrunde, nimmt die Publikumsfragmentierung politischer Informationsmedien folglich stetig zu. Besonders hoch ist dabei die Nichtnutzerquote in der Gruppe der unter 30jährigen und in der Gruppe mit sehr niedrigen Einkommen.

Der starke Anstieg der Nichtnutzung klassischer Informationsangebote innerhalb des Untersuchungszeitraums von elf Jahren legt die Schlussfolgerung nahe, dass die zunehmende Dynamik der Fragmentierung der Medienangebote, ähnlich wie in den USA, zu Lasten der traditionellen politischen Informationsnutzung geht. Auch in Deutschland resultieren die Reichweitenverluste ausschließlich aus dem Rückgang der Zuwendung zu Qualitätsmedien. Boulevardeske Informationsangebote hingegen behaupten ihre Position in der Publikumsgunst.

Dagegen ist die Polarisierung der Zuwendung zu klassischen Informationsangeboten entgegen der Erwartungen rückläufig. Der durchschnittliche Anteil der Nutzer, denen eine polarisierte Mediennutzung attestiert werden kann, nimmt ab. Welche Angebote hierbei eine besonders integrierende Funktion haben, müssen weitere auf Netzwerkanalysen basierende Untersuchungen klären.

Betrachtet man beide Ebenen der Fragmentierungsdebatte gemeinsam, ist zu konstatieren, dass der Grad der Fragmentierung des Publikums der Informationsmedien zwischen den Jahren 1998 und 2009 angestiegen ist. Je nach Nutzungsindikator stieg die Fragmentierungsquote des Publikums im elfjährigen Untersuchungszeitraum von 36 auf 41 Prozent (weiches Nutzungskriterium) bzw. von 48 auf 53 Prozent (hartes Nutzungskriterium). Damit lässt sich auch für Deutschland die These der Publikumsfragmentierung für Informationsmedien bestätigen. Die Vermeidung politischer Informationen sowie die stark individualisierten Medienrepertoires machen deutlich, dass das Potenzial klassischer Informationsmedien, die deutsche Gesellschaft mit einem gemeinsamen Themenpool zu versorgen, erheblich abgenommen hat. Einen detaillierteren Einblick über Fragmentierungsverläufe in verschiedenen gesellschaftlichen Segmenten verspricht eine differenzierte Analysen nach politisch-kommunikativen Milieus (Weiß 2013) oder nach unterschiedlichen sozialen Lagen (Meyen/Jandura 2010).

Abschließend sind an dieser Stelle noch einige Anmerkungen zum methodischen Vorgehen angebracht. Zweifelsohne haben die Daten der MA-Intermedia aufgrund ihrer Längsschnittperspektive, ihrer Verfügbarkeit und ihrem breit erfassten Medienrepertoire ein großes Potential, den Medienwandel und Veränderungsprozesse bei der Zuwendung zu klassischen Informationsmedien aufzuzeigen. Für die weitere Forschung wäre es von großer Bedeutung, diese Datenquelle einerseits für die Folgejahre unter Integration der Daten der MA-Online fortzuführen. Andererseits sollten die zeitliche Beschränkung bei der Ausweisung der Nutzungswahrscheinlichkeiten des öffentlich-rechtlichen Rundfunks fallengelassen werden. Anhand eines solchen Datensatzes kann dann auch die Frage beantwortet werden, ob das Internet als Substitut oder als Komplement zur klassischen Informationsnutzung gerade von den jüngeren Befragten verwendet wird. Zudem wäre eine Zusammenführung der Datensätze früherer Jahrgänge zu einem MA-Intermediadatensatz wünschenswert. So könnten u.a. Veränderungen in der Mediennutzung infolge der Einführung des dualen Systems in Deutschland genauer untersucht und somit die Perspektive der Analyse von Fragmentierungsprozessen verlängert werden.

Eine zweite Einschränkung der Studie und eines großen Teils der Fragmentierungsforschung besteht im ausschließlichen Rückgriff auf Befragungsdaten, ohne parallel auf Medieninhalte einzugehen. Dieses Vorgehen mag für die Differenzierung zwischen Nutzern und Nichtnutzern noch angemessen sein, bei der Abschätzung der Folgen der Polarisierung spielen Medieninhalte jedoch eine zentrale Rolle: Je homogener die Berichterstattung in unterschiedlichen Medien ist, desto geringer sind die

Folgen einer Segmentierung und Fragmentierung der Nutzung für die mediale politische Öffentlichkeit einzuschätzen. Erst mit zunehmender Polarisierung und heterogener Medienberichterstattung treten die sozialen Folgen einer solchen Mediennutzung zu Tage. Angesichts der verschiedenen Medienrepertoires resultiert daraus der Auftrag für die Kommunikationswissenschaft, bei Inhaltsanalysen zur Politikberichterstattung ein breiteres Medienspektrum zu untersuchen, als es bislang zumeist der Fall ist.

Literatur

Bennett, W. L., Iyengar, S. (2008): A New Era of Minimal Effects? The Changing Foundations of Political Communication. Journal of Communication, 58. 707–731.

Brosius, H.-B. (2013): Neue Medienumgebungen: Theoretische und methodische Herausforderungen. In: O. Jandura, A. Fahr, H.-B. Brosius (Hrsg.), Theorieanpassungen in der digitalen Medienwelt (S. 13–30). Baden-Baden: Nomos.

Brettschneider, F., Wagner, B. (2008): And the winner should be … . Explizite und implizite Wahlempfehlungen in der Bild-Zeitung und der Sun. In: B. Pfetsch, S. Adam (Hrsg.), Massenmedien als politische Akteure. Konzepte und Analysen (S. 225–244). Wiesbaden: VS Verlag für Sozialwissenschaften.

BVerfG, 1 BvR 2270/05 vom 11.09.2007: 116.

Couldry, N., Livingstone, S., Markham T. (2007): Connection or Disconnection? Tracking the Mediated Public Sphere in Everyday Life. In: R. Butsch (Hrsg.), Media and Public Spheres (S. 28–42). New York: Palgrave Macmillan.

Delli Carpini, M. X., Keeter, S. (1996): What Americans Know About Politics and Why It Matters. New Haven, CT: Yale University Press.

Donsbach, W. (1991): Medienwirkung trotz Selektion. Einflussfaktoren auf die Zuwendung zu Zeitungsinhalten. Köln u. a.: Böhlau.

Donsbach, W. (2012): Weimar 2.0. Über den Verlust des öffentlichen Raumes. In: H. Oberreuter (Hrsg.), Am Ende der Gewissheiten. Wähler, Parteien und Koalitionen in Bewegung (S. 225–244). München: Olzog.

Donsbach, W., Mothes, C. (2012): The dissonant self: Contributions from dissonance theory to a new agenda in studying political communication. In: C. Salmon (Hrsg.), Communication Yearbook 36 (S. 3–44). New York: Routledge.

Donsbach, W., Rentsch, M., Mothes, C., Walter, C. (2012): If news is that important, it will find me? Nachrichtennutzung und -wissen junger Menschen in Deutschland. Politische Bildung, 45. 138–152.

Hasebrink, U., Schmidt, J.-H. (2013): Medienübergreifende Informationsrepertoires. Zur Rolle der Mediengattungen und einzelner Angebote für Information und Meinungsbildung. Media Perspektiven, 1. 2–12.

Katz, E. (1996): And Deliver Us from Segmentation. The ANNALS of the American Academy of Political and Social Science, 546. 22–33.

Kleinen von Königslöw, K. (2013): Die Anbindung an die politische Öffentlichkeit durch multimediale Informationsrepertoires. Vortrag auf der Jahrestagung der DGPuK „Von der Gutenberg zur Google-Galaxis" in Mainz.

Ksiazek, T. B., Webster, J. G. (2008): Cultural Proximity and Audience Behavior: The Role of Language in Patterns of Polarization and Multicultural Fluency. Journal of Broadcasting & Electronic Media, 52 485–503.

Ksiazek, T. B., Malthouse, E. C., Webster, J. G. (2010): News Seekers and Avoiders: Exploring Patterns of Total News Consumption Across Media and the Relationship to Civic Participation. Journal of Broadcasting & Electronic Media, 54. 551–568.

Meyen, M., Jandura, O. (2010): Warum sieht der Osten anders fern? Eine repräsentative Studie zum Zusammenhang zwischen sozialer Position und Mediennutzung. Medien und Kommunikationswissenschaft, 58 (2). 208–226.

Mutz, D. C. (2006): Hearing the Other Side. New York: Cambridge University Press.Patterson, T. E. (2007). Young People and News. Abgerufen von http://shorensteincenter.org/wp-content/uploads/2012/03/young_people_and_news_2007.pdf, 22.4.2014.

Prior, M. (2007): Postbroadcast democracy. How media choice increases inequality in political involvement and polarizes elections. Cambridge [u.a.]: Cambridge University Press.

Schulz, W. (2008): Politische Kommunikation. Theoretische Ansätze und Ergebnisse empirischer Forschung. 2., vollständig überarbeitete und erweiterte Auflage. Wiesbaden: VS Verlag für Sozialwissenschaften.

Stroud, N. J. (2010): Polarization and Partisan Selective Exposure. Journal of Communication, 60. 556–576.

Tichenor, P. J., Donohue, G. A., Olien, C. N. (1970): Mass Media Flow and Differential Growth in Knowledge. The Public Opinion Quarterly, 34 (2). 159–170.

Trappel, J., Nieminen, H., Nord, L. (Hrsg.). (2011): The media for democracy monitor. A cross national study of leading news media. Göteborg, Sweden: Nordicom.

van Eimeren, B., Frees, B. (2010): Fast 50 Millionen Deutsche online – Multimedia für alle? Ergebnisse der ARD/ZDF-Onlinestudie 2010. Media Perspektiven, (7–8). 334–349.

Weiß, R. (2013): Segmentierung politischer Kommunikation in Milieus. In: K. Imhof, R. Blum, H. Bonfadelli, O. Jarren (Hrsg.), Stratifizierte und segmentierte Öffentlichkeit (S. 205–217). Wiesbaden: Springer VS.

Wirth, W. (1997): Von der Information zum Wissen. Die Rolle der Rezeption für die Entstehung von Wissensunterschieden; ein Beitrag zur Wissenskluftforschung. Opladen [u.a.]: Westdeutscher Verlag.

Wendlin, M. (2011): Medialisierung der Öffentlichkeit. Kontinuität und Wandel einer normativen Kategorie der Moderne. Köln: Halem.

Wonneberger, A., Schoenbach, K., Van Meurs, L. (2012): Staying Tuned: TV News Audiences in the Netherlands 1988–2010. Journal of Broadcasting & Electronic Media, 56. 55–74.

Zubayr, C., Gerhard, H. (2010): Tendenzen im Zuschauerverhalten: Fernsehgewohnheiten und Fernsehreichweiten im Jahr 2009. Media Perspektiven, (3): 106–118

News Selectivity and Beyond: Motivated Reasoning in a Changing Media Environment

Sara K. Yeo, Michael A. Cacciatore and Dietram A. Scheufele

1. Abstract

Since at least the 1950s, scholars have noted that partisans both select and process information in a biased manner. The latter has often been examined under the conceptual umbrella of "motivated reasoning." In the last few years there has been a resurgence of interest in the topic, due in part to discussions of the issue in the popular press. In this essay, we review the existing motivated reasoning research. We focus our work on the proposed mechanisms behind motivated reasoning and the implications that the phenomenon carries on public attitudes. In addition, we outline the importance of the phenomenon in light of our changing media environment. We discuss how the new media environment has changed the way people consume media information and speculate on how this will affect motivated reasoning research moving forward. Finally, we discuss motivated reasoning in the context of a shifting paradigm for media effects models, a paradigm that places greater emphasis on the role of audiences in determining communication impacts. We hope that scientists, communication specialists, science writers, political elites, and scholars will benefit from this work by obtaining insight into the theory of motivated reasoning and how it infiltrates their own fields.

2. Introduction

In an ideal democracy, citizens would be rational decision makers (Dewey 1927). We would form opinions and conclusions in accordance with reason and logic based on empirical facts. We would be well informed and make reasoned decisions about societal issues regardless of our established values or predispositions. Unfortunately, the reality is that we are far from rational when it comes to news gathering and information processing.

People's selective exposure to or avoidance of information that is inconsistent with their prior views or beliefs has been well documented in psychology, sociology and other disciplines (Heider 1978; Lazarsfeld/Berelson/Gaudet 1948; Newcomb

1953). In the early 1990s, Donsbach (1991) and other communication researchers examined the continued relevance of concepts such as selective exposure and attention in the contexts of modern media effects models.

Most recently, the focus of many social scientists has expanded beyond exposure or attention to information and has started to turn toward goal-oriented information processing. This work is based on the assumption that we are not evenhanded in our judgments and opinions. Instead, we are motivated reasoners who cognitively process facts to form opinions that are congruent with our prior attitudes and beliefs (Lord/Ross/Lepper 1979). Such motivated information processing is particularly important in a democracy that relies on its members to elect civic leaders and provide input in policy decisions. A related phenomenon that we will not be exploring in much detail is the hostile media effect—the tendency for partisans to perceive media coverage as biased against their own opinions (Vallone/ Ross/Lepper 1985).

Goal-oriented information processing has been identified in various academic disciplines including psychology, science and political communication, and law. However, a complete overview and synthesis has been lacking, partly due to disciplinary differences in the labels assigned to the phenomenon. At the same time, this fractured paradigm has resulted in robust observations of the phenomenon over a wide variety of issues. Most notably, contentious issues such as affirmative action, gun control, outpatient commitment laws, and political campaigns (e.g. Kahan/Braman/Monahan/Callahan/Peters 2010; Meffert/Chung/Joiner/Waks/Garst 2006; Reed/Aspinwall 1998; Taber/Lodge 2006) have demonstrated the effect of motivated information processing.

Research on goal-oriented information processing with newsworthy issues has suggested that citizens arrive at conclusions triggered by emotional responses. Individuals then form a rationale for the conclusions at which they have arrived. As a result, most research on the mechanisms underlying motivated reasoning has focused on issues that are emotionally charged. However, more recent studies have demonstrated motivated information processing using issues that are not laden with affect, and with which publics are relatively unfamiliar (e.g., Brossard/Scheufele/Kim/Lewenstein 2009). This is indicative of the uncertainty surrounding the mechanisms underlying motivated processing. Unfortunately, there is a paucity of information regarding these mechanisms. Disentangling the mechanisms of motivated reasoning may allow us to better understand the phenomenon and how issues become polarized in the first place.

3. A Renaissance in Motivated Reasoning Research

Popular texts exploring goal-oriented information processing have been around since at least the 1980s (e.g. Gilovich 1993; Gilovich/Griffin/Kahneman 2002; Kahneman/Slovic/Tversky 1982). Currently, there is something of a renaissance occurring around issues of motivated reasoning, both in the popular press (Brooks 2008; Haidt 2012; Kahnemann 2011; Lodge/Taber 2013), academic literature (Kahneman, 2011), and basic social science research (Brossard et al. 2009; Kahan/Braman/Slovic/Gastil/Cohen 2009a).

Kahneman's most recent summary account outlines two different systems that we use to make decisions. He describes the first as a fast system, one that consists of the automatic and mostly effortless thoughts that we generate when confronted with external stimuli. Also known as system one, this fast system allows for immediate interpretation of events in light of our previous experiences, and more importantly for our purposes, our biases (Kahneman 2011). System one helps explain why individuals often arrive at immediate decisions and then make every effort to counter-argue claims to the contrary. Conversely, Kahneman labels the second system the slow system, which is responsible for deliberate, effortful, and controlled thinking. While this system is slower and better equipped to arrive at accurate decisions, it is still subject to our biases and is far from an "all-knowing" system of thinking. Kahneman's work has garnered mainstream success, landing on 'The New York Times' best seller list, but his is not the only work related to partisan reasoning currently grabbing the attention of lay audiences.

Published during an election year, Jonathan Haidt's (2012) book, *The Righteous Mind: Why Good People Are Divided by Politics and Religion*, applies partisan decision-making directly to the realm of politics. In it, Haidt argues that people are fundamentally intuitive rather than rational in their decisionmaking. He outlines a number of scenarios in which he is able to demonstrate that people arrive at judgments immediately and based on emotion, rather than reasoning. He goes as far as to describe reasoning as "merely the servant of the passions" (Haidt 2012: 28), noting that it is primarily done post hoc to justify the judgments at which we have already arrived. Specifically, Haidt is concerned with outlining decision-making as a means of explaining the current state of political polarization in the United States. He argues that both liberals and conservatives see their opponents as evil and morally deficient, and as a result, rational arguments stand little chance of changing their minds and altering their positions. Haidt has discussed this work in outlets like The New York Times and The New Scientist. He has also given a TED talk on the subject and appeared in numerous interviews on television shows ranging from Moyers & Company to The Colbert Report, further pushing the issue of partisan motivations and their impacts on decision-making into the realm of popular culture.

Given the renewed interest in the phenomenon, we provide an overview of the literature on motivated reasoning literatures, paying particular attention to research exploring partisan political topics as well as less politicized areas of science and technology. Second, we discuss the potential mechanisms behind motivated reasoning, as well as the implications of the phenomenon for public attitudes. Finally, we situate our discussion in the current renaissance that is taking place around motivated reasoning. We discuss how new media have placed greater emphasis on the issue of partisan information processing and speculate on the place of motivated reasoning as we move forward into a new paradigm for media effects models. It is our hope that scholars will benefit from this work by obtaining insight into the theory of motivated reasoning and how it infiltrates their own fields, albeit in different guises. We begin, however, with a brief overview of the psychology behind motivated reasoning and goal-oriented information processing.

4. A Brief History of Motivated Reasoning

Information processing is central to how individuals use facts to form opinions. In his observations of the public sphere, Walter Lippmann (1922) described our civic world as "out of reach, out of sight, out of mind" (p. 18). As a result, we rely on information communicated to us to form the "pictures in our heads"—our attitudes, opinions, and beliefs. These pictures are formed through information processing, which is motivated by our goals. Formal examinations of motivated information processing began in the late 1950s, and much of these early works are direct descendants of the theory of cognitive dissonance (Festinger 1957). According to Festinger's theory, individuals in uncomfortable psychological states due to discrepancies in cognitions or ideas are driven to assuage these inconsistencies. Overcoming these cognitive inconsistencies can be accomplished through goal-oriented information processing. Social psychologists developed Festinger's ideas further under the label of "motivated reasoning," arguing that information processing is a goal-driven endeavor (Kunda 1990). Broadly, there are two categories of goals that motivate information processing. These are accuracy goals and directional (or partisan) goals (Kunda 1990). Reasoning with accuracy goals implies that citizens are motivated to draw an accurate conclusion, thus expending more cognitive effort and processing information carefully. Directionally motivated goals, on the other hand, tend to encourage citizens to reason with a preferred end result in mind. In recent work exploring how individual differences in interpretation of information affect citizens' perceptions of public opinion, Nir (2011) showed that accuracy goals can lead to underestimates of public opinion while partisan goals can lead to relative overestimates.

It is important to emphasize that citizens are "not at liberty to conclude whatever they want to conclude merely because they want to" (Kunda 1990: 482). Instead, they seek to draw preferred conclusions by constructing justifications that are supportive of their goals. In this way, directional goals prejudice individuals' memories, beliefs, and opinions, causing them to become motivated reasoners. These citizens are the partisan reasoners (located in quadrant II) in Lodge and Taber's (2000) typology of motivated reasoners (Figure 1). Partisan reasoners are driven by strong directional and weak accuracy goals. On the other hand, the normative ideal for citizenship is located in quadrant IV of this typology. These are the classical rationalists, who reason objectively without allowing predispositions to taint their judgment. Quadrants I and III contain the intuitive scientists and apathetic citizens, respectively. The intuitive scientists are motivated to reach a preferred conclusion, but are also strongly driven by the need for cognition. Apathetic citizens are neither motivated reasoners nor do they have a strong need to evaluate information. It is likely that most of their information processing is relatively shallow and therefore not systematic. Individuals may be situated anywhere along these dimensions of accuracy and directional goals depending on the context or issue they face.

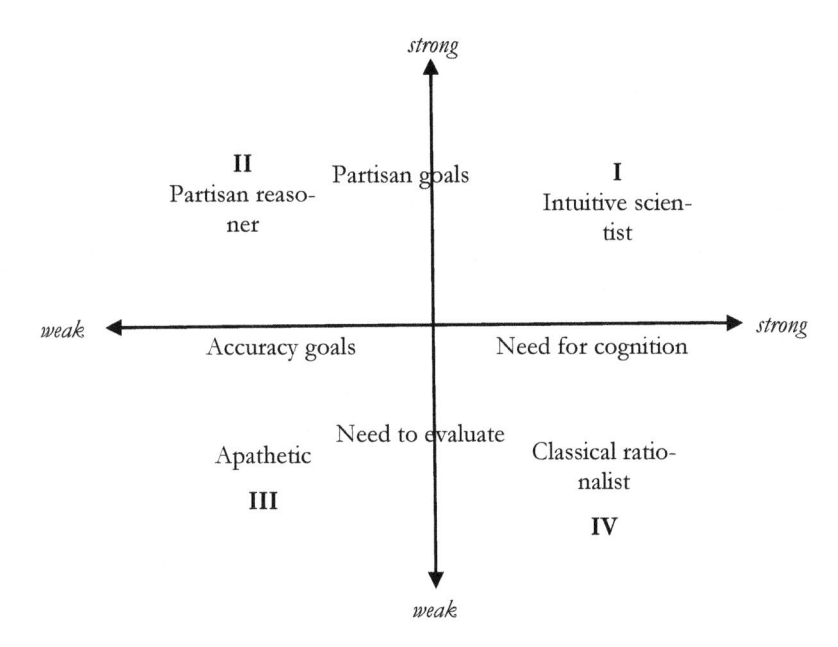

Figure 1: Typology of motivated reasoners, adapted from Lodge and Taber (2000: 187)

Research of motivated reasoning was furthered by political scientists exploring mechanisms that underlie goal-oriented information processing (e.g. Taber/Lodge 2006). In addition to "motivated reasoning", Taber and Lodge (2006) referred to the phenomenon as "motivated skepticism" or "biased reasoning." Using Abelson's (1963) hot cognition hypothesis, these studies differentiate between "hot" and "cold" cognitions. The "hot" cognition hypothesis posits that social and political concepts are affect-laden and motivated reasoning is triggered by emotional reactions to evidence. In the last decade, global climate change in the United States has become indicative of such an issue, one that is highly charged and contentious along partisan lines (Dunlap/McCright 2008; Eilperin 2012; Gillis 2012). This divide began among political elites when the Bush administration signed but did not ratify the Kyoto Protocol in 1997. Democrats also played a role in driving the partisan wedge deeper, with Al Gore positioning himself as the public 'face' of climate change, thereby contributing to the highly skeptical views of Republican leaders on the issue (Dunlap/McCright 2008). In addition to the growing partisan divide among political elites, the rift in public opinion grew. There continue to be partisan disagreements particularly concerning evidence of warming and scientific consensus of climate change. The majority of Democrats (79 percent) say that there is firm evidence of warming while many Republicans (53 percent) argue that there is no evidence (Pew Research Center 2010). On the topic of scientific consensus, 59 percent of Democrats say that scientists agree on anthropogenic causes, while only 30 percent of Republicans perceive scientific consensus (Pew Research Center 2010).

"Hot" issues, like climate change, contrast with Festinger's theory of cognitive dissonance, which generally examines "cold" (i.e. analytic) arguments. It is ironic then, that the affective responses that motivate citizens to participate and engage in sociopolitical issues also undermine our ability to process new information objectively. Non-politicized issues are generally "cold" concepts, but can still cause citizens to become motivated reasoners. One such issue is nanotechnology. Nanotechnology refers to the science of making materials and devices that are miniscule (on the nanoscale) and invisible even to optical microscopes. Brossard and colleagues (2009) examined public opinion formation for this issue and found evidence of what they termed "perceptual filters" at work. They found that individuals used religiosity as a perceptual lens to interpret knowledge, which influenced support for nanotechnology funding. Overall, they found that individuals who scored high on religiosity measures were less supportive of nanotechnology funding than those with lower levels of religiosity, regardless of their levels of knowledge. Among individuals who were less religious, knowledge increased their level of support for funding nanotechnology.

Such studies demonstrate that even among both politicized ("hot") and nonvolatile ("cold") issues, motivated information processing can occur before forming an opinion. Unfortunately, these less polarized issues, such as nanotechnology, are rarely studied in the context of motivated reasoning mechanisms. As a result, our current understanding of the mechanisms behind motivated reasoning remains murky. Nevertheless, research such as the Brossard et al. study noted above are promising steps toward furthering our understanding of the processes that underlie goal-oriented information processing.

5. Mechanisms of Motivated Reasoning

Scholars have proposed several mechanisms to explain the process of motivated reasoning. Taber and Lodge (2006) proposed three mechanisms: the prior attitude effect, disconfirmation bias, and confirmation bias. The prior attitude effect refers to the tendency for "people who feel strongly about an issue [… to] evaluate supportive arguments as stronger and more compelling than opposing arguments" (Taber/Lodge 2006: 757). Disconfirmation bias posits that "people spend more time and cognitive resources denigrating and counterarguing attitudinally incongruent than congruent arguments" (Taber/Lodge 2006: 757). Individuals exhibit confirmation bias when they seek out attitude-consistent information over attitude-inconsistent information (Taber/Lodge 2006). Jacobson (2010) expanded on the mechanisms noted above, arguing that the principle mechanisms underlying goal-oriented information processing are selective judgment, selective perception, selective memory, and selective exposure. Jacobson's selective judgment mechanism overlaps with both disconfirmation bias and a prior attitude effect proposed by Taber and Lodge, while his selective exposure and Taber and Lodge's confirmation bias are conceptually similar. Jacobson's other proposed mechanisms, however, shed new light on the phenomenon. The first, selective perception, argues that "people are more likely to get the message right when it is consistent with prior beliefs and more likely to miss it when it is not" (Jacobson 2010: 34). The second, selective memory, suggests that "people are more likely to remember things that are consistent with current attitudes and to forget or misremember things that are inconsistent with them" (Jacobson 2010: 34). As noted, science communication scholars have found evidence of a potential additional mechanism in which individuals use perceptual filters to interpret information and make judgments based on their interpretations (e.g. Brossard et al. 2009; Scheufele 2006). This mechanism proposes that people use values to filter out or moderate the otherwise positive effects of factual information when forming attitudes.

The prior attitude effect has been demonstrated in several fields, including politics, public law, science, and medicine. Studies have shown that when asked to select arguments about "hot" issues such as gun control and affirmative action, citizens were more likely to choose arguments that were compatible with their prior beliefs and attitudes (Taber/Lodge 2006). Jacobson (2010) showed that Republicans committed to President George W. Bush tended to selectively perceive anti-war information, while Democrats were more likely to use selective memory, forgetting that they had once supported the rationale for the Iraq war. In an experiment with undergraduates and law students, participants were presented with "target cases" of discrimination, the outcome of the case, and the "source cases" on which the legal precedent was based (Braman/Nelson 2007). The study found that participants were more likely to evaluate the "target cases" as analogous to "source cases" that corresponded with their own views. This effect was found in both undergraduates and law students, indicating that motivated reasoning occurs despite training against it.

Other studies have examined the public's prior attitudes using scientific issues, such as global climate change (Kim 2011). As expected, partisanship was significant in predicting perceptual judgment of news bias. Individuals who believe in anthropogenic causes of climate change perceived bias in the news that was incongruent with their beliefs. Similarly, individuals who believe that climate change is caused by natural patterns perceived bias in the news against their own views. Of course, climate change is a politically contentious issue in the U.S., with conservatives tending to subscribe to the belief that it is caused by natural phenomenon, and liberals and left-leaning individuals generally believing it is the product of human causes. Other scholarship has confirmed that individuals process information through the specific filters of ideology and party identification (Wood/Vedlitz 2007). The so-called "Climategate" debate exemplifies motivated reasoning based on political ideology. Several weeks prior to the United Nations Conferences on Climate Change in Copenhagen (COP15), thousands of emails relating to climate change research appeared on the Internet, triggering a debate about climate science. The blogosphere quickly took control of the conversation, leaving the mainstream media to catch up in its wake, and framed climate science as another form of religion (Nerlich 2010). Scholars have found that the controversy significantly contributed to the decline in public belief in anthropogenic climate change, especially among conservatives (Leiserowitz/Maibach/Roser-Renouf/Smith/Dawson 2010). In their study, Leiserowitz and colleagues (2010) also found that political conservatives and those with individualistic worldviews tended to be less trustful of climate scientists in the aftermath of Climategate, providing further evidence of the prior attitude effect and demonstrating that the phenomenon can extend to issues of credibility and trust.

Yet another example of motivated information processing of a scientific issue is the autism-vaccine controversy. A widely publicized 1998 study in the Lancet medical journal found a relationship between autism and childhood vaccines (Wakefield et al. 1998). Although the findings of this study have since been refuted by subsequent studies (e.g. Dales/Hammer/Smith 2001; Institute of Medicine 2004; Kaye/del Mar Melero-Montes/Jick 2001; Madsen et al. 2002; Taylor et al. 2002), the issue generated considerable negative media attention and resulted in a decrease in childhood vaccinations (Offit 2008; Smith/Ellenberg/Bell/Rubin 2008). "Much of the resistance to childhood vaccination in the United States has situated itself on the political left, with environmentalist Robert F. Kennedy Jr. and celebrity parent Jenny McCarthy, who publicly announced that she would not vaccinate her children (Mooney 2011)."

Some scholars propose that mechanisms of belief formation cause individuals to process information in accordance with their cultural evaluations (Kahan/ Braman 2006). These so-called "cultural cognitions" come before factual information, shaping individual beliefs and thus hampering rational processing. Drawing on the work of anthropologist Mary Douglas, Kahan and Braman (2006) applied her culture typology to perceptions of risk, defining two dimensions of cultural worldviews, "group" and "grid" (Figure 2).

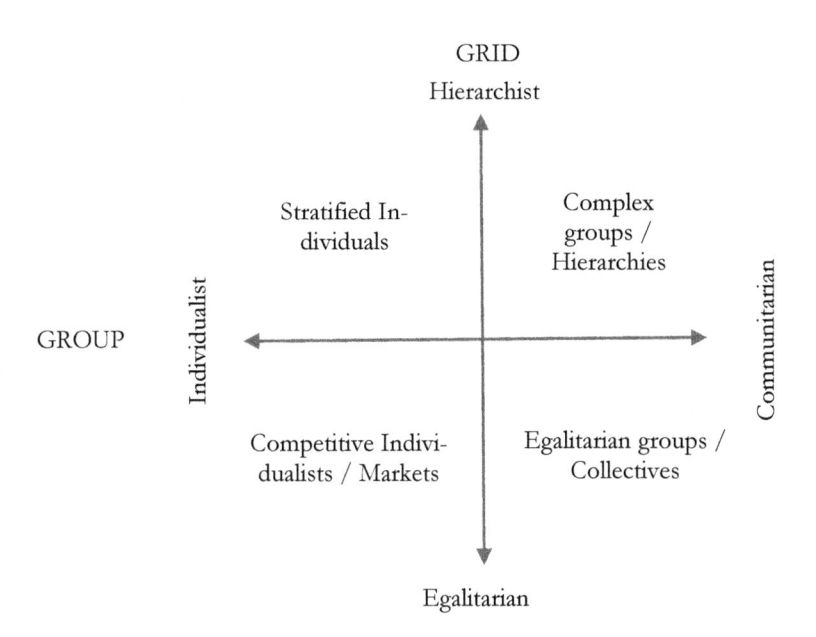

Figure 2: Douglas' Typology of culture, adapted from Kahan and Braham (2006) and Rayner (1992)

The group dimension determines how much of citizens' lives are controlled by the group they reside in. It is a measure of how strongly people are connected to each other by social norms within their group. The grid dimension describes the amount of control that group members are willing to accept. It measures the social commitment of individuals in a group as prescribed by institutional authorities. Along the group axis, individualistic cultures require citizens to sustain themselves without assistance from others (Rayner 1992). In communitarian cultures, citizens depend on each other to achieve their goals, promoting solidarity among group members. Along the grid axis, hierarchical cultures contain rigidly structured roles where entitlements are distributed based on the established hierarchy (Rayner 1992). Finally, the low grid culture is one in which there is "little classificatory distinction between individuals and roles are not ascribed but achieved, [...] it makes no sense to argue that a person should be denied a job 'because she is black' or 'because it is not women's work'" (Rayner 1992: 90). Citizens in the lower left quadrant of the typology tend to be more concerned about environmental risks and thus support regulation. Individualists tend to discount environmental risk, partly because of the high value ascribed to independence of free markets.

When forming opinions, three psychological mechanisms that cause citizens to indulge in motivated reasoning by conforming to their cultural worldviews have been identified. The first mechanism is the avoidance of cognitive dissonance. "Cognitive dissonance (Festinger 1957) is an uncomfortable psychological state that occurs when cultural views are called into question by information encountered in one's environment."

The second mechanism is affect. Negative or positive perceptions of information can be determined by cultural views that influence judgment. Finally, cultural group dynamics and a sense of trust can influence opinion formation. Citizens are often unable to form judgments when faced with conflicting claims. They rely on sources that they perceive as trustworthy when forming opinions. Although an issue such as global climate change would seem fitting, we are unaware of studies of cultural cognitions in the context of climate change or other politicized issues of science and technology. Interestingly, studies of cultural cognitions and its mechanisms have been conducted on less overtly controversial issues, such as risk and benefit perceptions of nanotechnology (Kahan/Braman/Slovic/Gastil/Cohen 2009b). In this work, individuals who have cultural characteristics that are pro-technology were more likely to assess information about nanotechnology positively (low risk, high benefits). In contrast, those whose cultural orientations were less pro-technology were more likely to perceive nanotechnology as risky (Kahan et al. 2009b).

The literatures has thus far treated cultural cognitions and prior attitudes separately and has mostly used contested issues to examine these concepts. However, we envision cultural cognitions as the primary level upon which attitudes are built. Many scientific and technological issues are not polemic, and it would be interesting and fruitful to examine the interactions of cultural worldviews, value predispositions, and media use on support for such issues. Do value predispositions always conform to cultural worldviews? Can we separate the effects of predispositions and worldviews on public opinion? How do persuasive messages about non-controversial issues influence public opinion given citizens' worldviews and predispositions? Further research is clearly necessary in this dynamic field that lies at the intersection of social psychology, studies of risk, public opinion, political science and communication.

Disconfirmation bias, also known as incongruency bias, occurs when individuals spend considerably more cognitive effort and time developing counterarguments for issues (Taber/Cann/Kucsova 2009; Taber/Lodge 2006). Individuals tend to find various ways to actively defend their prior beliefs and attitudes. Strategies include vilification of the information source, discounting the evidence itself, and questioning the logic behind the facts. With a simulated political campaign, citizens were found to spend more time acquiring negative information about their preferred candidate (Meffert et al. 2006). However, they evaluated their preferred candidate positively during the recall stage of the experiment, implying that participants were engaged in information seeking behaviors that would allow them to counter argue dissonant information about their preferred candidate. Taber and Lodge (2006) also demonstrated a disconfirmation bias using the issues of gun control and affirmative action. By measuring the amount of time spent reading each argument, the authors showed that participants chose to read incongruent arguments for a disproportionately greater amount of time compared to congruent arguments. The authors posited that respondents were using that extra time to counterargue disagreeable information, thus providing an initial test of a disconfirmation bias.

There are no studies that we are aware of that examine a disconfirmation bias using issues of science and technology. However, there are issues that would be ideal frameworks for doing so. Given that polemic issues tend to be easier to study in the context of motivated reasoning, global climate change or stem cell research would provide sufficiently strong partisans that would facilitate experimental manipulations. It seems likely that partisans who are reject anthropogenic causes of climate change would seek and process information that would allow them to better counter argue the opposition, and vice versa. To further our understanding, studies should examine whether disconfirmation bias occurs in the context of less polarized issues. Emerging technologies, including our earlier example of nanotechnology, are often useful in these contexts because relatively few members of the public are knowledgeable about these issues. Such issues provide relatively "blank slates" on which citizens can imprint their own opinions, values, and beliefs.

When citizens are given the opportunity to select what type of information to peruse, empirical studies have shown that they are more likely to expose themselves to information consonant with their preexisting attitudes and opinions (Taber/Lodge 2006). Mass media channels are particularly important in this mechanism as the news is the public's primary source for information about politics, health-related, and scientific issues (National Science Board 2012; Nelkin 1987). Scholars have empirical evidence both supporting and discounting the selective exposure hypothesis (and thus the mechanism of confirmation bias) (e.g. Iyengar/Hahn/Krosnick/Walker 2008; Stroud 2008). Numerous studies have demonstrated a confirmation bias (e.g. Iyengar et al. 2008; Lavine/Lodge/Freitas 2005), and the prevalence of cable news channels in the contemporary media environment has been conducive to selective exposure (Stroud 2008). Still, others have found that most citizens are "not so rigid in their information-seeking behavior that they will expose themselves only to ideas that they find congenial. To the extent that selective exposure occurs at all, it appears to do so under special conditions that do not typically arise in situations of mass persuasion" (Zaller 1992: 139). In sum, selective exposure remains a somewhat contentious issue.

Given the contradicting empirical evidence, this mechanism of confirmation bias in explaining motivated reasoning warrants more research and explanation. The proliferation of social networking technologies and social media further emphasizes the need for research on selective exposure. Although we alluded to the idea that mass media channels dominate media diets, this may be changing due to the advent of the Internet and its associated technologies. Personalized news feeds and aggregators along with a large selection of blogs, are increasingly allowing citizens to be selective of the information that they consume. With social media outlets, partisans are presumably increasingly able to select their preferred media diets. Therefore, are citizens who frequently use social media for news consumption exposing themselves to only congruent information? Are their media habits reliant on a prior attitude or value predisposition, such as ideology? And if their primary method of news consumption is through personalized information platforms, how are levels of knowledge and participation affected?

We know of one study that has explored confirmation bias using "cold" issues through experimental manipulation. Using a sample representative of the U.S. population, we examined how communication contexts affect information seeking about an issue with which many are unfamiliar, nanotechnology (Yeo, Xenos, Brossard, and Scheufele, in press). When information in media lacks familiar cues, people are more likely to opt for information from attitude-congruent sources. In other words, partisan selective exposure of scientific information is heightened by equivocal cues in media. As information seeking and processing are complementary processes, understanding selective exposure is an important step toward studies of information processing.How is motivated reasoning affected by information-seeking habits? Clearly, selective perception, memory, exposure, and judgment, disconfirmation and confirmation bias, and the prior attitude effect are not mutually exclusive. Studies have often examined one or more of these mechanisms with little consistent use of terminology. Moreover, inconsistent use of terminology hampers efforts to elucidate the mechanisms behind motivated information processing. Disentangling and isolating these mechanisms remains an important step in enhancing our understanding of motivated information processing.

6. Implications of Motivated Reasoning

An important consequence of motivated information processing is attitude polarization (Taber/Lodge 2006). Given that citizens' process information in a way that reinforces prior attitudes and beliefs, it seems reasonable to assume that attitudes will become increasingly polarized. The degree of polarization is dependent on how strongly an individual feels about the issue. This seems to paint a pessimistic portrait of the future of democracy, especially in the United States, where two dominant political parties contend for power. Polarization seems inevitable in a media environment where cable news networks contend for lucrative niche audiences (although Prior (2013) has described the link between an increase in partisan media channels and polarization as mixed at best). Scholars have called for research tracking not only political polarization, but also political demobilization to better understand how communication in the Internet age affects civic participation (Donsbach/Mothes 2012). It is important to determine the relationship between partisanship, media use, and goal-oriented information processing. What role do the media play in motivated information processing and how is this related to polarization? Does partisanship lead to attitude polarization or vice versa? Empirical evidence for both these arguments exists, and therefore the causal relationship between polarization and partisanship still eludes us (Stroud 2010), warranting studies that probe the direction of causality between these concepts.

Scholars have been concerned that partisan-motivated reasoning is detrimental to policy change. As some scholars have stated, "If partisans interpret their factual beliefs in ways that maintain their opinions, any signal of public desire for change must come from independents, a relatively small and unrepresentative subset of citizens. Even if only strong partisans use interpretations to maintain opinions, then the signal will come only from independents and weak partisans—people who pay less attention to news, know fewer policy-relevant facts, and so on." (Gaines/Kuklinski/Quirk/Peyton/Verkuilen 2007: 957). Two arguments potentially counter these claims. First, data show that the political center is growing. Long-term party identification trends in the United States show that increasing numbers of citizens are identifying as political Independents. Compared to 2001 when 29 percent of Americans described themselves as Independents, 36 percent self-identified this way in 2009 (Pew Research Center 2009).

Secondly, although Independents may be "weak partisans," the idea that they "pay less attention to news, know fewer policy-relevant facts, and so on" has yet to be determined empirically. Data show that knowledge levels of Independents are comparable to those of Democrats and Republicans (Pew Research Center 2011: 2012b). In fact, in a Pew Research Center survey (2011), a percentage of Independents comparable to that of Democrats or Republicans correctly answered questions such as "The U.S. government spends most on Medicare".There is evidence for a widening political center that is at least as well informed as its partisan equivalents. However, these data do not address the engagement and participation of political moderates. Are self-identified Independents participating in political discourse? Or have they withdrawn from their civic responsibilities altogether, or at least those civic responsibilities that are commonly measured in surveys? This question remains to be definitively answered with empirical data. And if we find that they are withdrawing from political conversation and participation, we need to ask why this is occurring. Are citizens becoming increasingly cynical and unhappy with the polarization inherent in the political system? Or are there other reasons for their withdrawal? What can be done to alleviate such defections from citizen engagement? These and many similar questions remain unanswered with respect to motivated information processing and public engagement, and it represents a promising and necessary area of study for future researchers.

7. Motivated Reasoning and the New Media Environment

The renewed interest in individuals as motivated reasoners has coincided with the rise of the new media environment – specifically, the growth of social media, the Internet, and the Web 2.0 environment. Simply stated, Web 2.0 combines the connectivity of the Internet with crowd-sourced information (DiNucci 1999). There are now more ways than ever for online content to be created and shared among users and we are only beginning to understand the interplay of changing news environments and individual level processes, such as dissonance reduction or selective exposure and attention (Donsbach/Mothes 2012).

It is clear that consumers are increasingly migrating to the Internet for their news information (Kohut/Doherty/Dimock/Keeter 2012; Pew Research Center 2012a). A recent Pew report found that nearly 40 percent of people received their news on the previous day from online sources – a percentage that was up from 24 percent in 2004 (Kohut et al. 2012). Moreover, that 40 percent is much higher than those who reported getting their news the previous day from newspapers (29 percent) and radio (33 percent). While the report notes that audiences continue to turn primarily to television for news information (55 percent reported receiving their news from television on the previous day – a percentage that has remained relatively stable for more than a decade), there are reasons to suspect that the hold of television on audiences is in decline. Specifically, younger audiences are relying less on television and more on online devices for news information. Of those Americans aged 18 to 24, only 29 percent reported getting their news the previous day from television, compared to 41 percent who reported doing so from an online device. A similar, although less pronounced difference is reported among Americans aged 25 to 29, where 45 percent reported receiving their news from online sources, compared to 41 percent who relied on television. Together, this is indicative of the growing importance of digital media as a source of news and information.

But how is this changing media environment related to the goal-driven processing of information? Part of the answer lies in the nature of the online media environment. The online environment differs from traditional media in a number of key ways. As Scheufele and Nisbet (2012) argue, the new media environment is characterized by at least two sets of filters that change how audiences attend to news information: audience-centric filters and media-centric filters. First, the web offers an incomparable level of information that is available on-demand to anyone with an Internet connection. Moreover, much of the information online is opinionated, contextualized, and tailored toward the needs and wants of niche audiences (Scheufele/Nisbet 2012; Stroud 2011; Sunstein 2001, 2007), not unlike the content that has helped popularize cable news networks, such as MSNBC and Fox News. The proliferation of such niche channels in cable news and online has been described as an example of the new "media-centric filters" used by news organizations to lure audiences to specific news stories (Scheufele/Nisbet 2012). While journalists in the recent past were responsible for setting the news agenda, the new media environment has been built around attempts to draw partisan audiences to content in order to maximize page views while at the same time tracking and selling their personal information via third party partners such as Facebook (Scheufele/Nisbet 2012). The result is partisan news sources that sell opinions rather than neutral news content.

Scholars have cautioned about the possible implications of this online news environment. Sunstein (2001, 2007) has warned that the Internet may be leading Americans to adopt increasingly narrow news exposure habits by providing a space for users to be selectively exposed to congruent information and opinions, the result of which is the promotion of a fractionalized and polarized citizenry. Bennett and Iyengar (2008) have noted that advances in technology seem destined to "narrow rather than widen user's political horizons" (p. 724), while Garrett (2009) has questioned the degree to which digital media may produce "echo chambers" that limit the presence of alternative viewpoints. The implication of the online environment is that it provides an opportunity for consumers to self-select to specific websites and content in order to avoid information that contradicts their opinions. Perhaps more importantly, tools such as Google alerts and RSS feeds allow Internet users to customize the content that comes their way based on factors such as author, content, outlet, medium, and a host of other filtering criteria. These news alerts and RSS feeds are examples of the "audience-centric filters" noted above. In effect, audiences can now customize the new media environment in order to filter out viewpoints with which they disagree.

However, these are not the only ways in which the new media environment may have implications for the partisan processing of information. The nature of online search algorithms means that Internet news consumers may miss out on alternative viewpoints as they "Google" for information, even if they may not be consciously attempting to do so. Specifically, there is a discrepancy between the types of information people search for and the types of information that are returned by search results. For example, there is evidence of a self-reinforcing information spiral in Google searches related to the issue of nanotechnology (Ladwig/Anderson/Brossard/Scheufele/Shaw 2010). Ladwig and colleagues found that Google search results disproportionately directed users to health-based links when searching for information about the topic, even for searches that were unrelated to the issue of health. The authors argue that the health frame that appeared in the Google search results is likely to impact future searches that users make concerning nanotechnology. In turn, this can serve to reinforce Google suggestions and website rankings, as these are at least partially based on previous searches and indexed web pages. The result of this process could be to cement the link between health and nanotechnology in online news environments, thereby reducing the complexity of the information that citizens encounter online (Ladwig et al. 2010).

Related to this is the fact that, unknown to users, Internet search algorithms now serve as editors for mediated content (Peters 2010). For example, in December 2009, Google began using algorithms that customize search results for each individual user. Now, rather than providing users with the most broadly popular result following a search, Google attempts to predict what you are most likely to view based on factors such as geography and past Google searches. In his book, The Filter Bubble: What the Internet is Hiding from You, Eli Pariser (2011) outlines the implications of this customized and increasingly personalized online search arena. Chief among them are that partisans are increasingly likely to be provided links to information that suits their predispositions. For instance, searches by Democrats and liberals would be more likely to yield links that have a progressive slant, while searches by Republicans and conservatives would be more likely to offer options that espouse the views of the political right (Pariser 2011). As a result, Internet users likely fail to take advantage of the diversity of viewpoints online, and rather, end up exposing themselves to information that is redundant in both content and tone (Schulz/Roessler in press).

Perhaps more importantly, audiences are increasingly turning to social media as part of their online news gathering, adding another layer to the way in which mediated information is consumed. The percentage of Americans who report regularly getting news from social networking sites, such as Facebook, Google+, or LinkedIn has increased from a mere 2 percent in 2008 to 20 percent in one of more recent Pew surveys on the issue (Kohut et al. 2012). Since 2010, the percentage of Americans who receive news information from social networking sites has grown at a rate faster than any other news information source (Kohut et al. 2012). As with the trends concerning digital media,, the use of social networking sites for news information is strongest among young individuals. When asked where they received news information the previous day, 34 percent of Americans aged 18 to 24 mentioned social networking sites (Kohut et al. 2012).

One effect of this rise in social media use is that media content is no longer being consumed in isolation. Rather, others are contextualizing information for us via tools such as Twitter feeds of journalists, re-tweet's from readers, the emergence of the Facebook "like" button, and user comments. Scholars have gone as far as to predict that contextualized information that results when people pass information through their social networks will be the most important factor determining the news content that an individual is exposed to and chooses to view (Scheufele/Nisbet 2012). Depending on how this information arrives in a user's inbox, Facebook newsfeed, or Twitter account, the effects can serve to either exacerbate or attenuate the filtering processes. Receiving content from a friend or colleague with a known partisan slant will have an impact on how a news consumer processes that information. Similarly, reading comments that draw attention to specific aspects of an article may shift the weight given to a particular argument or element within a given news story. As reliance on social media increases, the effects on information processing can only increase.

8. A New Paradigm for Media Effects Models?

Finally, we wish to draw attention to what this changing media environment means in terms of the way in which we think about communication effects. Most notably, we may be witnessing a new paradigm for media effects models. It is generally accepted that the field of mass communications passed through a series of paradigms during the 20th century (McQuail 2005). The earliest communication models conceived of media messages as "magic bullets" that would be accepted and integrated wholly into the minds of audiences who were largely helpless to resist (Scheufele/ Tewksbury 2007). Over time, we encountered a paradigm shift—first, to limited effects models built around the concept of opinion leaders who relayed information from mediated messages to the general public (e.g. Lazarsfeld et al. 1948), then back to the concept of powerful media effects models, focusing on theories like the spiral of silence (Noelle-Neumann 1973) and cultivation (Gerbner/Gross 1974). More recently, the paradigm has shifted again. Approaches like priming and framing speculated that mass media had potentially strong effects on attitudes; however, such effects were contingent on an individual's predispositions, schema, and other characteristics that influenced information processing (McQuail 2005).

With the advent of new media, including Facebook, Twitter, and other forms of social networking, we may be in the midst of yet another paradigm shift, as Bennett and Iyengar (2008) have suggested. To discuss this possibility, we return for a moment to Haidt's (2012) work regarding partisanship and opinion formation. Haidt uses the metaphor of the "matrix" to explain how people come to resist arguments that run counter to their beliefs. He argues that we self-segregate into homogeneous moral communities, or matrices, where we engage in "consensual hallucination." Prior to the rise of the Internet, an individuals' matrix, or consensual hallucination, was continuously interrupted by interactions with people who were part of a different or alternative matrix (Haidt 2012). Now, however, the Internet provides a space to avoid alternative viewpoints and to leave our matrix uninterrupted. We surround ourselves with others who share the same hallucination through the process of selective exposure—visiting a narrow set of websites, watching particular news programs or networks, or visiting online chatrooms and forums filled with like-minded individuals. Ultimately, our matrix becomes closed to dissenting voices, and we end up in our own universe with its own set of facts and its own trusted experts (Haidt 2012). Moreover, the nature of the online environment makes it even easier to reject arguments that run counter to our beliefs because we no longer have that human connection that comes from face-to-face contact (Haidt 2012).

In conclusion, the Internet and social media, while certainly providing opportunities for individuals to encounter information that both supports and opposes their views, is unlikely to be used in this manner (Haidt 2012). Rather, it is more likely that we use the opportunities afforded by technology to create a reality that matches our opinions and beliefs. The result of this process is a narrower outlook on issues of politics and science, and an increasing ability to discount information with which we may disagree. The negatives of this process are obvious but they also provide opportunities for further scholarship. We need to better understand the mechanisms behind motivated information processing. An antecedent to elucidating these mechanisms is recognition of the commonalities in cros-discipline-research and the development of a common vocabulary to help foster a cooperative and interdisciplinary approach to studying the phenomenon. Insights from disciplines such as law, political science, and psychology can and should be combined with our work in communication to further advance our understanding of motivated information processing. We must also take advantage of our current media environment in an attempt to better understand the phenomenon. Our changing media environment coupled with advances in technology provide opportunities for creative new insights into the mechanisms behind motivated reasoning. For instance, studies that couple website tracking with attitudinal surveys could specifically examine how audiences consume contextualized media information. We hope that scholars will heed this call for interdisciplinary and creative approaches to studying motivated reasoning. Such efforts may illuminate the reciprocal relationship between motivated information processing and media consumption.

References

Abelson, R. (1963): Computer simulation of "hot" cognition. In: S. Tomkins & D. Messick (Eds.), Computer simulation of personality (pp. 277-298). New York: Wiley.
Bennett, W. L., Iyengar, S. (2008): A new era of minimal effects? The changing foundations of political communication. Journal of Communication, 58(4). 707-731. doi: Doi 10.1111/J.1460-2466.2008.00410.X.
Braman, E., Nelson, T. E. (2007): Mechanism of motivated reasoning? Analogical perception in discrimination disputes. American Journal of Political Science, 51(4). 940-956.
Brooks, D. (2008, January 18): How voters think, The New York Times. Retrieved from http://www.nytimes.com/2008/01/18/opinion/18brooks.html.
Brossard, D., Scheufele, D. A., Kim, E., Lewenstein, B. V. (2009): Religiosity as a perceptual filter: Examining processes of opinion formation about nanotechnology. Public Understanding of Science, 18(5). 546-558. doi: 10.1177/0963662507087304.
Dales, L., Hammer, S. J., & Smith, N. J. (2001): Time trends in autism and in MMR immunization coverage in California. JAMA: The Journal of the American Medical Association, 285 (9). 1183-1185.
Dewey, J. (1927): The ublic and its problems. Athens, OH: Swallow Press.
DiNucci, D. (1999): Fragmented future. Print, 53(4). 32.
Donsbach, W. (1991): Medienwirkung trotz Selektion: Einflussfaktoren auf die Zuwendung zu Zeitungsinhalten [Media effects despite selection: Influences on attention to newspaper content]. Köln, Germany: Böhlau.
Donsbach, W., Mothes, C. (2012): The dissonant self: Contributions from dissonance theory to a new agenda in studying political communication. In: C. T. Salmon (Ed.), Communication Yearbook 36.
Dunlap, R. E., McCright, A. M. (2008): A widening gap: Republican and Democratic views on climate change. Environment, 50(5). 26-35.
Eilperin, J. (2012, March 27, 2012): EPA imposes first greenhouse gas limits on new Power plants, The Washington Post. Retrieved from http://www.washingtonpost.com/national/health-science/epa-to-impose-first-greenhouse-gas-limits-on-power-plants/2012/03/27/gIQAKdaJeS_story.html.
Festinger, L. (1957): A theory of cognitive dissonance. Evanston, IL: Row, Peterson.
Gaines, B. J., Kuklinski, J. H., Quirk, P. J., Peyton, B., Verkuilen, J. (2007): Same facts, different interpretations: Partisan motivation and opinion on Iraq. Journal of Politics, 69 (4). 957-974.
Garrett, R. K. (2009): Echo chambers online?: Politically motivated selective exposure among Internet news users. Journal of Computer-Mediated Communication, 14 (2). 265-285.
Gerbner, G., Gross, L. (1974): System of cultural indicators. Public Opinion Quarterly, 38. 460-461.
Gillis, J. (2012, March 14, 2012): Sea Level Rise Seen as Threat to 3.7 Million, The New York Times, p. A1. Retrieved from http://www.nytimes.com/2012/03/14/science/earth/study-rising-sea-levels-a-risk-to-coastal-states.html?ref=temperaturerising.
Gilovich, T. (1993): How we know what isn't so. New York, NY: Free Press.
Gilovich, T., Griffin, D., Kahneman, D. (2002): Heuristics and biases: The psychology of intuitive judgment. Cambridge, UK: Cambridge University Press.
Haidt, J. (2012): The righteous mind: Why good people are divided by politics and religion: Pantheon Books.
Heider, F. (1978): Über Balance und Attribution [About balance and attribution]. In: D. Görlitz, W.-U. Meyer, B. Weiner (Eds.), Bielefelder Symposium über Attribution (pp. 19-28). Stuttgart, Germany: Klett Verlag.
Institute of Medicine (2004): Immunization safety review: Vaccines and autism. Washington, D.C.: The National Academies Press.
Iyengar, S., Hahn, K. S., Krosnick, J. A., Walker, J. (2008): Selective exposure to campaign communication: The role of anticipated agreement and issue public membership. Journal of Politics, 70 (1). 186-200. doi: 10.1017/s0022381607080139.

Jacobson, G. C. (2010): Perception, memory, and partisan polarization on the Iraq War. Political Science Quarterly, 125 (1). 31-56. doi: 10.1002/j.1538-165X.2010.tb00667.x.
Kahan, D. M., Braman, D. (2006): Cultural cognition and public policy. Yale Law & Policy Review, 24. 149.
Kahan, D. M., Braman, D., Monahan, J., Callahan, L., Peters, E. (2010): Cultural cognition and public policy: The case of outpatient commitment laws. Law and Human Behavior, 34 (2). 118-140. doi: 10.1007/s10979-008-9174-4.
Kahan, D. M., Braman, D., Slovic, P., Gastil, J., Cohen, G. (2009a): Cultural cognition of the risks and benefits of nanotechnology. [Article]. Nature Nanotechnology, 4 (2). 87-90. doi: 10.1038/nnano.2008.341.
Kahan, D. M., Braman, D., Slovic, P., Gastil, J., Cohen, G. (2009b): Cultural cognition of the risks and benefits of nanotechnology. Nature Nanotechnology, 4. 87-90.
Kahneman, D. (2011): Thinking, fast and slow. New York, NY: Farrar, Straus and Giroux.
Kahneman, D., Slovic, P., Tversky, A. (1982): Judgment under uncertainty: Heuristics and biases. Cambridge, UK: Cambridge University Press.
Kaye, J. A., del Mar Melero-Montes, M., Jick, H. (2001): Mumps, measles, and rubella vaccine and the incidence of autism recorded by general practitioners: a time trend analysis. BMJ, 322 (7284). 460-463.
Kim, K. S. (2011): Public understanding of the politics of global warming in the news media: the hostile media approach. Public Understanding of Science, 20 (5). 690-705.
Kohut, A., Doherty, C., Dimock, M., Keeter, S. (2012): In changing news landscape, even television is vulnerable. Retrieved September 27, 2012, from http://www.people-press.org/files/legacy-pdf/2012%20News%20Consumption%20Report.pdf
Kunda, Z. (1990): The case for motivated reasoning. Psychological Bulletin, 108 (3). 480-498.
Ladwig, P., Anderson, A. A., Brossard, D., Scheufele, D. A., Shaw, B. R. (2010): Narrowing the nano discourse? Materials Today, 13 (5). 52-54.
Lavine, H., Lodge, M., Freitas, K. (2005): Threat, authoritarianism, and selective exposure to information. Political Psychology, 26 (2). 219-244. doi: 10.1111/j.1467-9221.2005.00416.x.
Lazarsfeld, P. M., Berelson, B. R., Gaudet, H. (1948): The people's choice: How the voter makes up his mind in a presidential campaign. New York, NY: Duell, Sloan & Pearce.
Leiserowitz, A., Maibach, E. W., Roser-Renouf, C., Smith, N., Dawson, E. (2010): Climategate, public opinion, and the loss of trust. Available at SSRN: http://ssrn.com/abstract=1633932
Lippmann, W. (1922): Public opinion. New York, NY: Free Press.
Lodge, M., Taber, C. (2000): Three steps toward a theory of motivated political reasoning. In A. Lupia Jr., M. D. McCubbins, S. L. Popkin (Eds.), Elements of reason: cognition, choice, and the bounds of rationality (pp. 182-213). Cambridge, MA: Cambridge University Press.
Lodge, M., Taber, C. (2013): The Rationalizing Voter. New York, NY: Cambridge University Press.
Lord, C. G., Ross, L., Lepper, M. R. (1979): Biased assimilation and attitude polarization: The effects of prior theories on subsequently considered evidence. Journal of Personality and Social Psychology, 37 (11). 2098-2109. doi: 10.1037/0022-3514.37.11.2098.
Madsen, K. M., Hviid, A., Vestergaard, M., Schendel, D., Wohlfahrt, J., Thorsen, P., Melbye, M. (2002): A population-based study of measles, mumps, and rubella vaccination and autism. New England Journal of Medicine, 347 (19). 1477-1482.
McQuail, D. (2005): Mass communication theory (5th ed.). London: Sage.
Meffert, M. F., Chung, S., Joiner, A. J., Waks, L., Garst, J. (2006): The effects of negativity and motivated information processing during a political campaign. Journal of Communication, 56 (1). 27-51.
Mooney, C. (2011). The science of why we don't believe science. Mother Jones, April 18, 2011.
National Science Board. (2012): Science and technology: public attitudes and understanding. In: NSF (Ed.), Science and Engineering Indicators 2010. Arlington, VA: National Science Foundation.
Nelkin, D. (1987): Selling science: how the press covers science and technology. New York: W. H. Freeman.

Nerlich, B. (2010): 'Climategate': Paradoxical metaphors and political paralysis. Environmental Values, 19 (4). 419-442. doi: Doi 10.3197/096327110x531543.
Newcomb, T. M. (1953): An approach to the study of communicative acts. Psychological Review, 60 (6). 393-404. doi: 10.1037/h0063098.
Nir, L. (2011): Motivated reasoning and public opinion perception. Public Opinion Quarterly, 75 (3). 504-532. doi: 10.1093/poq/nfq076.
Noelle-Neumann, E. (1973): Return to the concept of powerful mass media. Studies in Broadcasting, 9. 67–112.
Offit, P. A. (2008): Vaccines and autism revisited: the Hannah Poling case. New England Journal of Medicine, 358 (20). 2089-2091. doi: 10.1056/NEJMp0802904.
Pariser, E. (2011): The filter bubble: What the Internet is hiding from you. New York: Penguin Press.
Peters, J. W. (2010): At Yahoo, using searches to steer news coverage. Retrieved July 5, 2010, from http://www.nytimes.com/2010/07/05/business/media/05yahoo.html
Pew Research Center. (2009): Trends in political values and core attitudes: 1987-2009. Washington, D.C.: The Pew Research Center for the People and the Press.
Pew Research Center. (2010): Little change in opinions about global warming. Washington, D.C.: Pew Research Center for the People and the Press.
Pew Research Center. (2011): Political knowledge update. Washington, D.C.: Pew Research Center for the People and the Press.
Pew Research Center. (2012a): Internet Gains Most as Campaign News Source But Cable TV Still Leads. Retrieved October 25, 2012, from http://www.journalism.org/commentary_backgrounder/social_media_doubles_remains_limited
Pew Research Center. (2012b): What Voters know about campaign 2012. Washington, D.C.: Pew Research Center for the People and the Press.
Prior, M. (forthcoming): Media and political polarization. Annual Review of Political Science, 16.
Rayner, S. (1992): Cultural theory and risk analysis. In: S. Krimsky & D. Golding (Eds.), Social theories of risk. Westport, CT: Praeger.
Reed, M., Aspinwall, L. (1998): Self-affirmation reduces biased processing of health-risk information. Motivation and Emotion, 22 (2). 99-132. doi: 10.1023/a:1021463221281.
Scheufele, D. A. (2006): Messages and heuristics: How audiences form attitudes about emerging technologies. In: J. Turney (Ed.), Engaging science: Thoughts, deeds, analysis and action (pp. 20–25). London: The Wellcome Trust.
Scheufele, D. A., Nisbet, M. C. (2012): Online news and the demise of political disagreement. In: C. T. Salmon (Ed.), Communication yearbook. New York: Routledge.
Scheufele, D. A., Tewksbury, D. (2007): Framing, agenda setting, and priming: The evolution of three media effects models. Journal of Communication, 57 (1). 9-20. doi: 10.1111/J.1460-2466.2006.00326.X.
Schulz, A., Roessler, P. (in press): The spiral of silence and the Internet: Selection of online content and the perception of the public opinion climate in computer-mediated communication environments. International Journal of Public Opinion Research, 1-22. Retrieved from doi:10.1093/ijpor/eds022
Smith, M. J., Ellenberg, S. S., Bell, L. M., Rubin, D. M. (2008): Media coverage of the measles-mumps-rubella vaccine and autism controversy and its relationship to MMR immunization rates in the United States. Pediatrics, 121 (4). E836-E843. doi: Doi 10.1542/Peds.2007-1760.
Stroud, N. J. (2008): Media use and political predispositions: Revisiting the concept of selective exposure. Political Behavior, 30 (3). 341-366.
Stroud, N. J. (2010): Polarization and partisan selective exposure. Journal of Communication, 60 (3). 556-576. doi: 10.1111/j.1460-2466.2010.01497.x.
Stroud, N. J. (2011): Niche news: The politics of news. New York: Oxford University Press.
Sunstein, C. (2001): Republic.com. Princeton, NJ: Princeton University Press.
Sunstein, C. (2007): Republic.com 2.0. Princeton, NJ: Princeton University Press.

Taber, C. S., Cann, D., Kucsova, S. (2009): The motivated processing of political arguments. Political Behavior, 31 (2). 137-155.
Taber, C. S., Lodge, M. (2006): Motivated skepticism in the evaluation of political beliefs. American Journal of Political Science, 50 (3). 755-769.
Taylor, B., Miller, E., Lingam, R., Andrews, N., Simmons, A., Stowe, J. (2002): Measles, mumps, and rubella vaccination and bowel problems or developmental regression in children with autism: Population study. BMJ, 324 (7334). 393-396.
Vallone, R. P., Ross, L., Lepper, M. R. (1985): The hostile media phenomenon: Biased perception and perceptions of media bias in coverage of the Beirut massacre. Journal of Personality and Social Psychology, 49 (3). 577-585. doi: 10.1037/0022-3514.49.3.577.
Wakefield, A. J., Murch, S. H., Anthony, A., Linnell, J., Casson, D. M., Malik, M., Walker-Smith, J. A. (1998): Ilead-Lymphoid-nodular hyperplasia, non-specific colitis, and pervasive developmental disorder in children. Lancet, 351. 637-641.
Wood, B. D., Vedlitz, A. (2007): Issue definition, information processing, and the politics of global warming. American Journal of Political Science, 51 (3). 552-568.
Yeo, S. K., Xenos, M., Brossard, D., Scheufele, D. A. (in press). Selecting our own science: How communication contexts and individual traits shape information seeking. *Annals of the American Academy of Political and Social Science*. doi: 10.1177/0002716214557782
Zaller, J. R. (1992): The nature and origins of mass opinion. Cambridge, MA: Cambridge University Press.

Kurzfristige und langfristige Effekte von Nachrichten auf politische Informationsinteressen

Cornelia Mothes und Silvia Knobloch-Westerwick

1. Einleitung

Lässt man Wolfgang Donsbachs wissenschaftliche Laufbahn Revue passieren, fallen mindestens vier Beweggründe auf, die seine Forschung besonders stark vorangetrieben zu haben scheinen. Ganz zuvorderst steht ein *Wille*, Forschung zu betreiben, die von demokratiepraktischer Relevanz ist – Forschung, die vielleicht nicht immer ‚Wissenschaft als Frühwarnsystem' ermöglicht, wohl aber soziale Missstände offenzulegen hilft, wie sie durch Kommunikation entstehen, aber auch durch sie überwunden werden können. Damit eng verbunden schwingt in Wolfgang Donsbachs Arbeiten oft eine gewisse *Besorgnis* über die Gefahren gesellschaftlicher Fragmentierung mit. In Vor-Internet-Zeiten drückte sich diese Sorge vor allem in seinen Untersuchungen zur Einseitigkeit politischer Berichterstattung und zur einstellungsabhängigen Informationsselektion der Mediennutzer aus. Heute ist es nicht nur die politisch einseitige Kommunikation und Rezeption, die Donsbach mit Sorge betrachtet, sondern auch – oder vielleicht sogar mehr noch – die Gefahr einer generellen Abwesenheit politischer Kommunikation in weiten Teilen der Gesellschaft. Gleichzeitig wird Donsbachs Forschung durch die *Überzeugung* getragen, dass es in einer Demokratie dennoch möglich ist bzw. sein sollte, gesamtgesellschaftlich relevante Themen auch für alle zugänglich und verhandelbar zu machen. Hierbei schreibt Donsbach dem professionellen Journalismus schon immer eine besonders zentrale Verantwortung zu. Gerade in Zeiten des Internets wird daher auch die Analyse substantieller Abgrenzbarkeiten zu alternativen Arten gesellschaftlicher Kommunikation für seine Forschung immer wichtiger. Über all dem steht die *Vision*, die Kommunikationswissenschaft theoretisch wie methodisch soweit zu optimieren, dass es der Forschung intersubjektiv nachvollziehbar möglich wird, derartige drängende gesellschaftliche Fragestellungen empirisch befriedigend zu beantworten, ohne sich dabei im methodischen Selbstzweck zu verlieren.

Die Schüler und Kollegen von Wolfgang Donsbach haben seine Perspektiven auf Wissenschaft und Gesellschaft durchaus nicht unhinterfragt gelassen. Dennoch haben sich in seinem Umfeld Forschungsinteressen entwickelt, die – manchmal augenfälliger, manchmal unscheinbarer – durchaus Parallelen zu den ‚Antriebskräften' in Donsbachs Forschung aufweisen. Der vorliegende Beitrag mag ein Beispiel hierfür sein. Wir nehmen dabei an, dass die kommunikationswissenschaftliche Forschung die derzeitigen gesellschaftlichen Entwicklungen vor allem im Bereich der politischen Kommunikation mit höherer Validität vorhersagen kann, wenn sie theoretisch und methodisch stärker zwischen kurzfristigen und langfristigen Prognosen unterscheidet.

Im Mittelpunkt steht dabei die Frage, welche Art der Aufbereitung politischer Informationen die Beschäftigung der Bürger mit dem politischen Geschehen in Zeiten zunehmend diversifizierter Informationsumgebungen vorrangig hemmt bzw. fördert. Im Zuge dessen entwickeln wir einen Modellentwurf, der zwischen kurzfristigen und langfristigen Effekten politischer Informationen unterscheidet, die – blickt man auf den aktuellen Forschungsstand – durchaus in gegensätzliche Richtungen weisen können. Auf methodischer Ebene wird ein Design vorgestellt, das derartige kurzfristige und langfristige Wirkungsperspektiven empirisch nachvollziehbar machen soll. Dabei bedienen wir uns des ‚Selective Exposure-Paradigmas der Medienwirkungsforschung', innerhalb dessen prüfbar werden könnte, inwiefern sich die Aufmerksamkeit, die ein politischer Inhalt generiert, auf das anschließende Interesse einer Person auswirkt, sich auch nach der konkreten Rezeptionssituation mit dem politischen Geschehen zu beschäftigen.

2. Nachrichten als Nischenprodukte – Journalisten als Nischenbesetzer

Ausgangspunkt unserer Überlegungen ist die in komplexen Medienlandschaften größer werdende selektive Eigenaktivität der Bürger (vgl. Bennett/Iyengar 2008; Donsbach/Mothes 2012). Mit der steigenden Anzahl an Informations-, Kommunikations- und Unterhaltungsangeboten in klassischen Medien und auf Online-Plattformen erhöhen sich die Chancen der Mediennutzer, selbst darüber zu entscheiden, welchen Inhalten sie ihre Aufmerksamkeit schenken. Für die Funktionsfähigkeit von Demokratien bringt dieser Trend das Problem mit sich, dass Mediennutzer politische Inhalte – wenn auch nicht vollständig, so doch weitgehend – vermeiden (können), sofern sie nicht politisch interessiert sind (vgl. Althaus/Tewksbury 2000; Prior 2005; Tewksbury 2005). Dadurch ist auch die gesellschaftspolitische Teilhabe jener Mediennutzer gefährdet, wenn diese nur noch versehentlich vereinzelte Teilaspekte des politischen Lebens mitbekommen (vgl. Trilling/Schönbach 2012) – ein Trend, der sich laut aktuellen Befragungen vor allem in der jungen Generation abzuzeichnen beginnt (vgl. Donsbach/Rentsch/Mothes/Walter 2012; Patterson 2007; Pew Research Center for the People & the Press 2012).

Dabei scheint sowohl die Regelmäßigkeit als auch die Intensität abzunehmen, mit der sich die Bevölkerung über politische Themen auf dem Laufenden hält. In einer Umfrage des *Instituts für Demoskopie Allensbach* von 2008 etwa äußerten nur 56

Prozent der Deutschen den Wunsch, „über das aktuelle Geschehen immer auf dem Laufenden sein" zu wollen (vgl. Köcher 2008). Ähnliche Zahlen legt das *Pew Research Center for the People & the Press* auch für den U.S.-amerikanischen Raum vor: Nach einer aktuellen Pew-Umfrage sind es nur 48 Prozent der U.S.-Bevölkerung, die sich über politische Geschehen kontinuierlich informieren (Pew Research Center for the People & the Press 2014: 94). Diese Daten legen im Umkehrschluss nahe, dass gesamtgesellschaftlich relevante Ereignisse und aktuelle politische Prozesse in westlichen Demokratien nur von etwa der Hälfte der Bürger als stabil wichtige Wissensbereiche angesehen werden, für deren Aneignung Zeit investiert wird. Eine Studie der *Associated Press* (2008: 37) spricht in diesem Zusammenhang von einer steigenden „news fatigue" – einer ‚Nachrichtenmüdigkeit', die von den Autoren der Studie auf eine Überforderung der Bürger bei der Einordnung und Verarbeitung von Informationen zurückgeführt wird:

„News consumers do have a ubiquity of news to select from at almost anytime, from anywhere on a variety of technologies and platforms—television, Internet, mobile devices, radio and more. However, the reality is that the abundance of news and ubiquity of choice do not necessarily translate into a better news environment for consumers." (ebd.: 37)

Mit Hilfe von qualitativen Interviews zeigte die Untersuchung, dass die wachsende Informationsmenge Bürger zunehmend dazu bewegt, ihr Informationsbedürfnis auf ‚news diets' (ebd.:38) – auf ein Minimum an Informiertheit – zu begrenzen. Deutsche Studien legen eine ähnliche Vermutung nahe. So schlussfolgert Neuberger (2012: 51) aus einer Befragung der deutschen Internetbevölkerung, dass es immer häufiger bei flüchtigen Begegnungen mit den Schlagzeilen des Tages bleibt, die oft zufällig über die Seiten von Nachrichtenaggregatoren, Suchmaschinen, E-Mail-Providern oder Sozialen Netzwerken wahrgenommen werden.

Eine derartige Entwicklung wird auch für die Legitimation des professionellen Journalismus zum Problem. Glaubt man Stuart Allan (2010: XXIX), sind Journalisten heute „in serious danger of being lost" – dies einerseits, da ihnen oft sichtbare Unterscheidungsmerkmale zu nicht-journalistischen Informationsanbietern im Internet fehlen; andererseits aber auch, da es ihnen scheinbar immer seltener gelingt, Anreize für Mediennutzer zu schaffen, ihr Kernprodukt – die politische Berichterstattung – ausreichend nachzufragen. Damit können sie ihre zentrale professionelle Aufgabe der gesellschaftlichen Orientierung in heute hochkomplexen sozialen Systemen nur noch eingeschränkt erfüllen. Wenn Bürger dem Nachrichtengeschehen nicht mehr kontinuierlich ihre Aufmerksamkeit schenken und es bei der Relevanzbestimmung von Informationen zu einem „choice gap" (Boczkowski/Peer 2011: 857) zwischen Rezipienten und Journalisten kommt, steht die demokratische Funktion ebenso wie die wirtschaftliche Tragfähigkeit des Journalismus zur Disposition.

Zwar keimte mit den partizipativen Potenzialen des Internets immer wieder die Hoffnung auf, dass sich durch die neuen Möglichkeiten der Online-Umgebung die politische Partizipation auch unter den wenig politisch Interessierten steigern könnte und gesellschaftliche Diskurse verstärkt zur Gemeinschaftsleistung von Internetnutzern würden (z. B. Johnson/Kaye 2003; Krueger 2002). Das Gelingen einer solchen partizipativen Öffentlichkeit ist allerdings voraussetzungsvoll. Nach Jandura und Friedrich (2014: 364f.) verlangt sie insbesondere den aktiven Einbezug breiter Bevölkerungsteile („inclusion") und die Verhandlung einer breiten Vielfalt an politischen Perspektiven („external diversity"). Empirische Untersuchungen aus den vergangenen Jahren lassen jedoch Zweifel daran aufkommen, inwiefern diese Voraussetzungen (derzeit) erfüllt sind (für einen Überblick siehe Mothes 2014). Dies betrifft nicht nur die stark eingeschränkte Vielfalt an Akteuren, die sich via eigener Online-Beiträge kontinuierlich mit politischen Themen auseinandersetzen; auch die Vielfalt an Sichtweisen, die im Internet-Diskurs aufeinandertreffen, scheint aufgrund von Hierarchie- und Homogenisierungstendenzen stark begrenzt. Hinzu kommt, dass es die oft geringen finanziellen und personellen Ressourcen von Bürgerjournalisten kaum zulassen, politische Themen gänzlich unabhängig von der Berichterstattung journalistischer Medien zu behandeln. Insofern wäre ein Verlust des Journalismus trotz der vielfältigen Partizipationsmöglichkeiten des Internets für heutige Demokratien nach wie vor mit dem Verlust einer gesellschaftlichen Dienstleistungsfunktion verbunden, der derzeit (noch) nicht durch alternative Informationsanbieter ausgeglichen werden kann.

Diskussionen darüber, wie es Medien konkret gelingen kann, ihrer öffentliche Aufgabe auch in Zeiten eines „dauerhafte[n] Datenchaos" (Weichert 2011: 367) gerecht zu werden, verbleiben bislang oft noch auf einem eher abstrakten Niveau. In der erwähnten Studie der *Associated Press* (2008) ist von Journalisten als „information officers" (ebd.: 56) die Rede, die Schnittstellen zwischen Informationen schaffen sollen; Wolfgang Donsbach (2009) spricht vom Journalismus als der „Wissensprofession unserer Zeit" (ebd.: 198), von der erwartet wird, „Wissen zu verifizieren und zu verknüpfen" (ebd.: 200). Miriam Meckel (2010: 227) überträgt dem Journalismus die Funktion, „einen Beitrag für die sachliche, soziale und zeitliche Synchronisation unserer Gesellschaft" zu leisten. Noch ist aber weitgehend unklar, wie sich derartige Forderungen in konkrete Erscheinungsbilder für politische Informationen übersetzen lassen und welche Auswirkungen damit verbunden sind.

3. Kurzfristige Treiber politischer Nachrichtennutzung als langfristige Ursachen für politische Abkehr?

Wenn es um die Wirkung politischer Berichterstattung auf die Bereitschaft der Rezipienten geht, sich mit politischen Nachrichten auseinanderzusetzen, beschränkt sich die Mehrheit der aktuellen Studien darauf, die Informationsumgebung von Rezipienten eher unter technischen als unter inhaltlichen Gesichtspunkten zu betrachten. Es überwiegen Untersuchungen, die Mediennutzer grob danach unterscheiden, ob sie ihre Informationen über Zeitung, Fernsehen, Radio oder das Internet bzw. das Web 2.0 beziehen (z. B. Boyd/Zaff/Phelps/Weiner/Lerner 2011; Smith 2013; Vowe/Emmer/Seifert 2007). Werden Effekte der Mediennutzung eher auf inhaltlicher Ebene untersucht, dann vor allem hinsichtlich der Wirkung bestimmter Mediennutzungsmuster, etwa des Interesses an Informations- und Unterhaltungsangeboten (z. B. Bakker/De Vreese 2011; Trilling/Schönbach 2012; Xenos/Moy 2007). Derartige Studien sind wertvoll, um grobe Effekte von Mediennutzungsstrukturen auszumachen. Gerade in Zeiten steigender medialer Konvergenz und Nutzungssimultanität sowie einer zunehmenden Menge an alternativen Informationsangeboten im Onlinebereich erlauben es die traditionellen Unterscheidungen zwischen Gattungen und Angebotstypen aber kaum, auf individueller Ebene kausale Zusammenhänge zwischen konkreten Inhalten und politischen Informationsinteressen herzustellen. Diese leichte Unschärfe in der wissenschaftlichen Abbildung gesellschaftlicher Kommunikation tangiert nicht nur die Rezeptions-, sondern auch die Kommunikatorforschung, gerade im Hinblick auf die im Journalismus drängende Frage, was klassischer Journalismus im Vergleich zu neuen Kommunikatoren wie Bürgerjournalisten oder Bloggern für die öffentliche Kommunikation leisten kann (z. B. Kaufhold/Valenzuela/De Zúñiga 2010; Lewis/Kaufhold/ Lasorsa 2010; Reich/Lahav 2011).

Studien, die ihr Augenmerk stärker auf die konkrete inhaltliche Beschaffenheit der Berichterstattung und deren Einfluss auf politische Einstellungen und Handlungen legen, sind bislang wiederum mehrheitlich an den negativen Auswirkungen politischer Informationen interessiert, die vorrangig im Rahmen der Boulevardisierungs- bzw. Soft News-Forschung betrachtet werden. Unter boulevardisierten Inhalten bzw. Soft News werden Nachrichten subsumiert, die negative Ereignisse und Konflikte in den Vordergrund stellen, politische Themen unterhaltsam-emotionali-sierend aufbereiten, auf Personen und kurzfristige Ereignisse statt Sachthemen und politische Prozesse fokussieren und das politische Geschehen auf wahlkampfstrategisches Handeln – statt Handeln zum Wohle der Gemeinschaft – zuspitzen (z. B. Aalberg/Strömbäck/De Vreese 2012; Binderkrantz/Green-Pedersen 2009; Iyengar 1991; Patterson 1993).

Trotz langjähriger Forschungstradition herrscht innerhalb der Boulveardisierungs-Forschung nach wie vor eine gewisse Uneinigkeit in Bezug auf die konkreten Effekte dieser Informationsmerkmale. Die dadurch entstehende Unsicherheit bei der Interpretation der Befunde lässt sich nach Ansicht aktuellerer Studien vor allem darauf zurückführen, dass empirisch bislang eher selten eine analytische Trennung zwischen einzelnen Informationsmerkmalen erfolgte (vgl. Aalberg et al. 2012; Lehman-Wilzig/Seletzky 2010; Pedersen 2012). Scheinbar können die betrachteten Merkmale bzw. Merkmalsbündel darüber hinaus aber auch unterschiedliche, ja sogar gegensätzliche Wirkungen implizieren, je nachdem ob Studien eher kurzfristige oder eher langfristige Effekte in den Blick nehmen. So finden sich in Befragungen mehrfach Hinweise darauf, dass Boulevardisierungsmerkmale einen kurzfristig durchaus positiven Effekt auf die Motivation eines Mediennutzers haben können, dem damit verknüpften Medieninhalt Aufmerksamkeit zu schenken. Dabei zeigte sich, dass Soft News die Aufmerksamkeit für politische Themen vor allem dann erhöhen, wenn sich Personen für Politik generell wenig bis gar nicht interessieren (vgl. Baum 2002, 2003; Baum/Jamison 2011; Parkin 2010; Young 2004; Young/Tisinger 2006). Obwohl das Konstrukt der Aufmerksamkeit oft nur indirekt per Selbstauskunft über die Frage gemessen wurde, wie stark man das jeweilige politische Thema verfolgt (z. B. Baum 2002: 106), lässt sich annehmen, dass sich der kurzfristige positive Effekt boulevardisierter Inhaltsmerkmale auch auf konkrete Selektionsentscheidungen auswirkt (vgl. Bernhard 2012). Eine solche Annahme legen etwa die Befunde jener Studien nahe, die sich mit den Mechanismen psychologischer Aufmerksamkeitssteuerung befassen und auf vielfältige Weise zeigen, dass etwa Informationen negativer Valenz – als klassisches Merkmal boulevardisierter Medieninhalte – meist stärker zur Rezeption anregen als positive Informationen (z. B. Meffert/Chung/Joiner/Waks/Garst 2006; Smith/Cacioppo/Larsen/Chartrand 2003).

Obwohl Soft News kurzfristig scheinbar durchaus zu einer Auseinandersetzung mit politischen Themen beitragen können, wird vermutet, dass sie dennoch politisch demobilisierend wirken, also das Interesse an Politik langfristig aufweichen (vgl. Bennett 2012; Prior 2003). Um demobilisierende Effekte in Bezug auf die langfristige Zuwendungsmotivation zu politischen Inhalten messbar zu machen, sind insbesondere solche Befunde der Soft News-Forschung aufschlussreich, die den Einfluss von boulevardisierten Merkmalen auf drei Kernkomponenten des Denkens und Handelns in Bezug auf Politik untersuchten: das politische Wissen, das politische Interesse und die politische Selbstwirksamkeit. Diese drei Effektdimensionen scheinen von besonderer Relevanz, um langfristige Zuwendungsmotivationen prognostizierbar zu machen, da sie sich in der politischen Kommunikation als besonders starke Treiber kontinuierlicher Nachrichtennutzung herausgestellt haben. So weist eine Vielzahl an Studien darauf hin, dass die Motivation, sich kontinuierlich (also über die einzelne Rezeptionssituation hinaus) über das politische Geschehen auf dem Laufenden zu halten, ansteigt,

- je mehr Vorwissen eine Person im Hinblick auf politische Themen und Prozesse besitzt (z. B. Delli Carpini/Keeter 1996; Eveland/Shah/Kwak 2003; Hendriks Vettehen/Hagemann/Van Snippenburg 2004),

- je höher das politische Interesse der Person ausfällt (z. B. Eveland 2001, 2002; Nash/Hoffman 2009; Prior 2003; Strömbäck/Shehata 2010) und
- je stärker ihre politische Selbstwirksamkeit ausgeprägt ist (z. B. Krueger 2002; Leung 2009; Pingree/Hill/McLeod 2012; Prior 2005).

Obwohl noch nicht vergleichend untersucht, finden sich in der Soft News-Forschung Hinweise darauf, dass boulevardisierte Merkmale auf alle drei jener langfristigen Motivationsdimensionen einen tendenziell (wenn auch nicht durchgängig) negativen Einfluss haben. So zeigt eine Reihe von Befragungsstudien und Experimenten, dass

- Soft News-Konsumenten ein geringeres Wissen über politische Themen aufweisen als Hard News-Nutzer (z. B. Baek/Wojcieszak 2009; Brewer/Cao 2006; Hollander 2005; Kim/Vishak 2013; Patterson 2007; Prior 2003, 2005, 2007),
- Soft News negative Effekte auf das politische Interesse von Bürgern haben können (z. B. Prior 2003; Van Zoonen/Muller/Alinejad/Dekker/Duits/Van Romondt Vis/Wittenberg 2007) und
- Soft News politische Selbstwirksamkeit einschränken, insbesondere indem sie politischen Zynismus fördern (z. B. Adriaansen/Van Praag/De Vreese 2010; Baumgartner/Morris 2006; Elenbaas/De Vreese 2008; Jackson 2011; Maurer 2003; Wolling 1999).

Zwar kann das psychologische Konstrukt politischer Selbstwirksamkeit einerseits als relativ stabiles, überdauerndes Persönlichkeitsmerkmal verstanden werden, das nur begrenzt durch äußere Einflüsse steuerbar ist (z. B. McPherson/Welch/Clark 1977). Experimente im Rahmen des ‚Informational Utility Models' zeigten aber, dass politische Selbstwirksamkeit auch als motivationaler Zustand begriffen werden kann, der durch das individuelle Informationsverhalten beeinflusst wird. Knobloch-Westerwick, Hastall, Grimmer und Brück (2005) konnten beispielsweise zeigen, dass das Selbstwirksamkeits-Potenzial als Berichterstattungsmerkmal nicht nur einer von vier zentralen Einflussfaktoren auf die wahrgenommene Nützlichkeit einer Information ist (neben Immediacy, Likelihood und Magnitude), sondern inhaltsseitige Einflüsse auf die Zuwendung zu Informationen darüber hinaus auch moderiert.

Obwohl bislang nicht kausalanalytisch getestet, lässt sich aus der Zusammenschau bisheriger Untersuchungen die Annahme ableiten, dass Mediennutzer durch kurzfristige Aufmerksamkeitsstimuli boulevardisierter Inhalte überdurchschnittlich häufig mit einer Darstellung von Politik konfrontiert werden, die sie langfristig demotivieren könnten, sich auch weiterhin mit dem politischen Geschehen auseinanderzusetzen.

4. Eine methodische Skizze für die Untersuchung kurzfristiger und langfristiger Berichterstattungseffekte auf das Nachrichteninteresse

Um derartige Effekte empirisch nachvollziehbar zu machen, bedarf es innerhalb der Forschung einer verstärkten methodischen Verknüpfung von Mediennutzungs- und Medienwirkungsperspektiven. Eine solche Forderung ist keinesfalls neu – besonders pointiert kam sie zuletzt in Aufsätzen von Bennett und Iyengar (2008), Donsbach und Mothes (2012) sowie Lang (2013) zum Ausdruck. Dabei ist eine Verknüpfung von Wirkungs- und Nutzungsansätzen nach Lang (2013) vor allem über die Betrachtung motivationaler Komponenten möglich, durch die konkret Aufschluss darüber erlangt werden könne, welche Merkmale der Berichterstattung „a threat or an opportunity" (ebd.: 20) für das gesellschaftliche Zusammenleben darstellen. Mit ihrem Hinweis auf gesellschaftliche Gefahren, aber auch Chancen der Medienberichterstattung macht Lang deutlich, wie zentral es für den Erkenntnisgewinn der Wissenschaft ist, das Augenmerk nicht nur auf die Frage zu richten, welche Inhaltsmerkmale die Motivation von Mediennutzern negativ beeinflussen – also etwa das politische Interesse hemmen –, sondern verstärkt auch der Frage nachzugehen, welche Inhaltsmerkmale Motivation befördern – also beispielsweise politisches Interesse steigern können.

Hinsichtlich der empirischen Beobachtbarkeit derartiger Effekte dominieren in der Medienwirkungsforschung bislang zwei grundlegende Arten von Forschungsdesigns, die kausale Zusammenhänge zwischen Mediennutzung und Medienwirkung herstellen: Panel-Befragungen und klassische Wirkungs-Experimente. Beide dieser Ansätze sind jedoch mit einigen methodischen Problemen behaftet. Panel-Befragungen etwa basieren auf Selbstauskünften zur Mediennutzung. Derartige Selbstauskünfte sind hinsichtlich ihrer Validität als problematisch einzuschätzen, da sie durch soziale Erwünschtheitseffekte, mangelnde Erinnerung an das eigene Verhalten oder Laien-Theorien bezüglich der untersuchten Fragestellung stark vom tatsächlichen Verhalten abweichen können (vgl. Knobloch-Westerwick 2014, 2015; Prior 2009). Die klassischen Wirkungs-Experimente wiederum verwenden zumeist ‚Forced Exposure'-Designs, die den wichtigen Faktor der selektiven Zuwendung aus dem Medienwirkungs-Prozess ausschließen, indem sie Probanden mit vorselektierten Inhalten konfrontieren (z. B. Adriaansen/Van Praag/De Vreese 2012; Kim/Vishak 2013; Pingree et al. 2012; Tedesco 2011). Im Gegensatz zu jenen traditionellen methodischen Ansätzen hat sich im Kontext der Selective Exposure-Forschung ein weiterer Ansatz entwickelt, der als ‚Selective Exposure-Paradigma der Medienwirkungsforschung' beschrieben werden kann (vgl. Knobloch-Westerwick 2014, 2015): Probanden werden hier gebeten, aus einer Vielfalt von Medieninhalten zunächst eigenständig nach individuellen Interessen Angebote auszuwählen. Diese Medieninhalte repräsentieren verschiedene Typen – zum Beispiel einstellungskonsistente versus -diskrepante Inhalte – und werden sorgfältig mithilfe von Stimulus-Tests vorbereitet und zusammengestellt, um eindeutige Schlüsse bezüglich präferierter Medieninhalte ziehen zu können. Während sich die Probanden den Medieninhalten selektiv zuwenden, werden ihre Selektionsentscheidungen und Zuwendungszeiten zumeist über spezielle Softwareprogramme aufgezeichnet. Nach der Selektionsphase werden weitere Variablen (wie z. B. Wissen, Einstellungen, Verhaltensintentionen) gemessen, sodass Schlussfolgerungen bezüglich der Wirkung der selektiven Medienzuwendung getroffen werden können. Vielfach werden diese Variablen auch in einer ‚Baseline'-Messung vor der selektiven Medienzuwendung erfasst, sodass sich in Pre-Post-Messungen konkrete Veränderungen auf individueller Ebene abbilden lassen. Dieses an etablierten Ansätzen (z. B. Früh/Schönbach 1982; Slater 2007) orientierte, empirisch aber noch verhältnismäßig junge Forschungsdesign stellt sich in den letzten Jahren in einer steigenden Anzahl von Studien als erkenntniserweiternde Alternative zu klassischen Wirkungs-Experimenten und Panelbefragungen heraus (z. B. Knobloch-Westerwick 2014; Knobloch-Westerwick/Hoplamazian 2012; Knobloch-Westerwick/Johnson 2014; Knobloch-Westerwick/Meng 2011; Westerwick/Kleinman/Knobloch-Westerwick 2013).

In den bisherigen Studien des ‚Selective Exposure-Paradigmas der Medienwirkungsforschung' wurde insbesondere die Wirkung von rezipierten einstellungskonsistenten versus -inkonsistenten Inhalten in den Blick genommen. So zeigte sich beispielsweise, dass Personen verstärkt von Inhalten angezogen werden, die mit ihrer bestehenden Einstellung übereinstimmen, und diese Zuwendungsentscheidungen dazu führen, dass sich Personen dem favorisierten politischen Lager anschließend nochmals stärker zugehörig fühlen (Knobloch-Westerwick/Meng 2011; Westerwick et al. 2013) oder eine erhöhte politische Partizipationsbereitschaft zeigen (Knobloch-Westerwick/Johnson 2014). Anders ausgedrückt, beeinflussen einstellungskonsistente Medieninhalte also die kurzfristige Zuwendungsmotivation und hinterlassen dadurch Wirkungen auf das politische Selbstbild und politische Handlungsmotive. Sie implizieren also längerfristige Effekte, indem sie beispielsweise eine in der Zukunft nochmals verstärkte Zuwendung zu einstellungskonsistenten Inhalten wahrscheinlich machen (vgl. Donsbach/Mothes 2012; Feldman/Myers/Hmielowski/Leiserowitz 2014; Stroud 2010).

Die bisherigen Studien im Rahmen des ‚Selective Exposure-Paradigmas der Medienwirkungsforschung' setzen durch ihren Fokus auf einstellungskonsistente und -inkonsistente politische Informationen voraus, dass Bürger bereits politische Einstellungen ausgebildet haben, also ein gewisses Grundinteresse an politischen Themen aufweisen. Im Hinblick auf das gesellschaftliche Problem eines sinkenden Nachrichteninteresses stellt sich jedoch die Frage, welche Aufbereitung von politischen Informationen Mediennutzer unabhängig von politisch-ideologischen Einstellungen bei ihrer Auswahl präferieren und wie sich ihre Selektionsentscheidungen wiederum auf die langfristige Motivation auswirken, sich auch zukünftig mit dem Themenfeld Politik zu beschäftigen. Die Untersuchung kurzfristiger und langfristiger Effekte politischer Inhalte auf die übergeordnete Motivation zur Auseinandersetzung mit dem politischen Geschehen könnte daher eine fruchtbare Erweiterung bisheriger Untersuchungen im Bereich des ‚Selective Exposure-Paradigmas der Medienwirkungsforschung' darstellen. Bei solch einem Vorgehen wären die Inhalte, aus denen Personen eigenständig auswählen, nicht nach ihrem Grad an Einstellungskonsistenz zu variieren, sondern nach ihrem Boulevardisierungs-Grad.

Die überwiegende Zahl bisheriger Untersuchungen zu Boulevardisierung und Politikverdrossenheit legt ihr Augenmerk dabei – von einigen Ausnahmen abgesehen (z. B. Adriaansen et al. 2010, 2012; Cappella/Jamieson 1997; Jackson 2011; Jebril et al. 2013) – zumeist auf die Nutzungshäufigkeit nur einer bestimmten Art von Berichterstattung. Diese wird oft – wenn auch nicht immer (z. B. Liu/Shen/ Eveland/Dylko 2013) – mit negativen Effekten auf politisches Verhalten in Verbindung gebracht. Unter diesen Voraussetzungen kann die momentan drängende Frage, wie derartigen Effekten entgegengewirkt werden kann und welche Inhaltsmerkmale soziale Orientierung in einer zunehmend komplexen Informationsumgebung gewährleisten, derzeit aber noch nicht befriedigend beantwortet werden. Zwar liegen auch Studien vor, die explizit positive Wirkungen in den Blick nehmen – in bisherigen Experimenten wurden diese zumeist im Rahmen von ‚Forced Exposure'-Designs und auf Grundlage von Framing-Konzepten untersucht, wobei beispielsweise zwischen ‚Strategic Frames' und ‚Substantive Frames' unterschieden wird (z. B. Adriaansen et al. 2010, 2012; Cappella/Jamieson 1997; Jackson 2011; Jebril/Albæk/De Vreese 2013). Auch solche eher groben Differenzierungen werden in aktuellen Untersuchungen allerdings zunehmend kritisch gesehen. So wird vermutet, dass unter den etablierten Konzepten boulevardisierter Berichterstattung inhaltliche Komponenten vereint werden, die einer analytischen Trennung bedürften (vgl. Aalberg et al. 2012; Lehman-Wilzig/Seletzky 2010; Pedersen 2012). Dies scheint vor allem deshalb notwendig, da die jeweiligen empirischen Befunde zum Teil unterschiedliche Schlussfolgerungen nahelegen, je nachdem, welche Soft News-Formate zum Untersuchungsgegenstand gemacht wurden. Für den Spezialfall politischer Satiresendungen etwa finden sich vor allem im U.S.-amerikanischen Raum eine Vielzahl an Studien, deren Ergebnisse eher auf positive Nutzungseffekte hinweisen (z. B. Hardy/Gottfried/Winneg/Jamieson 2014; Lee/Kwak 2014). Auch am Beispiel politischer Talkshows in Deutschland ließ sich zeigen, dass nicht jedes Soft News-Format identische Wirkungen auf die Zuwendungsmotivationen der Medienutzer hat (Bartsch/Schneider 2014; Roth/Weinmann/Schneider/Hopp/Vorderer 2014).

Im Rahmen einer erweiterten Anwendung des ‚Selective Exposure-Paradigmas der Medienwirkungsforschung', in dem Inhalte nach Einzelattributen variiert werden, ließe sich spezifischer prüfen, welche inhaltlichen Merkmale politischer Berichterstattung das politische Interesse in der Bevölkerung steigern können und welche eine Abwendung von politischen Inhalten wahrscheinlich machen. Unter Rückgriff auf das ‚Selective Exposure-Paradigma' ließen sich derartige Effekte also an konkreten

Merkmalen von Soft News und im direkten Abgleich mit Merkmalen jeweiliger ‚Gegenentwürfe' vergleichen, wobei die kurzfristige und langfristige Zuwendungsmotivation gleichermaßen in den Blick genommen werden kann – ähnlich wie bisher einstellungskonsistente Informationen mit einstellungs-inkonsistenten Inhalten in Bezug auf kurzfristige und langfristige Zuwendungsanreize verglichen wurden.

Bei einer solchen Untersuchung wären natürlich zahlreiche intervenierende Faktoren einzubeziehen, die sowohl auf die kurzfristige Aufmerksamkeitssteuerung als auch auf Indikatoren langfristiger Zuwendungsmotivation Einfluss nehmen können. Hierzu zählen allen voran die habitualisierte Häufigkeit der politischen Informationsnutzung (z. B. Tewksbury/Hals/Bibart 2008) sowie speziell der Soft News-Nutzung (z. B. Prior 2003), die Mediennutzungsbedürfnisse während der Rezeptionssituation (z. B. Feldman 2013; Mattheiß/Weinmann/Löb/Rauhe/Bartsch/Roth/Spenkuch/Vorderer 2013), die politisch-ideologischen Einstellungen bzw. Parteipräferenzen von Mediennutzern (z. B. Becker 2014; Stroud/Muddiman 2013) wie auch aktive Formen politischer Partizipation (z. B. Bakker/De Vreese 2011; Emmer/Vowe/Wolling 2011).

Unter Kontrolle derartiger intervenierender Variablen wäre mit Blick auf kurzfristige Motivationseffekte zum Beispiel prüfbar, ob und unter welchen Umständen Medienberichte mit stark ausgeprägten Boulevardisierungs-Merkmalen – in denen politisches Handeln beispielsweise an Einzelpersonen festgemacht wird (hohe Personalisierung) oder politische Sachverhalte besonders konflikthaltig inszeniert werden (hohe Dramatisierung) – mehr oder weniger zur Selektion anregen als Inhalte, die auf den institutionellen Kontext politischen Handelns fokussieren (geringe Personalisierung) oder Problemlösungen statt Konflikte in den Vordergrund stellen (geringe Dramatisierung).

Nach der Zuwendung zu den individuell präferierten Informationen ließe sich im Sinne des ‚Selective Exposure-Paradigmas der Medienwirkungsforschung' anschließend auch nachvollziehen, welche konkreten Merkmale politischer Informationen es sind, die positiv oder negativ auf die Motivation wirken, sich zukünftig mit politischen Themen auseinanderzusetzen. Welchen Einfluss hat ein rezipierter Medienbericht auf politisches Wissen, Interesse und Selbstwirksamkeit, wenn er politisches Handeln auf einen Wettkampfcharakter reduziert oder aber im Gegensatz dazu politische Kompromissfindung in den Vordergrund stellt (hohe vs. geringe Dramatisierung)? Und wie stark ist dieser Effekt im Vergleich zu einer Meldung, die die Wahrnehmung nahelegt, Politiker agierten in der Öffentlichkeit primär als individuelle Akteure mit Eigeninteressen oder aber als Repräsentanten des Volkswillens (hohe vs. geringe Personalisierung)?

5. Ausblick: Potenziale eines Selective-Exposure-Modells für die politische Kommunikationsforschung

Mit der Untersuchung von Boulevardisierungs-Effekten greift der beschriebene Ansatz ein kommunikationswissenschaftliches Problemfeld auf, das in Deutschland wie auch international seit vielen Jahren erforscht und diskutiert wird – dies nicht zuletzt, da die Boulevardisierung der Medienberichterstattung infolge zunehmender Konkurrenzverhältnisse auf dem Informationsmarkt immer stärker voranschreitet (vgl. Donsbach/Büttner 2005; Farnsworth/Lichter 2007; Patterson 1993). Durch die Anbindung an das ‚Selective Exposure-Paradigma' verspricht das Forschungsprojekt einen wichtigen Erkenntnisfortschritt, da es kausalanalytisch zwischen kurzfristigen und langfristigen Effekten von Berichterstattungsmerkmalen unterscheidet und dabei nicht auf negative Einflüsse fokussiert bleibt, sondern die international immer häufiger geforderten positiven Potenziale von Medieninhalten gleichermaßen in den Blick nehmen kann. Damit bieten sich nicht nur optimale Anknüpfungspunkte zu dynamischen Forschungsmodellen der Medienwirkungsforschung, insbesondere zum dynamisch-transaktionalen Ansatz (vgl. Bernhard 2012; Früh/Schönbach 1982); die Ergebnisse wären auch für die Journalismusforschung von Relevanz, die sich gegenwärtig vor allem mit der Frage beschäftigt, auf welche Weise Journalisten ihre zentrale gesellschaftliche Dienstleistungsfunktion in komplexen Informationsumgebungen in Zukunft sicherstellen können.

Der hier beschriebene Ansatz bietet darüber hinaus viele Möglichkeiten für Weiterentwicklungen und Anpassungen an die im Wandel begriffenen Determinanten des politischen Informationsverhaltens. Neben eher klassischen Inhaltsmerkmalen von Soft News – wie Dramatisierung oder Personalisierung – ließen sich auch formalstilistische Merkmale – etwa Bebilderungen oder ‚Sound Bites' (vgl. Donsbach/Büttner 2005; Hallin 1992; Liu et al. 2013) – in die Untersuchung einbeziehen. Aktuell scheint allerdings insbesondere eine weitere inhaltliche Dimension von besonderer Relevanz, die man als Subjektivierung bezeichnen könnte. Gemeint ist hiermit ein Trend zur Meinungshaltigkeit politischer Nachrichten. Subjektive Färbungen der Berichterstattung sind keinesfalls neu – in Deutschland stellten sie lange Zeit geradezu ein (wenn auch aus Professionalisierungssicht kritisch betrachtetes) Charakteristikum des journalistischen Berufes dar (vgl. Donsbach 2010). Im Zuge der Kommerzialisierung des Mediensystems und sich verschärfender Konkurrenzbedingungen auf dem Informationsmarkt scheint die an Meinungen orientierte Darstellung des Geschehens aber wieder neuen Aufwind zu erhalten. Sie ist daher auch im Boulevardjournalismus keinesfalls ein Novum, denkt man etwa an die im U.S-amerikanischen Raum reichweitenstarken Polit-Satiren wie „The Colbert Report" oder an die Neueinführungen auf dem deutschen Fernsehmarkt, etwa Stefan Raabs „Absolute Mehrheit". Aufgrund der steigenden Bedeutung jener Formate wird der Meinungshaltigkeit als Boulevardisierungselement auch in der aktuellen Forschung zunehmende Aufmerksamkeit zuteil (z. B. Lee/Kwak 2014; Stroud/Muddiman 2013). Folgt man Boukes, Boomgaarden, Moorman & De Vreese (2014), geht ein solcher subjektiver ‚Eingriff' des Journalisten in die Darstellung des öffentlichen Diskurses meist auf Kosten klassischer Qualitätsmerkmale professionell-journalistischer Darstellungen, insbesondere im Hinblick auf Objektivität und Fairness. Seit der steigenden Möglichkeit zur Nutzerpartizipation im Internet wird aber auch für den professionellen Qualitätsjournalismus abseits des Boulevards neu über die Vor- und Nachteile subjektiver Berichterstattungsmerkmale nachgedacht. Harcup (2014) etwa befürwortet ein an das ‚advokatorische' Rollenmodell erinnerndes ‚Oppositional Reporting' – definiert als „combining pragmatic use of journalistic skills with an ideological critique of the hegemonic discourse of powerful social groupings and mainstream media alike" (ebd.: 1). Rentsch und Mothes (2013) diskutieren im Zuge der zunehmend zentraler werdenden Orientierungsaufgabe des Journalismus sogar eine Neubestimmung der Objektivitätsnorm. Vorgeschlagen wird, die klassische Trennung von Fakten und Meinungen auch normativ zu überdenken, dagegen aber der Norm der Ausgewogenheit und Vielfalt von Perspektiven einen deutlich höheren Stellenwert einzuräumen. In einem dazu ähnlichen Konzept der ‚Journalistic Adjudication' sprechen sich Pingree, Brossard und McLeod (2014) dafür aus, dass Journalisten Aussagen gesellschaftspolitischer Akteure stärker als bisher durch eigene Beurteilungen ergänzen sollten. Ihre Studie zeigte anhand eines Online-Experimentes mit Studenten, dass eine journalistische Beurteilung des von politischen Akteuren Gesagten auf Nutzerseite nicht nur die wahrgenommene Nachrichtenqualität förderte, sondern auch eher in der Lage war, bestehende Informationsbedürfnisse zu stillen und das Interesse an zukünftiger Nachrichtennutzung zum jeweiligen Thema zu steigern.

Diese Befunde legen eine Ergänzung der Boulevardisierungsforschung um eine weitere Merkmalsdimension nahe, die vermutlich nicht nur zwei, sondern mindestens drei Ausprägungen gegeneinander stellen müsste: erstens, eine auf Neutralität bedachte Berichterstattung, wie sie sich als Auszeichnungsmerkmal des professionell-distanzierten Journalismus entwickelt hat, zweitens, eine subjektiv-verzerrte Berichterstattung zugunsten bzw. zu Ungunsten einer bestimmten politischen Sichtweise, wie wir sie etwa aus politischen Satire-Magazinen kennen, und drittens, eine um Einschätzungen des Journalisten ergänzte ausgewogene Darstellung des Diskurses, wie sie derzeit für den Qualitätsjournalismus diskutiert wird.

Derartige aktuelle Entwicklungen aufgreifend, könnte das ‚Selective Exposure-Modell der Medienwirkungsforschung' eine wichtige Grundlage zur Untersuchung kurzfristiger und langfristiger Effekte politischer Berichterstattung schaffen, mit der sich kausalanalytisch einerseits Gefahren gesellschaftlicher Fragmentierung nachvollziehen ließen, die über Einstellungskonsistenz und Polarisierungstrends hinausgehen. Mit einem solchen Modell ließen sich gleichzeitig aber auch Potenziale identifizieren, die einem sinkenden Nachrichteninteresse entgegenwirken könnten – ein Trend, den Bennett (2012: XV) als den „most disturbing trend of all" kennzeichnet.

Literatur

Adriaansen, M. L., Van Praag, P., De Vreese, C. H. (2010): Substance matters: How news content can reduce political cynicism. International Journal of Public Opinion Research 22. 433–457. doi: 10.1093/ijpor/edq033
Adriaansen, M., Van Praag, P., & De Vreese, C. H. (2012): A mixed report: The effects of strategic and substantive news content on political cynicism and voting. Communications 37. 2. 153–172. doi: 10.1515/commun-2012-0008
Aalberg, T., Strömbäck, J., De Vreese, C. H. (2012): The framing of politics as strategy and game: A review of concepts, operationalizations and key findings. Journalism 13. 162–178. doi: 10.1177/1464884911427799
Allan, S. (2010): Introduction: Recrafting news and journalism. In ders. (Hrsg.), The Routledge companion to news and journalism (S. XXIII-XLIV). New York, NY: Routledge.
Althaus, S. L., Tewksbury, D. (2002): Agenda setting and the „new" news: Patterns of issue importance among readers of the paper and online versions of the New York Times. Communication Research, 29. 180–207. doi: 10.1177/0093650202029002004
Associated Press (2008): A new model for news: Studying the deep structure of young-adult news consumption. http://rumble.me/wp-content/uploads/2013/02/A-New-model-for-news.pdf [abgerufen am 31.07.2014].
Baek, Y. M., Wojcieszak, M. E. (2009): Don't expect too much! Learning from late-night comedy and knowledge item difficulty. Communication Research, 36. 783–809. doi: 10.1177/0093650209346805
Bakker, T. P., De Vreese, C. H. (2011): Good news for the future? Young people, Internet use, and political participation. Communication Research, 38. 451–470. doi: 10.1177/0093650210381738
Bartsch, A., Schneider, F. M. (2014): Entertainment and politics revisited: How non-escapist forms of entertainment can stimulate political interest and information seeking. Journal of Communication 64. 369–396. doi: 10.1111/jcom.12095
Baum, M. A. (2002): Sex, lies, and war: How soft news brings foreign policy to the inattentive public. American Political Science Review 96. 91–109. doi: 10.1017/S0003055402004252
Baum, M. A. (2003): Soft news and political knowledge: Evidence of absence or absence of evidence? Political Communication, 20. 173–190. doi: 10.1080/10584600390211181
Baum, M. A., Jamison, A. (2011): Soft news and the four Oprah effects. In: G. C. Edwards, L. R. Jacobs, & R. Y. Shapiro (Hrsg.), Oxford Handbook of American Public Opinion and the Media: 121–137. Oxford: Oxford University Press.
Baumgartner, J., Morris, J. (2006): The daily show effect: Candidate evaluations, efficacy and American youth. American Politics Research 34. 3. 341–367. doi: 10.1177/1532673X05280074
Becker, A. B. (2014): Playing with politics: Online political parody, affinity for political humor, anxiety reduction, and implications for political efficacy. Mass Communication and Society 17. 424–445. doi: 10.1080/15205436.2014.891134
Bennett, W. L. (2012): News: The politics of illusion (9. überarb. Aufl.). Boston, MA: Longman.
Bennett, W. L., Iyengar, S. (2008): A new era of minimal effects? The changing foundations of political communication. Journal of Communication, 58. 707–731. doi: 10.1111/j.1460-2466.2008.00410.x
Bernhard, U. (2012): Infotainment in der Zeitung: Der Einfluss unterhaltungsorientierter Gestaltungsmittel auf die Wahrnehmung und Verarbeitung politischer Informationen. Baden-Baden: Nomos.
Binderkrantz, A. S., Green-Pedersen, C. (2009): Policy or processes in focus. International Journal of Press/Politics 14. 166–185. doi: 10.1177/1940161209333088

Boukes, M., Boomgaarden, H. G., Moorman, M., De Vreese, C. H. (2014): News with an attitude: Assessing the mechanisms underlying the effects of opinionated news. Mass Communication and Society 17. 354–378. doi: 10.1080/15205436.2014.891136

Brewer, P., Cao, X. (2006): Candidate appearances on soft news shows and public knowledge about primary campaigns. Journal of Broadcasting & Electronic Media 50. 18–35. doi: 10.1207/s15506878jobem5001_2

Boczkowski, P. J., Peer, L. (2011): The choice gap: The divergent online news preferences of journalists and consumers. Journal of Communication 61. 857–876. doi: 10.1111/j.1460-2466.2011.01582.x

Boyd, M. J., Zaff, J. F., Phelps, E., Weiner, M. B., Lerner, R. M. (2011): The relationship between adolescents' news media use and civic engagement: The indirect effect of interpersonal communication with parents. Journal of Adolescence 34. 1167–1179. doi: 10.1016/j.adolescence.2011.07.004

Cappella, J. N., Jamieson, K. H. (1997): Spiral of cynicism: The press and the public good. New York, NY: Oxford University Press.

Delli Carpini, M. X., Keeter, S. (1996): What Americans know about politics and why it matters. New Haven, CT: Yale University Press.

Donsbach, W. (2009): Journalismus als Wissensprofession. Technische und wirtschaftliche Einflüsse erfordern eine neue Definition journalistischer Kompetenz. In: C. Holtz-Bacha, G. Reus, L. B. Becker (Hrsg.), Wissenschaft mit Wirkung. Beiträge zur Journalismus und Medienwirkungsforschung. Festschrift für Klaus Schönbach: 191–204. Wiesbaden: VS.

Donsbach, W. (2010): Journalists and their professional identities. In: S. Allan (Hrsg.), The Routledge companion to news and journalism: 38–48. New York, NY: Routledge.

Donsbach, W., Büttner, K. (2005): Boulevardisierungstrend in deutschen Fernsehnachrichten. Publizistik 50. 21–38.

Donsbach, W., Mothes, C. (2012): The dissonant self: Contributions from dissonance theory to a new agenda in studying political communication. In: C. Salmon (Hrsg.), Communication Yearbook 36: 3–44. New York, NY: Routledge.

Donsbach, W., Rentsch, M., Mothes, C., Walter, C. (2012): If news is that important, it will find me? Nachrichtennutzung und -wissen junger Menschen in Deutschland. Politische Bildung 45. 138–152.

Elenbaas, M., De Vreese, C. H. (2008): The effects of strategic news on political cynicism and vote choice among young voters in a referendum. Journal of Communication 58. 550–567. doi: 10.1111/j.1460-2466.2008.00399.x

Emmer, M., Vowe, G., Wolling, J. (2011): Bürger online. Die Entwicklung der politischen Online-Kommunikation in Deutschland. Konstanz: UVK.

Eveland, W. P. (2001): The cognitive mediation model of learning from the news: Evidence from nonelection, off-year election, and presidential election contexts. Communication Research 28. 571–601. doi: 10.1177/009365001028005001

Eveland, W. P. (2002): News information processing as mediator of the relationship between motivations and political knowledge. Journalism & Mass Communication Quarterly 79. 26–40. doi: 10.1177/107769900207900103

Eveland, W. P., Shah, D. V., Kwak, N. (2003): Assessing causality in the cognitive mediation model. Communication Research 30. 359–386. doi: 10.1177/0093650203253369

Farnsworth, S. J., Lichter, S. R. (2007): The nightly news nightmare: Television's coverage of U.S. presidential elections, 1988–2004 (2. Aufl.). Lanham, MD: Rowman & Littlefield.

Feldman, L. (2013): Learning about politics from The Daily Show: The role of viewer orientation and processing motivations. Mass Communication & Society 16. 586–607. doi: 10.1080/15205436.2012.735742

Feldman, L., Myers, T. A., Hmielowski, J. D., Leiserowitz, A. (2014): The mutual reinforcement of media selectivity and effects: Testing the reinforcing spirals framework in the context of global warming. Journal of Communication 64. 590–611. doi: 10.1111/jcom.12108

Früh, W., Schönbach, K. (1982): Der dynamisch-transaktionale Ansatz. Ein neues Paradigma der Medienwirkungen. Publizistik 27. 23–40.
Hallin, D. C. (1992): Sound bite news: Television coverage of elections, 1968–1988. Journal of Communication 42. 5–24. doi: 10.1111/j.1460-2466.1992.tb00775.x
Harcup, T. (2014): "News with a kick": A model of oppositional reporting. Communication, Culture & Critique, first published online, 22.07.2014. doi: 10.1111/cccr.12059
Hardy, B. W., Gottfried, J. A., Winneg, K. M., Jamieson, K. H. (2014): Stephen Colbert's civics lesson: How Colbert Super PAC taught viewers about campaign finance. Mass Communication & Society 17. 329–353. doi: 10.1080/15205436.2014.891138
Hendriks Vettehen, P. G. J., Hagemann, C. P. M., Van Snippenburg, L. B. (2004): Political knowledge and media use in the Netherlands. European Sociological Review 20. 5. 415–424. doi: 10.1093/esr/jch035
Hollander, B. (2005): Late-night learning: Do entertainment programs increase political campaign knowledge for young viewers? Journal of Broadcasting & Electronic Media 49. 402–415. doi: 10.1207/s15506878jobem4904_3
Iyengar, S. (1991): Is anyone responsible? How television frames political issues. Chicago, IL: University of Chicago Press.
Jackson, D. (2011): Strategic media, cynical public? Examining the contingent effects of strategic news frames on political cynicism in the United Kingdom. International Journal of Press/Politics 16. 75–101. doi: 10.1177/1940161210381647
Jandura, O., Friedrich, K. (2014): Quality of political media coverage. In: C. Reinemann (Hrsg.), Handbook of communication science: Political communication: 351–373. Berlin: De Gryter Mouton.
Jebril, N., Albæk, E., De Vreese, C. H. (2013): Infotainment, cynicism and democracy: The effects of privatization vs. personalization in the news. European Journal of Communication 28. 105–121. doi: 10.1177/0267323112468683
Johnson, T. J., Kaye, B. K. (2003): A boost or bust for democracy? How the web influenced political attitudes and behaviors in the 1996 and 2000 Presidential elections. The Harvard International Journal of Press/Politics 8. 9–34. doi: 10.1177/1081180X03252839
Kaufhold, K., Valenzuela, S., De Zúñiga, H. G. (2010): Citizen journalism and democracy: How user-generated news use relates to political knowledge and participation. Journalism & Mass Communication Quarterly 87. 515–529. doi: 10.1177/107769901008700305
Kim, Y. M., Vishak, J. (2013): Just laugh! You don't need to remember: The effects of entertainment media on political information acquisition and information processing in political judgment. Journal of Communication 58. 338–360. doi: 10.1111/j.1460-2466.2008.00388.x
Knobloch-Westerwick, S. (2014): The selective exposure self- and affect-management (SESAM) model: Applications in the realms of race, politics, and health. Communication Research, first published online, 18.06.2014. doi: 10.1177/0093650214539173
Knobloch-Westerwick, S. (2015): Choice and preference in media use: Advances in selective-exposure theory and research. Mahwah, NJ: Taylor & Francis.
Knobloch-Westerwick, S., Hastall, M. R., Grimmer, D., Brück, J. (2005): „Informational Utility": Der Einfluss der Selbstwirksamkeit auf die selektive Zuwendung zu Nachrichten. Publizistik 50. 462–474.
Knobloch-Westerwick, S., Hoplamazian, G. (2012): Gendering the self: Selective magazine reading and reinforcement of gender conformity. Communication Research 39. 358–384. doi: 10.1177/0093650211425040
Knobloch-Westerwick, S., Johnson, B. K. (2014): Selective exposure for better or worse: Its mediating role for online news' impact on political participation. Journal of Computer-Mediated Communication 19. 184–196. doi: 10.1111/jcc4.12036
Knobloch-Westerwick, S., Meng, J. (2011): Reinforcement of the political self through selective exposure to political messages. Journal of Communication, 61. 349–368. doi: 10.1111/j.1460-2466.2011.01543.x

Köcher, R. (2008): Die junge Generation als Vorhut gesellschaftlicher Veränderungen. http://www.ifdallensbach.de/fileadmin/AWA/AWA_Praesentationen/2008/ AWA2008_Koecher_Junge_Generation.pdf [abgerufen am 31.07.2014].
Krueger, B. S. (2002): Assessing the potential of Internet political participation in the United States: A resource approach. American Politics Research 30. 476–498. doi: 10.1177/1532673X02030005002
Lang, A. (2013): Discipline in crisis? The shifting paradigm of mass communication research. Communication Theory 23. 10–24. doi: 10.1111/comt.12000
Lee, H., Kwak, N. (2014): The affect effect of political satire: Sarcastic humor, negative emotions, and political participation. Mass Communication & Society 17. 307–328. doi: 10.1080/15205436.2014.891133
Lehman-Wilzig, S. N. Seletzky, M. (2010): Hard news, soft news, 'general' news: The necessity and utility of an intermediate classification. Journalism 11. 37–56. doi: 10.1177/1464884909350642
Leung, L. (2009): User-generated content on the internet: An examination of gratifications, civic engagement and psychological empowerment. New Media & Society 11. 1327–1347. doi: 10.1177/1461444809341264
Lewis, S. C., Kaufhold, K., Lasorsa, D. L. (2010): Thinking about citizen journalism: The philosophical and practical challenges of user-generated content for community newspapers. Journalism Practice 4. 163–179. doi: 10.1080/14616700903l5691
Liu, Y.-I., Shen, F., Eveland, W. P., Dylko, I. (2014): The Impact of News Use and News Content Characteristics on Political Knowledge and Participation. Mass Communication and Society 16. 713–737. doi: 10.1080/15205436.2013.778285
Maurer, M. (2003): Politikverdrossenheit durch Medienberichte. Eine Paneluntersuchung. Konstanz: UVK.
Mattheiß, T, Weinmann, C., Löb, C., Rauhe, K., Bartsch, K., Roth, F. S., Spenkuch, S., Vorderer, P. (2013): Political learning through entertainment – only an illusion? How motivations for watching tv political talk shows influence viewers' experiences. Journal of Media Psychology: Theories, Methods, and Applications 25. 4. 2013. 171–179. doi: 10.1027/1864-1105/a000100
McPherson, J. M., Wech, S., Clark, C. (1977): The stability and reliability of political efficacy: Using path analysis to test alternative models. The American Political Science Review. 71. 2. 509–521.
Meckel, M. (2010): Proudly content free. Publizistik 55. 223–229.
Meffert, M. F., Chung, S., Joiner, A. J., Waks, L. Garst, J. (2006): The effects of negativity and motivated information processing during a political campaign. Journal of Communication 56. 27–51. doi: 10.1111/j.1460-2466.2006.00003.x
Mothes, C. (2014): Objektivität als professionelles Abgrenzungskriterium im Journalismus: Eine dissonanztheoretische Studie zum Informationsverhalten von Journalisten und Nicht-Journalisten. Baden-Baden: Nomos.
Nash, J., Hoffman, L. H. (2009): Explaining the gap: The interaction of gender and news enjoyment in predicting political knowledge. Communication Research Reports 26 (2). 114–122. doi: 10.1080/08824090902861556
Neuberger, C. (2012): Journalismus im Internet aus Nutzersicht. Ergebnisse einer Onlinebefragung. Media Perspektiven 1. 40–55.
Parkin, M. (2010): Taking late night comedy seriously: How candidate appearances on late night television can engage viewers. Political Research Quarterly 63, 3–15. doi: 10.1177/1065912908327604
Patterson, T. E. (1993): Out of order: An incisive and boldly original critique of the news media's domination of America's political process. New York, NY: Knopf.
Patterson, T. E. (2007): Young People and News. Faculty Research Working Paper. Cambridge: John F. Kennedy School of Government, Harvard University.
Pedersen, R. T. (2012): The game frame and political efficacy: Beyond the spiral of cynicism. European Journal of Communication 27. 225–240. doi: 10.1177/0267323112454089

Pew Research Center for the People & the Press (2012): Cable leads the pack as campaign news source. Twitter, Facebook play very modest roles. http://www.people-press.org/files/legacy-pdf/2012%20Communicating%20Release.pdf [abgerufen am 31.07.2014].
Pew Research Center for the People & the Press (2014): Beyond red vs. blue: The political typology. http://www.people-press.org/files/2014/06/6-26-14-Political-Typology-release1.pdf [abgerufen am 31.07.2014].
Pingree, R. J., Brossard, D., McLeod, D. M. (2014): Effects of journalistic adjudication on factual beliefs, news evaluations, information seeking, and epistemic political efficacy. Mass Communication and Society, published online, 03.07.2014. doi: 10.1080/15205436.2013.821491
Pingree, R. J., Hill, M., McLeod, D. M. (2012): Distinguishing effects of game framing and journalistic adjudication on cynicism and epistemic political efficacy. Communication Research 40. 193–214. doi: 10.1177/0093650212439205
Prior, M. (2003): Any good news in soft news? The impact of soft news preference on political knowledge. Political Communication 20. 149–171. doi: 10.1080/10584600390211172
Prior, M. (2005): News vs. entertainment: How increasing media choice widens gaps in political knowledge and turnout. American Journal of Political Science 49. 577–592. doi: 10.1111/j.1540-5907.2005.00143.x
Prior, M. (2007): Postbroadcast democracy: How media choice increases inequality in political involvement and polarizes elections. New York, NY: Cambridge University Press.
Prior, M. (2009): Improving media effects research through better measurement of news exposure. Journal of Politics 71. 893–908. doi: 10.1017/S0022381609090781
Reich, Z., Lahav, H. (2011): Are reporters replaceable? Literary authors produce a daily newspaper. Journalism 13. 417–434. doi: 10.1177/1464884911421701
Rentsch, M., Mothes, C. (2013): Journalismus in der Selbstfindung: Der Wandel der öffentlichen Kommunikation zwingt Journalisten zur Präzisierung ihrer gesellschaftlichen Rolle. In: T. Rössing, & N. Podschuweit (Hrsg.), Politische Kommunikation in Zeiten des Medienwandels: 71–100. Berlin & Boston: de Gruyter.
Roth, F. S., Weinmann, C., Schneider, F. M., Hopp, F. R., Vorderer, P. (2014): Seriously Entertained: Antecedents and Consequences of Hedonic and Eudaimonic Entertainment Experiences With Political Talk Shows on TV. Mass Communication and Society 17. 379–399. doi: 10.1080/15205436.2014.891155
Slater, M. D. (2007): Reinforcing spirals: The mutual influence of media selectivity and media effects and their impact on individual behavior and social identity. Communication Theory 17. 281–303. doi: 10.1111/j.1468-2885.2007.00296.x
Smith, A. (2013): Civic engagement in the digital age. http://www.pewinternet.org/files/old-media//Files/Reports/2013/PIP_CivicEngagementintheDigitalAge.pdf [abgerufen am 31.07.2014].
Smith, N. K., Cacioppo, J. T., Larsen, J. T., Chartrand, T. L. (2003): May I have your attention, please: Electrocortical responses to positive and negative stimuli. Neuropsychologia 41. 2. 171–183. doi: 16/S0028-3932(02)00147-1
Strömbäck, J., Shehata, A. (2010): Media malaise or a virtuous circle? Exploring the causal relationships between news media exposure, political news attention and political interest. European Journal of Political Research 49. 575–597. doi: 10.1111/j.1475-6765.2009.01913.x
Stroud, N. J. (2010).: Polarization and partisan selective exposure. Journal of Communication 60. 556–576. doi: 10.1111/j.1460-2466.2010.01497.x
Stroud, N. J., Muddiman, A. (2013): Selective Exposure, Tolerance, and Satirical News. International Journal of Public Opinion Research 25. 271–290. doi: 10.1093/ijpor/edt013
Tedesco, J. C. (2011): Political information efficacy and Internet effects in the 2008 U.S. Presidential Election. American Behavioral Scientist 55. 696–713. doi: 10.1177/0002764211398089
Tewksbury, D. (2005): The seeds of audience fragmentation: Specialization in the use of online news sites. Journal of Broadcasting & Electronic Media 49. 332–348. doi: 10.1207/s15506878jobem4903_5

Tewksbury, D., Hals, M. L., Bibart, A. (2008): The efficacy of news browsing: The relationship of news consumption style to social and political efficacy. Jouralism and Mass Communication Quarterly 85. 257–272. doi: 10.1177/107769900808500203

Trilling, D., Schönbach, K. (2012): Skipping current affairs: The non-users of online and offline news. European Journal of Communication 28. 35–51. doi: 10.1177/0267323112453671

Van Zoonen, L., Muller, F., Alinejad, D., Dekker, M., Duits, L., Van Romondt Vis, P., Wittenberg, W. (2007): Dr. phil meets the candidates: How family life and personal experience produce political discussions. Critical Studies in Media Communication 24. 322–338. doi: 10.1080/07393180701560849

Vowe, G., Emmer, M., Seifert, M. (2007): Abkehr oder Mobilisierung? Zum Einfluss des Internets auf die individuelle politische Kommunikation. In: B. Krause, B. Fretwurst, J. Vogelgesang (Hrsg.), Fortschritte der politischen Kommunikationsforschung: 109–130. Wiesbaden: VS Verlag für Sozialwissenschaften.

Weichert, S. (2011): Der neue Journalismus. Publizistik 56. 363–371.

Westerwick, A., Kleinman, S. B., Knobloch-Westerwick, S. (2013). Turn a blind eye if you care: Impacts of attitude consistency, importance, and credibility on seeking of political information and implications for attitudes. Journal of Communication 63, 432–453. doi: 10.1111/jcom.12028

Wolling, J. (1999): Politikverdrossenheit durch Massenmedien? Der Einfluß der Medien auf die Einstellungen der Bürger zur Politik. Opladen: Westdeutscher Verlag.

Xenos, M., Moy, P. (2007): Direct and differential effects of the Internet on political and civic engagement. Journal of Communication, 57. 704–718. doi: 10.1111/j.1460-2466.2007.00364.x

Young, D. G. (2004): Daily show viewers knowledgeable about presidential campaign, National Annenberg Election Survey shows. http://www.annenbergpublicpolicycenter.org/down loads/political_communication/naes/2004_03_late-night-knowledge-2_9-21_pr.pdf [abgerufen am 31.07.2014].

Young, D. G., Tisinger, R. M. (2006): Dispelling late-night myths: News consumption among late-night comedy viewers and the predictors of exposure to various late-night shows. International Journal of Press/Politics 11. 113–134. doi: 10.1177/1081180X05286042

La información sobre salud en los medios online españoles

Alejandro Navas y José J. Sánchez Aranda

1. Salud y Comunicación

Ha cambiado en nuestros días el modo en que se entienden la salud y la enfermedad. Durante siglos, incluso durante milenios, la humanidad vivió a merced de los más diversos agentes patógenos, de las inclemencias meteorológicas y de una naturaleza hostil o, cuando menos, indómita, por no hablar de los peligros emanados de los propios congéneres. La mortalidad infantil era muy elevada y la esperanza de vida, más bien corta. La existencia estaba frecuentemente amenazada, de modo que sobrevivir era una suerte, un regalo de los dioses o del destino.

Este panorama cambia radicalmente con el siglo XX. Los avances de la ciencia y de la tecnología llegan a la medicina y permiten derrotar a los azotes clásicos de la humanidad –peste, cólera, infecciones, hambre– e incluso la propia muerte parece ceder terreno. La salud pasa de ser el regalo aleatorio de una lotería que escapa al control humano a convertirse en una auténtica conquista. Expresión de este nuevo clima de opinión es la propia definición de salud adoptada por la OMS en su carta fundacional (1946): "Completo bienestar físico, psíquico y social, y no sólo la ausencia de enfermedad o achaque". Esta atrevida formulación trasluce el optimismo y la confianza en sí mismo del Occidente que ha salido triunfador de la Segunda Guerra Mundial y se dispone a poner en marcha el Estado del Bienestar.

En los decenios posteriores a la guerra, Occidente conoce un desarrollo económico espectacular, y las nuevas condiciones sociales refuerzan ese modo de entender la salud. El bienestar corporal y la salud, y luego la belleza, se convertirán con el tiempo en ingredientes de la felicidad a la que todos se consideran acreedores. La lógica del sistema democrático instaurará una espiral de promesas y demandas que no conocerá más límite que la bancarrota del sistema (posibilidad que hoy parece más cercana que nunca). La ciencia y la tecnología puestas al servicio de la salud aseguran que se trata de un objetivo asequible. El Estado irá dedicando recursos cuantiosos a la sanidad, y el sector biomédico se expande hasta límites insospechados. El concepto de enfermedad se dilata, para incluir cada vez más fenómenos que antes se consideraban normales y ahora adquieren carácter patológico: la menstruación, el embarazo, la menopausia o el envejecimiento.

Hay muchos actores interesados en la continua expansión del sector sanitario. Por ejemplo, la identificación y definición de nuevos síndromes permite crear nuevas especialidades médicas: están por medio la asignación de plazas y de los correspondientes recursos en centros hospitalarios y de enseñanza; la aparición de nuevas publicaciones; la organización de congresos; la dotación de fondos públicos y privados para la investigación; en su caso, la puesta en práctica de medidas preventivas; la creación de nuevas asociaciones de pacientes. Todos salen ganando, aunque luego sean los mismos contribuyentes los que financien ese nuevo incremento del gasto.

Ha cambiado la manera en que los occidentales conciben la salud y se enfrentan a la enfermedad. Ya queda muy poco de la pasiva sumisión a la voluntad del destino o al designio divino, propia del pasado. La medicina científica, aliada con el poder político y la economía de la salud, promete curación para casi todos los males. Y si hay patologías que se resisten, como sucede todavía con el cáncer, el sida o las demencias seniles, todo se arreglará en cuanto gobierno e industria dediquen más fondos a la correspondiente investigación. La gente ya no se resigna con su suerte y pide o incluso exige curación. La del médico sigue siendo la profesión más admirada, pero ha cambiado de modo notable la actitud de los pacientes. Tiende a desaparecer la tradicional veneración por la bata blanca y ahora se ven actitudes más propias de clientes o de votantes exigentes, que amenazan con los tribunales si se consideran defraudados. La confianza ilimitada y el agradecimiento por parte del enfermo y la entrega y la solicitud benevolente por parte del médico dan paso a la desconfianza mutua. La creciente judicialización lleva a una atención médica cada vez más defensiva, con el consiguiente incremento del gasto (y de las listas de espera).

Este proceso adquiere un curioso carácter paradójico. De una parte, el moderno parece haberse emancipado de las patologías clásicas y haber tomado el mando de la propia vida, ayudado por la ciencia y el aparato sanitario; pero, de otra parte, se vuelve cada vez más dependiente de los diagnósticos y tratamientos de la clase médica y farmacéutica, a cuya tutela somete todos sus pasos. Entender la salud como conquista y derecho modifica de raíz el planteamiento básico de la medicina. Ya no se trata de curar la enfermedad para recuperar la salud dentro de lo posible, o paliar el dolor, según la máxima clásica –"primero, no hacer daño; luego, sanar, aliviar, consolar"–; ahora la máquina sanitaria se pone al servicio de una finalidad distinta: el logro de la perfección, correlato físico de la felicidad.

Otro aspecto de esa misma tendencia lo constituye la lucha contra el envejecimiento. Los mayores ya no son ancianos inservibles, carne de cañón para la funeraria, sino un sector creciente, con un correlativo peso político –la simple aritmética del voto– y con una considerable capacidad de gasto, que la economía contempla con avidez. Las tornas han cambiado, y el primado de la iconografía juvenil se tambalea. Los mayores pasan a ocupar el centro de la atención pública, y se habla de best age, de anti aging o, al menos, de arrested aging. La geriatría se constituye en una de las especialidades médicas más demandadas, y sus representantes más destacados se han propuesto nada menos que neutralizar el proceso de envejecimiento y acercarse a la inmortalidad.[1]

Está por ver el desenlace de esta revolución biomédica, en la que se integran los hallazgos de las disciplinas clásicas y los de otras emergentes, como la nanotecnología, la proteómica y la genómica. La aparición de efectos perversos es una de las características inseparables de los más prometedores progresos. Ya Ivan Illich denunciaba en los años setenta que la búsqueda de la salud se había convertido en el principal factor patógeno.[2] Nunca se había gastado tanto dinero y esfuerzo en salud, y cuando parecía que estábamos a punto de tomar posesión de Jauja, se multiplican los problemas de modo desconcertante. La obsesión por la salud se convierte en una auténtica enfermedad. Es normal que expectativas demasiado elevadas terminen generando frustración. Cuanto mayor es el gasto sanitario, más alta es la probabilidad de que los ciudadanos se consideren enfermos.[3] Hemos derrotado a los viejos azotes de la humanidad, pero surgen nuevos peligros, asociados en este caso a estilos de vida: sedentarismo que genera sobrepeso y obesidad; tabaco, droga y alcohol; promiscuidad sexual que hace surgir patologías nuevas como el sida o resucita antiguas que parecían superadas, como la sífilis, lo que obliga a acuñar el nuevo término "infecciones de transmisión sexual" (ITS); competitividad y presión, que producen estrés y otros trastornos psiquiátricos. Nunca una población tan sana se sintió tan enferma. La OMS estima que cerca de la mitad de las medicinas que se recetan, se dispensan o se utilizan de una forma inadecuada. La automedicación se ha convertido en una auténtica pandemia.

Crecen la preocupación y el malestar entre los diversos responsables de la salud: políticos, médicos, farmacéuticos, también entre los propios pacientes.[4] Y como es típico de cualquier situación de crisis, las quejas y los reproches van subiendo de tono y se convierten en auténticas acusaciones y amenazas. ¿Cómo afrontar esta crisis y escapar de las paradojas perversas?

Hemos trazado con unas cuantas pinceladas gruesas un esbozo del ámbito sanitario. Si la salud es lo que más preocupa a los ciudadanos, es también la partida más importante en los Presupuestos del Estado. En consecuencia, los temas sanitarios ocupan con frecuencia el centro del debate político. La clase política y el personal

---

[1] Cfr. Gray, J. (2011): The Inmortalization Commission. Science and the Strange Quest to Cheat Death. London / Allen Lane. Sabisch-Fechtelpeter, K.; Sieben, A.; Straub, J. (Hg.) (2012): Menschen machen. Die hellen und die dunklen Seiten humanwissenschaftlicher Optimierungsprogramme. Bielefeld / Transcript Verlag
[2] Cfr. Illich, I. (1977): Limits to Medicine. Medical Nemesis: The Expropiation of Health. Harmondsworth / Penguin
[3] Ya es conocida la importancia de los medios de comunicación para la creación de imágenes por parte del público acerca de las enfermedades. Cfr. King, M; Watson, K. (eds.) (2005): Representing Health: Discourses of Health and Illness in the Media. New York / Palgrave Macmillan.
[4] Cfr. Frank, G. (2013): Schlechte Medizin. Ein Wutbuch. München / Knaus Verlag.

sanitario descubren de repente la importancia de la comunicación. Ante costes sanitarios disparados, se cae en la cuenta de que la prevención permite ahorrar mucho dinero de atención médica, y resulta evidente que prevenir es comunicar. Se trata de hacer llegar mensajes persuasivos a la población en general o a grupos sociales en particular para lograr que adopten estilos de vida saludables. De esta forma, la política busca a la comunicación. Lo mismo ocurre con el personal sanitario, que abandona su tradicional reserva para descender a la arena pública y explicar el sentido de su tarea. Los medios de comunicación se convierten así en promotores de la salud[5]. Si los médicos quieren recursos, para investigación o para la asistencia a los pacientes, tienen que dar cuenta ante la opinión pública, como es propio de un régimen democrático. Este proceso de acercamiento es gradual, por lo que las antiguas tensiones no desaparecen de golpe y en ocasiones se hacen patentes.[6]

Al igual que ocurre en otros ámbitos sociales, la aparición de Internet ha cambiado notablemente la situación. También en el sector sanitario se produce un efecto que podemos llamar democratizador. Los ciudadanos en general y los pacientes en particular buscan información sobre salud en la red. Este es, sin duda, uno de los factores que han contribuido a cambiar la relación entre enfermos y médicos.[7] Con mucha frecuencia, los pacientes llegan a la consulta del médico informados sobre su patología, y no se conforman con cualquier diagnóstico o tratamiento. Invocan lo que han visto en las fuentes online para exigir más. Se produce así un empoderamiento de los pacientes, que lleva a los médicos a una posición crecientemente defensiva.[8]

Resulta obligado que los medios de comunicación se hagan eco de esta situación y presten un espacio creciente a la problemática sanitaria.[9] Han ido surgiendo publicaciones especializadas en salud y, a la vez, los medios tradicionales han ido incorporando secciones, páginas especiales o suplementos de salud. No se trata de una decisión graciosa o supererogatoria, sino de algo vital si esos medios pretenden satisfacer las demandas de sus audiencias. A pesar de conocer, incluso con detalle, las preferencias de sus lectores, la prensa tradicional responde con lentitud y, en ocasiones, de modo más bien cicatero a los deseos de su público. De una parte, los editores siguen apegados a un tipo de información, centrada en la política partidista,

---

[5] Cfr. Ahmed, R.; Bates, B. R. (eds.) (2013): Health Communication and Mass Media. An Integrated Approach to Policy and Practice. Surrey / Gower Publishing
[6] Cfr. Ahmed, R.; Bates, B. R. (eds.) (2013): Health Communication and Mass Media. An Integrated Approach to Policy and Practice. Surrey / Gower Publishing.
[7] Ya lo señaló Friedman, L. D. (2004): Cultural Sutures: Medicine and Media. Durham / Duke University Press.
[8] Cfr. Cline, R.J.W.; Haynes, K. M. (2001): Consumer health information seeking on the Internet: The estate of the art. En: Health Education Research, 16 (6), 671-692.
[9] Cfr. Seale, C. (ed.) (2004): Health and the Media. Oxford / Wiley-Blackwell; Tabakman, R. (2011): La salud en los Medios: Medicina para Periodistas. Periodismo para Médicos. Create Space Independent Publishing Platform; y Gupta, A.; Sinha, A. K. (2010): Health Coverage in Mass Media: A Content Analysis. En: Journal of Communication, 1, (1): 19-25.

que interesa sólo a una minoría de iniciados y aburre al gran público. Una inercia de siglos parece impedir a los responsables de los periódicos abandonar modos de hacer obsoletos y escuchar las demandas de sus lectores. De otra parte, organizar equipos o redacciones expertos en salud resulta caro y, a corto plazo, puede parecer poco rentable. De ahí que muchos medios vacilen a la hora de apostar por secciones especializadas, o terminen cerrándolas si la situación económica obliga a racionalizar el gasto. Ante la lentitud con que los medios tradicionales dan a la salud el espacio y los recursos que la audiencia reclama, surgen nuevas ofertas en la red. Y el volumen de datos relativos a la salud presente en Internet no hace más que aumentar.

La coyuntura que atraviesan tanto el mundo de la comunicación como el de la salud justifican este estudio sobre el modo en que se trata la salud en los medios online, un campo de importancia creciente todavía poco explorado.[10]

2. Metodología aplicada

A lo largo de los años se han empleado diferentes técnicas para analizar los mensajes informativos. Las escuelas teóricas han establecido una disputa acerca de si son mejores los criterios cualitativos o los cuantitativos. Parece que esta es una discusión bizantina, pues tanta validez pueden tener unos métodos como otros, y lo que interesa es escoger aquellos que resulten más pertinentes para cada caso.

Cuando se quiere estudiar cómo es el tratamiento que los medios de comunicación dan a una figura política, a un problema social o a cualquier otro aspecto, el análisis de contenido cuantitativo se presenta como un recurso habitual.

En nuestro caso, hemos de destacar algunas ventajas del método con respecto a otros. En primer lugar, es útil a la hora de realizar mediciones objetivas, de extraer conclusiones que se expresan de forma concreta en frecuencias y porcentajes, muy fructíferas a la hora de describir estadísticamente la realidad que se observa. En segundo lugar, permite hacer comparaciones en los mismos términos, lo cual facilita los estudios de tipo diacrónico y ver, por lo tanto, la evolución en el tiempo. En tercer lugar, ya está validado por la comunidad científica centrada en el estudio de la comunicación y la salud. Y, por último, la existencia de bases de datos y estadísticas que cuantifican aspectos de la realidad facilita la comparación entre lo publicado y lo que realmente sucede.

---

[10] Cfr. Murero, M. (ed.) (2006): The Internet and Health Care: Theory, Research and Practice. London / Lawrence Erlbaum Associates; y Hagglund, K. J.; Shigaki, C. L.; McCall, J. G. (2009): New Media: A third force in health care. En: Parker, C.; Thorson, E. (ed) (2009) 417-436. New York / Springer Publishing Company. Específicamente sobre el uso de redes sociales, véase Khan, A. S. (2010): The next public health revolution: Public health information fusion and social networks. En: American Journal of Public Health, 100 (7), 1237-1242.

A la luz de esas evidencias, resultaba lógico hacer un análisis de contenido cuantitativo, como una manera de obtener una especie de foto fija del tema que es objeto de nuestro interés.

2.1. Diseño de la muestra

Son muchos los motivos para pensar que la información sobre salud cada vez va a estar más presente en los medios digitales. Los medios tradicionales están incluyendo cada vez más noticias sobre salud en sus versiones online, siguiendo la tendencia que se aprecia en las ediciones en papel, que dan más cobertura a este tema. Por último, las dificultades que se podían presentar hace años para realizar análisis de contenido de los nuevos medios se han ido superando y hoy en día se ha avanzado enormemente en las técnicas que deben aplicarse y los resultados muestran que es posible profundizar en el conocimiento de cómo es la cobertura informativa que nos interesa.

En función de la naturaleza de los medios hemos identificado tanto los nativos digitales como los surgidos a partir de los considerados como tradicionales, diarios y revistas que se ocupan de la información sobre salud. Las unidades de análisis que componen la muestra han sido seleccionadas de acuerdo a unas pautas que comentamos a continuación.

La recopilación de las unidades de análisis ha sido realizada por un equipo entrenado al efecto, para hacer las capturas y realizar el posterior análisis. El equipo constituido se ha encargado de revisar todos los medios empleados para este trabajo y ha seleccionado aquellas unidades en las que se hacían referencia a los dos temas que han servido para delimitar el estudio:

1. Día Mundial de la Malaria, 25 de abril de 2010 y de 2013
2. Día Mundial de la Diabetes, 14 de noviembre de 2010 y de 2013

Pretendíamos comparar si se había producido una evolución y de ahí que hiciéramos un estudio similar con una muestra parecida tres años después de la inicial de 2010.

2.2. Notas peculiares de la información online sobre salud

Por la amplitud del tema, era necesario acotar de una manera bien determinada el terreno que se iba a desbrozar. Como eran varias las vías que se podían recorrer parecía conveniente diferenciar entre los contenidos y los aspectos técnicos. Es decir, se trataría de abordar las peculiaridades de las noticias desde la perspectiva de qué es lo que se dice: los temas abordados, los protagonistas, las personas afectadas, etc. Por otra parte, habría que prestar atención a cómo se dice, a qué recursos expresivos se emplean: empleo de fotografías, criterios de edición...Específicamente, debe restarse atención a aquellos elementos que incorpora Internet a la función comunicativa y aquí se incluyen tanto las peculiaridades propias del nuevo medio (por ejemplo, la facilidad para que el público participe, a través de los comentarios que se incorporan en las ediciones digitales) como los recursos nuevos, como son los enlaces a otros sitios, a podcasts, etc.

Con el objetivo general de conocer cómo es la información sobre salud en Internet, nos hemos planteado las siguientes preguntas:

- - Hi1: ¿cuáles son las peculiaridades de la cobertura multimedia?
- - Hi2: ¿qué notas características poseen los enlaces y relación con otros sitios relevantes?
- - Hi3: ¿cómo es la especialización de los redactores?
- - Hi4: ¿cuál es el grado de participación de los lectores?
- - Hi5: ¿qué fuentes suelen emplearse?
- - Hi6: ¿cuáles son los temas abordados de forma específica?

2.3. Variables analizadas

Para explicar cómo se ha compuesto, recogemos el código agrupado conforme a las hipótesis:

- cómo es la cobertura multimedia: tipo de sección y géneros combinados.
- características que poseen los enlaces y relación con otros sitios relevantes: elementos incorporados a la edición electrónica, uso de elementos audiovisuales y gráficos (vídeos, *podcasts*, infografías y fotos) y caracterización de los enlaces.
- especialización de los redactores: aparición de terminología científica, tipo de lenguaje y explicaciones, cualificación genérica, rigor, comprensibilidad e interés.
- participación de los lectores: aparición de comentarios de los internautas y su cuantificación.
- fuentes que suelen emplearse: caracterización de las fuentes según el origen y contraste de la información.
- temas abordados de forma específica: temas, enfermedades, investigadores, casas farmacéuticas y tipo de estudio.

Además de las variables mencionadas, en el código también se recogen otras (como género o sección) que ayudan a cualificar la información de acuerdo a criterios estrictamente periodísticos.

2.4. Las unidades de análisis

Nuestro objetivo de estudiar la cobertura suponía analizar un conjunto de ediciones digitales y escoger aquellas noticias que se refirieran a los dos acontecimientos señalados (Día Mundial de la Malaria y Día Mundial de la Diabetes). Hemos seleccionado aquellos artículos en las tres semanas que están en el entorno de cada uno de esos acontecimientos. Se aplicaron unos criterios cronológicos que parecían los más pertinentes para el caso.

Se empleó como herramienta de búsqueda el motor de búsqueda MyNews, con el que fue posible recuperar cada uno de los artículos que contenían referencias a las mencionadas enfermedades. Se hizo una captura de cada unidad que permitiera guardar no sólo el texto, sino los otros elementos incluidos en la edición correspondiente.

El criterio de selección suponía que se aplicaban conceptos diferentes a los que suelen emplearse a la hora de manejar periódicos impresos. En el caso de la prensa impresa, el modo de operar es determinar qué palabras clave son las que hay que buscar en los titulares o en el lead. En nuestro caso, la selección inicial tras la búsqueda correspondiente incluía algunos elementos que no eran pertinentes por tratarse, por ejemplo, de anuncios que hacían referencia a determinados tratamientos de enfermedades. En esos casos, por supuesto, tales unidades fueron eliminadas de la muestra final.

2.5. Tamaño de la muestra obtenida

El total de unidades halladas es de 745. Esa cifra se considera adecuada para el tratamiento estadístico habitual. Al no disponer de otros estudios similares al nuestro, no es posible comparar con otras cifras.

Sí que podemos aplicar ese método comparativo al tener en cuenta la atención prestada a cada uno de los dos momentos, ya que en los dos casos trabajamos con el mismo arco de tiempo: tres semanas. En este sentido, la distribución de piezas periodísticas encontradas es la que se recoge en la tabla:

Enfermedad	N	Porcentaje
Malaria	335	45
Diabetes	410	55

Tabla 1: Número y porcentaje de unidades analizadas (Fuente: elaboración propia)

Téngase en cuenta que, en realidad, se trataba de dos fechas especiales, pues eran dos días mundiales, uno de la malaria y otro de la diabetes. Precisamente, la finalidad que tienen esos acontecimientos es provocar que se den noticias y atraer así la atención del público. El que sea mayor el porcentaje de los escritos sobre la diabetes que el de la malaria cabe atribuirlo a que los usuarios de los medios estudiados pueden ver más cercana esa primera enfermedad, pues la segunda tiene una prevalencia fundamentalmente en países alejados geográficamente.

3. Resultados y comentarios

3.1. Características de la cobertura

Por seguir el orden establecido inicialmente, aparecen a continuación los resultados referidos a las características de la cobertura informativa. Se han incluido tanto las características específicas de los medios digitales como también algunas generales, válidas para cualquier medio periodístico.

Consideraremos la muestra como un conjunto y no distinguiremos entre 2010 y 2013, pues los resultados son prácticamente iguales: no ha habido una variación digna de más comentarios.

Como cabía suponer, la cobertura que hallamos en Internet sobre las cuestiones de salud es básicamente noticiosa, ya que el 85,6% de las piezas analizadas resultan ser noticias. Además, hay otras modalidades que también acentúan ese carácter informativo pegado a la actualidad, como la fotonoticia, videonoticia, el reportaje o la crónica.

Por el contrario, parece que tienen menos cabida en las ediciones digitales las otras modalidades relacionadas con la opinión. Los artículos de opinión quedan en el 3,1%, los editoriales y entrevistas no suponen un porcentaje apreciable, ya que ambos sólo llegan al 2,4% del total. El resto queda por debajo del 2%.

En la cobertura que analizamos, la mayoría de las unidades seleccionadas se encuentran en la edición común, sin diferenciarse de otras que traten temas distintos de salud. Sólo el 11,7% se halla en suplementos especiales. La valoración de este dato es sencilla: la información sobre salud se incluye como un contenido más dentro del caudal informativo que se da a través de Internet y es una parte de lo que se considera noticias de interés para un lector medio.

Género de las unidades	N	Porcentaje
Noticia	638	85,6
Fotonoticia	8	1,1
Entrevista	18	2,4
Reportaje	14	1,9
Crónica	10	1,3
Artículo	23	3,1
Columna	6	,8
Artículo editorial	18	2,4
Infografía	1	,1
Vídeonoticia	9	1,2
Total	745	100

Tabla 2: Géneros periodísticos (Fuente: elaboración propia)

Tipo de sección	N	Porcentaje
Suplemento especial	87	11,7
Sección diaria	658	88,3
Total	745	100

Tabla 3: Tipo de sección (Fuente: elaboración propia)

Como la mayoría de piezas analizadas son de tipo informativo, al ser noticias fundamentalmente, se explica que la actualidad sea la que predomine con un 79,7% del total. Es cierto que las características propias de los dos momentos escogidos llevan a que la revisión (es decir, los escritos en los que se revisa el desarrollo de una enfermedad o cómo ha evolucionado) tenga una apreciable cabida, con un 12,1%. Es lógico que una parte de la información sobre salud se dedique a hacer balance sobre cómo evoluciona una enfermedad.

El que se encuentre un 6,3% de unidades calificadas como atemporales resulta interesante pues, aunque no es una cantidad ciertamente muy alta, muestra cómo en la información sobre salud se incluyen contenidos que ayudan a contextualizar y a tener una visión más profunda. No es solamente la actualidad inmediata el criterio periodístico empleado y esto podría ser una buena señal de que se aportan contenidos complementarios que dan más perspectiva a quien lea, escuche o vea.

Relación cronológica	N	Porcentaje
Actualidad	594	79,7
Revisión	90	12,1
Atemporal	47	6,3
Otra	14	1,9
Total	745	100

Tabla 4: Relación cronológica (Fuente: elaboración propia)

La mayoría de las piezas analizadas están localizadas geográficamente en España (suponen el 74,4% del total). No sorprende esa cifra si la miramos desde esa perspectiva localista de los medios analizados. También es lógico que sea Estados Unidos el segundo país, puesto que dos de los cuatro acontecimientos considerados se celebraron en Estados Unidos. Además no hay que dejar de señalar el protagonismo de ese país en el ámbito de la medicina. El que el 93,9% de esas unidades periodísticas se encuentren ubicadas en los países más desarrollados indica que no se presta mucha atención a realidades que tengan escasa presencia en esos ámbitos, como es el caso de la malaria. Incluso la mayoría de las noticias relacionadas con esta enfermedad se localizaron en España porque se centraban en actos relacionados con el día mundial y que se llevaron a cabo en este país.

Localización	N	Porcentaje
España	538	74,4
Estados Unidos	39	5,4
Otros países europeos	69	9,5
Resto de países.	77	10,7
Total	745	100

Tabla 5: Localización de las unidades periodísticas analizadas (Fuente: elaboración propia)

Por último, hemos de referirnos a unas categorías incluidas en el código y que califican a la cobertura periodística en términos generales. La calificación de un determinado escrito como positivo, negativo o neutro es fácil en muchos casos. Se trata de ir avanzando en uniformar el modo de calificar cuando el juicio no es tan claro. Esta es la tarea de quienes hicieron la codificación. De tal forma, esas variables valorativas fueron perfilándose a lo largo de la tarea de codificación y así se solventó el problema de la disparidad de criterios.

Esas personas que analizaron los contenidos podían considerarse como lectores medios, como representantes adecuados de quien se enfrenta a esos medios digitales sin poseer una formación superior en temas de salud. Por lo tanto, se midió cuál era la impresión general que ofrecía la lectura de las piezas en cuestión.

Los resultados finales nos muestran un cuadro que vendría caracterizado por tratarse de una cobertura periodística predominantemente positiva (48%), rigurosa (85,5%), comprensible (98,7%) e interesante (92,9%). En un apartado posterior se hará referencia a otras variables centradas en la especialización de los periodistas y se podrán entender mejor los cuadros aquí presentados. Ahora lo que comentamos viene a ser la impresión general del público cuando se enfrenta a las noticias referidas a salud y, por eso, es esta valoración la que mide la percepción que tiene quien está al final del proceso informativo. Como vemos, se puede afirmar que la valoración es alta y positiva en líneas generales.

Localización	N	Porcentaje
Positiva	357	48,0
Negativa	223	30,1
Neutra	165	21,9
Total	745	100

Tabla 6: Cualificación general de las unidades periodísticas (Fuente: elaboración propia)

Cualificación de la cobertura	Rigurosa	Comprensible	Interesante
Sí	85,5	98,7	92,9
No	14,5	1,3	7,1
Total	100	100	100

Tabla 7: Cualificación de la información (Fuente: elaboración propia)

3.2. Enlaces y otros elementos, y grado de participación de los internautas

El 21,6% de las unidades que componían la muestra estaba enlazado con otros sitios en la red. Se puede decir, a la vista de ese porcentaje, que ese recurso se da con relativa frecuencia y cabe suponer que siga aumentando. No se ha medido la calidad de esas webs con las que se conectan las piezas informativas, pues es evidente que pueden ser de muy diferente calidad e interés. En cualquier caso, el recurso de enlazar aún será más explotado en el futuro.

La información sobre salud en los medios online españoles 137

Enlace a otras webs	N	Porcentaje
Sí	161	21,6
No	584	78,4
Total	745	100

Tabla 8: Enlace a otros sitios web (Fuente: elaboración propia)

Puede observarse que el grupo mayor es el de las que estaban conectadas con un sitio, que suman el 7,6% de las que poseen ese elemento. Los porcentajes van disminuyendo según aumenta el número de sitios, aunque esta regla se rompe en el último grupo –el que corresponde a cinco–, si bien tampoco esta diferencia es muy destacable. Esa tendencia a ir disminuyendo se puede considerar lógica y cabía suponer que así debía de ser en una consideración a priori de este punto. En conjunto la media de enlaces en aquellas piezas informativas en que hay esas conexiones es de 2,2.

Número de enlaces	N	Porcentaje
1,00	57	7,6
2,00	23	3,1
3,00	26	3,4
4,00	17	2,2
5,00	25	3,3
6,00	7	0,9
Más de 6	11	1,4
No tienen enlace	579	77,7
Total	745	100

Tabla 9: Número de enlaces (Fuente: elaboración propia)

Con la variable centrada en el destino de los enlaces es posible aquilatar más la calidad de la que venimos hablando. Se contemplaba la posibilidad de que el destino de la conexión fuera la misma publicación –y por eso se utilizó el término de autorreferenciales– u otros sitios que se pudieran encontrar en Internet. El hecho de que el 83,3% de esos enlaces fueran del primer tipo, es decir, que llevaran a otros lugares incluidos en el sitio del medio digital en cuestión, lleva a pensar que no se han sid utilizado tanto para hacer accesible información especializada externa a la edición digital, como para guiar a quien lo lea a encontrar otras noticias propias relacionadas.

Destino de los enlaces	N	Porcentaje
Autorreferenciales	120	83,3
A otros sitios web	24	16,7
Total	144	100

Tabla 10: Destino de los enlaces (Fuente: elaboración propia)

En las publicaciones digitales se han incorporado, desde el principio, los recursos y además se ha incrementado su número por las facilidades que ofrecen los nuevos medios, que pueden, por ejemplo, incluir galerías y referencias exclusivas a fotos que acompañan al texto escrito. Primero nos acercaremos a los resultados que ofrece el análisis referido al uso de los géneros combinados, luego a fotografías e infográficos, y después será el turno de otros recursos que acercan esas ediciones digitales a otros medios tradicionales, como son la radio y la televisión.

No llegan a la mitad (es el 44,8%) las piezas informativas que emplean géneros combinados. De ellas, las que predominan son las que siguen la fórmula clásica de la prensa escrita, cuando contiene elementos gráficos, es decir, noticia con imagen, que es un 96,7% del total. Téngase en cuenta que el audio o la imagen que aquí se consideran tienen que ser parte de la noticia. En el caso de que estos elementos fueran un elemento de acompañamiento suplementario, no se consideraban como combinados.

Géneros combinados	N	Porcentaje
Combinados (noticia + audio + imagen)	1	0,001
Combinados (noticia + audio)	10	0,19
Combinados (noticia + imagen)	323	96,7
Total	334	100

Tabla 11: Géneros combinados (Fuente: elaboración propia)

El 42,1% de la muestra de las unidades analizadas incluye el uso de fotografía. Respecto a una cobertura de prensa escrita esa cifra resulta muy alta y parece que se explica por la facilidad relativa para incluirlas, si las comparamos con medios impresos. Por supuesto que estamos hablando de imágenes en color, que realza más tal elemento gráfico. Por eso, cabe afirmar que es más abundante el uso de fotografías en las ediciones digitales que en las publicaciones de diarios y de revistas.

Fotografías	N	Porcentaje
Sí	314	42,1
No	431	57,9
Total	745	100

Tabla 12: Aparición de fotografías (Fuente: elaboración propia)

Del total de unidades en las que aparecían fotografías, el 66,6% había empleado los recursos del propio periódico, el 23,8% tenía su origen en otro medio y el 9,6% había sido enviado por iniciativa de personas que lo hacían a título personal, y se supone que sin recibir remuneración alguna. Volveremos sobre esta última cifra ya que nos interesa a fin de medir la interacción entre el medio y su público.

Origen de las fotografías	N	Porcentaje
Del propio periódico	29	66,6
De otro medio	75	23,8
De usuarios	30	9,6
Total	314	100

Tabla 13: Origen de las fotografías (Fuente: elaboración propia)

En relación con la infografía poco podemos comentar, ya que estamos hablando de unas cantidades muy pequeñas. De las 745 unidades que sirvieron de muestra, sólo 14 incluían este elemento, que tampoco abunda en las ediciones impresas de las publicaciones.

Respecto a los elementos audiovisuales, son más frecuentes los vídeos que los podcasts, dentro de unas cifras modestas. Los 22 vídeos incluidos en las piezas analizadas suponen algo menos del 2,9%, mientras que los 7 archivos de audio no alcanzan el 0,9%. No se puede decir mucho más, aparte de que tiene más presencia el recurso de imagen en movimiento que el de puro sonido.

Al considerar cuál es el origen de esos recursos empleados, llama la atención que la producción ajena resulta en proporción alta en el caso de los vídeos, ya que son 7 sobre los 14 recogidos. Parece que no es fácil incluir elementos de producción propia, a pesar de que muchas de las empresas periodísticas que son responsables de las ediciones digitales o bien poseen medios audiovisuales o bien mantienen acuerdos con alguno de ellos. Para los podcasts sólo basta con indicar que casi todos son de producción propia.

Fotografías	N	Porcentaje
Sí	22	3
No	723	97
Total	745	100

Tabla 14: Aparición de vídeos (Fuente: elaboración propia)

Origen de los vídeos	N	Porcentaje
Producción propia	14	63,6
Producción ajena	7	31,8
De usuarios	1	4,5
Total	22	100

Tabla 15: Origen de los vídeos (Fuente: elaboración propia)

Podcasts	N	Porcentaje
Sí	7	0,9
No	738	99
Total	745	100

Tabla 16: Aparición de podcasts (Fuente: elaboración propia)

Origen de los *podcasts*	N	Porcentaje
Producción propia	6	85,7
Producción ajena	1	14,3
Total	7	100

Tabla 17: Origen de los podcasts (Fuente: elaboración propia)

Una de las formas de interactuar con el medio consiste en enviar comentarios que se publican, con la correspondiente etiqueta, en la misma edición que incluye la noticia. Se han encontrado comentarios en un 7,1% del total de unidades analizadas. Si se puede medir el grado de participación e interés de las personas que han leído esas informaciones por el número de comentarios, la tabla en la que se recoge esos porcentajes muestra cómo la gran mayoría de las veces en que encontramos presencia de la opinión de la audiencia es la cifra más baja, entre 1 y 10 comentarios.

Comentarios de los internautas	N	Porcentaje
Sí	53	7,1
No	692	82,9
Total	745	100

Tabla 18: Comentarios de los internautas (Fuente: elaboración propia)

Número de comentarios	N	Porcentaje
Menos de 10	37	73,5
Entre 10 y 20	6	13,2
Más de 20	7	13,3
Total	53	100

Tabla 19: Número de comentarios de los internautas (Fuente: elaboración propia)

3.3. Especialización de los redactores

Casi la mitad de las noticias procede de agencias (48,5%). Este elevado porcentaje revelaría una escasa elaboración propia. Al margen de este hecho concreto, se puede afirmar que estamos ante un problema que afecta a la casi totalidad de los medios españoles, online y también en papel: la falta de periodistas especializados. Las plantillas están bastante ajustadas, con tendencia a la disminución del número de redactores empleados, como consecuencia de la crisis económica, y no hay lugar para periodistas especializados, ni siquiera cuando se trata de temas como la salud, que interesan positivamente a buena parte de los lectores.

Origen de la notica	N	Porcentaje
Agencia	361	48,5
Medio	218	28,3
Usuriaos	7	,9
Periodista identificado	159	21,3
Total	745	100

Tabla 20: Origen de la notice (Fuente: elaboración propia)

Contrastar la información parece una muestra clara de buen periodismo. Llama la atención que no se haga en un 40,1% de los casos. Este porcentaje, relativamente elevado, resulta aceptable si tenemos en cuenta que buena parte de las noticias se limitan a dar cuenta de hechos nada controvertidos, como es la celebración de los días mundiales de las dos enfermedades que nos ocupan.

Contraste de la información	N	Porcentaje
Sí	446	59,9
No	299	40,1
Total	745	100

Tabla 21: Contraste de la información (Fuente: elaboración propia)

En casi dos tercios de los casos, el 61,6%, se puede entender el contenido de las noticias sin que sea necesario contar con especiales conocimientos médicos. Este dato revela el esfuerzo por divulgar y ponerse a la altura del gran público, que no cuenta con esa formación especializada. A la vez, viene facilitado por lo que se decía en el comentario anterior: comunicar que se celebra el día mundial de una enfermedad no requiere especial formación por parte de los lectores.

Supera conocimiento genérico	N	Porcentaje
Sí	286	38,4
No	459	61,6
Total	745	100

Tabla 22: Supera un conocimiento genérico (Fuente: elaboración propia)

Predomina el lenguaje no especializado en el 87,1% de los casos, lo que se explica por las circunstancias mencionadas anteriormente: esfuerzo divulgador, contenido meramente fáctico de buena parte de las noticias. De todos modos, se podría haber esperado una mayor presencia de lenguaje técnico pues, al fin y al cabo, se está informando de asuntos especializados. La medicina actual se puede calificar de científica, y así se autoperciben los médicos.

Tipo de lenguaje	N	Porcentaje
Científico	96	12,9
No científico	649	87,1
Total	745	100

Tabla 23: Tipo de lenguaje utilizado (Fuente: elaboración propia)

Llama la atención que el 53,1% de las noticias no la incluya, lo que obedece a los motivos apuntados anteriormente.

Aparición de terminología	N	Porcentaje
Sí	349	46,9
No	396	53,1
Total	745	100

Tabla 24: Aparición de terminología científica (Fuente: elaboración propia)

Antes hemos hecho alusión al esfuerzo divulgador desarrollado por los medios, expresado en el recurso a un lenguaje no especializado, asequible para la mayoría de los lectores. Ahora conviene matizar: en casi dos tercios de los casos los medios no aclaran términos complejos, lo que nos parece un porcentaje demasiado elevado. Habría que hacer un esfuerzo por explicar a los lectores esos términos que no van a entender.

Explica términos complejos	N	Porcentaje
Sí	207	29,3
No	538	61,6
Total	745	100

Tabla 25: Explicación de términos complejos (Fuente: elaboración propia)

3.4. Fuentes empleadas y modo de utilizarlas

En una mayoría abrumadora de los casos, los medios emplean fuentes diversas para la elaboración de las noticias. Es lógico que sea así, por el género periodístico con el que nos encontramos: se trata mayoritariamente de noticias y reportajes.

Como corresponde a la naturaleza de los eventos analizados, las personas citadas como fuentes son principalmente científicos, autoridades sanitarias y representantes de asociaciones de pacientes. Lo mismo vale para las instituciones mencionadas: asociaciones científicas, autoridades sanitarias y asociaciones de pacientes. Declaraciones institucionales como las formuladas en los días mundiales, de contenido previsible y muy similar al de años anteriores, no requieren especiales comprobaciones o análisis por parte de los medios. En consecuencia, la utilización de dos o más fuentes por los medios en el 65,5 % de los casos nos parece un buen porcentaje.

Fuentes	Personas	Instituciones	Publicaciones	Agencias
Sí	74,2	74,2	73,6	9,5
No	25,8	25,8	26,4	90,5
Total	100	100	100	100

Tabla 26: Tipo de fuentes citadas (Fuente: elaboración propia)

Número de fuentes	N	Porcentaje
1,00	170	29,2
2,00	220	37,8
3,00	102	17,5
4,00	56	9,6
5,00	21	3,6
6,00	9	1,5
Más de 6	4	,7
Total	582	100

Tabla 27: Número de fuentes citadas (Fuente: elaboración propia)

3.5. Temas abordados

Destaca el número considerable de noticias dedicadas a la política y a la promoción social de la salud, lo que se explica si tenemos en cuenta que dos de los eventos analizados son "días mundiales de". Por definición, la promoción de la salud, la prevención y la política sanitaria en general son siempre elemento esencial del programa de esos días. Conviene tener presente que el gasto sanitario suele ser la partida más voluminosa de los presupuestos –antes, del Estado, y ahora, de las autonomías–: la sanidad adquiere una creciente importancia política al hilo del crecimiento y consolidación del Estado del Bienestar.

Temas	N	Porcentaje
Descubrimiento	103	13,8
Tratamiento	126	16,9
Política	81	10,9
Promoción social de la salud	246	33,1
Resultados	109	14,7
Otros	80	10,6
Total	745	100

Tabla 28: Tema de la noticia (Fuente: elaboración propia)

Está bien que los medios diferencien el tipo de estudio en que se encuentran fármacos y tratamientos, se trata de una muestra de rigor. En las noticias relativas a estudios, predominan los de carácter clínico. Es lógico, pues son los que tienen más valor informativo. Precisamente uno de los retos de la información sobre la investigación en nuevos fármacos y tratamientos consiste en no suscitar expectativas apresuradas en el público, al que a veces le cuesta entender que pueden pasar años desde el descubrimiento de la capacidad curativa de una sustancia hasta su disponibilidad efectiva en la práctica médica. En ocasiones, los medios sucumben a la tentación del sensacionalismo, eligiendo titulares que aseguran una mayor difusión de la noticia pero que inducen confusión en los lectores.

Tipo de estudio	N	Porcentaje
Molecular	7	,9
Preclínico	41	5,5
Clínico	118	15,8
No consta	579	77,8
Total	745	100

Tabla 29: Tipo de studio (Fuente: elaboración propia)

Tipo del diseño	N	Porcentaje
Observacional	42	50,6
Aleatorizado	5	7,2
Revisión sistemática	35	42,2
Total	82	100

Tabla 30: Diseño del studio (Fuente: elaboración propia)

Como consecuencia lógica de los datos mostrados en la tabla anterior, son pocas las noticias que se ocupan del diseño del estudio clínico.

La distribución recogida en la tabla refleja fielmente la importancia relativa de las enfermedades objeto de este estudio. La diabetes tiene mayor importancia para Occidente que la malaria, lo que explica que sea la patología más mencionada.

Nos parece digna de resaltarse la considerable presencia de la malaria en las noticias analizadas. Seguramente no se corresponde con la importancia que la población atribuye a esta patología. En este caso, los medios desempeñan probablemente una función de "agenda setting". Se podría afirmar que los ambientes políticos y mediáticos declaran estar preocupados por las consecuencias de esta enfermedad en virtud de cierta "mala conciencia" ligada al pasado colonialista occidental y a la actual postración del Tercer Mundo.

También es normal que predominen las menciones a los países del Primer Mundo, tanto por los dos congresos celebrados en Estados Unidos como por la relevancia social de la diabetes. Al igual que en la tabla anterior, nos llama la atención la considerable presencia de alusiones a países en vías del desarrollo, relacionadas con la malaria. Los medios se hacen eco de problemas o asuntos aparentemente muy alejados de la vida local, que es la que teóricamente más interesa a sus lectores.

Localización	N	Porcentaje
Países desarrollados	472	63,2
Páses en vías de desarrollo	204	27,3
Otros países o no localizados	69	9,5
Total	745	100

Tabla 31: Localización de la noticia (Fuente: elaboración propia

4. Conclusiones

1. La cobertura sobre salud en los medios digitales puede caracterizarse como positiva, rigurosa, comprensible e interesante, de acuerdo a los criterios de personas que cabría calificar como usuarios normales. Al informar sobre salud, los medios llevan a cabo un notable esfuerzo divulgador, expresado en el recurso a un lenguaje no especializado. De todos modos, cuando se utiliza el lenguaje científico, con demasiada frecuencia no se explican los términos empleados (Hi1).

2. En cuanto a los enlaces y relación con otros sitios relevantes, llama la atención lo poco que se aprovechan. En un tipo de información que podría incluir muchas referencias a otras páginas especializadas, parece que es escaso lo que se ofrece por ahora. Esas posibilidades que cabe atribuir a los nuevos medios, aún están poco exploradas y se podría pensar que la causa de esa escasa utilización es la rutina de seguir elaborando el producto de acuerdo con los procedimientos periodísticos habituales (Hi2).

3. Se aprecia una notable dependencia de las agencias de noticias, lo que revela la escasez de redactores especializados propios. Se trata de una limitación que afecta a la casi totalidad de los medios españoles, online y también en papel, limitación que la actual crisis económica que afecta a los medios no hace más que acentuar (Hi3).

4. En lo referido a la participación de los lectores, se aprecia que esta es relativamente limitada. Las noticias sobre salud, por ahora, no generan mucha interactividad y esto se puede deber a que los propios medios no han potenciado adecuadamente esa posibilidad que ha traído consigo Internet y también a que el interés de los internautas por participar es bajo (Hi4).

5. Los medios acuden habitualmente a una diversidad de fuentes y suelen contrastar las informaciones obtenidas, lo que debe calificarse como periodismo riguroso (Hi5).

6. Hemos encontrado unos medios que saben superar la tentación etnocentrista y que prestan una notable atención a enfermedades propias sobre todo del Tercer Mundo, como la malaria. Seguramente se puede afirmar que en este punto los medios reflejan una actitud más amplia y solidaria que la de sus lectores, por lo que

desempeñarían una función de agenda setting e influirán positivamente en la educación de su público (Hi6).

Bibliografía

Ahmed, R.; Bates, B. R. (eds.) (2013): Health Communication and Mass Media. An Integrated Approach to Policy and Practice. Surrey. Gower Publishing.
Cline, R.J.W.; Haynes, K. M. (2001): Consumer health information seeking on the Internet: The estate of the art. En: Health Education Research 16. 6. 671-692.
Frank, G. (2013): Schlechte Medizin. Ein Wutbuch. München. Knaus Verlag.
Friedman, L. D. (2004): Cultural Sutures: Medicine and Media. Durham. Duke University Press.
Gray, J. (2011): The Immortalization Commission. Science and the Strange Quest to Cheat Death. London. Allen Lane.
Gupta, A.; Sinha, A. K. (2010): Health Coverage in Mass Media: A Content Analysis. En: Journal of Communication 1. 1. 19-25.
Hagglund, K. J.; Shigaki, C. L.; McCall, J. G. (2009): New Media: A third force in health care. En: Parker, C.; Thorson, E. (ed) (2009) 417-436. New York. Springer Publishing Company.
Illich, I. (1977): Limits to Medicine. Medical Nemesis: The Expropiation of Health. Harmondsworth. Penguin.
Khan, A. S. (2010): The next public health revolution: Public health information fusion and social networks. En: American Journal of Public Health 100. 7. 1237-1242.
King, M; Watson, K. (eds.) (2005): Representing Health: Discourses of Health and Illness in the Media. New York. Palgrave Macmillan.
Murero, M. (ed.) (2006): The Internet and Health Care: Theory, Research and Practice. London. Lawrence Erlbaum Associates.
Nelkin, D. (1996): An Uneasy Relationship: the Tensions Between Medicine and the Media. En: The Lancet Jun 8 347. 9015. 1600-3.
Sabisch-Fechtelpeter, K.; Sieben, A.; Straub, J. (Hg.) (2012): Menschen machen. Die hellen und die dunklen Seiten humanwissenschaftlicher Optimierungsprogramme. Bielefeld. Transcript Verlag.
Seale, C. (ed.) (2004): Health and the Media. Oxford. Wiley-Blackwell.
Tabakman, R. (2011): La salud en los Medios: Medicina para Periodistas. Periodismo para Médicos. Create Space Independent Publishing Platform.

ります # III. Die Rolle des Journalismus in der Gesellschaft

„Wer sagt Ihnen, dass die Journalisten nicht Recht haben?" Die Kommunikationsforschung und die Ethik des Journalismus

Elisabeth Noelle-Neumann, mit einem Vorwort von Thomas Petersen

Elisabeth Noelle-Neumann (1916-2010), Gründerin und langjährige Leiterin des Instituts für Demoskopie Allensbach und des Instituts für Publizistik der Universität Mainz, war die vielleicht wichtigste Pionierin der empirischen Kommunikationswissenschaft in Deutschland und Wolfgang Donsbachs akademische Lehrerin, die ihm ein Leben lang als gute Freundin und Ratgeberin eng verbunden blieb. Mit Wolfgang Donsbach hatte sie die unbändige Energie und die kreative Kraft gemeinsam, die jeder benötigt, der etwas Neues aufbauen und erhalten will. Eine weitere Gemeinsamkeit beider ist die seltene Fähigkeit, gründliche, möglichst neutrale empirische Forschung mit entschiedenem gesellschaftspolitischem Engagement zu verbinden, und zwar so, dass die Forschung zum Nutzen der Gesellschaft eingesetzt wird, ohne dass ihre Qualität durch den Einfluss der persönlichen Überzeugungen beeinträchtigt wird. Elisabeth Noelle-Neumann hätte es sich nicht nehmen lassen, einen Artikel zu einer Festschrift für Wolfgang Donsbach beizutragen. Deswegen wird im Folgenden ein wenig bekannter Text von ihr erneut abgedruckt, der dieses gesellschaftspolitische Engagement illustriert.

Obwohl Elisabeth Noelle-Neumann den Text vor mehr als 20 Jahren schrieb, ist er auch heute noch aktuell. Zahlreiche Beispiele aus der jüngeren Vergangenheit – man denke nur an den Skandal um Bundespräsident Wulff – zeigen, wie wichtig eine ernsthafte öffentliche Diskussion um journalistische Sorgfalt, Wahrhaftigkeit und Anstand im Journalismus wäre, doch diese Debatte findet bis heute nicht statt. Umso wichtiger wäre es, dass sich die Kommunikationswissenschaft dieses Themas annimmt, doch auch sie hat sich, trotz des enormen Aufschwungs des Faches in den vergangenen zwei Jahrzehnten, bisher nur wenig darum gekümmert. Vielleicht gibt der Wiederabdruck dieses Beitrags ja einen kleinen Anstoß, daran etwas zu ändern.

Der Artikel wurde zum ersten Mal im Jahr 1993 veröffentlicht in dem Band „Journalisten in Deutschland. Nationale und internationale Vergleiche und Perspektiven", herausgegeben von Walter A. Mahle, erschienen in München im Verlag Ölschläger (195-199).[1] *Er hätte aber genauso gut für eine Festschrift für Wolfgang Donsbach verfasst sein können. Der Wiederabdruck erfolgt mit freundlicher Genehmigung der UVK Verlagsgesellschaft.*

---

[1] Für die vorliegende Ausgabe wurde der Text minimal redigiert: Einige wenige offensichtliche Rechtschreib- und sprachliche Fehler wurden korrigiert, Rechtschreibung und Zitierweise an die in diesem Band verwendeten Standards angepasst.

Als Winfried Schulz und ich 1970 das Fischer-Lexikon für Publizistik konzipierten, beschlossen wir, auf einen Artikel „Ethik des Journalismus" zu verzichten. Wir erklärten das mit dem Stand der empirischen Forschung. Unser Grundsatz war, die Artikel für das Fischer-Lexikon nicht nur nach der Bedeutung des Gegenstandes auszuwählen, sondern auch danach, ob der Stand des Wissens über diesen Gegenstand ausreiche, um einen Artikel darüber zu schreiben.

Man kann sagen, wir verabschiedeten uns bewusst von der geisteswissenschaftlichen Tradition des Faches – und hofften dennoch, dahin mit empirisch gesicherten Forschungsergebnissen zurückzukehren. 1963 hatte ich mit unbekümmertem Optimismus für meinen Vorstellungsvortrag vor der Rechts- und wirtschaftswissenschaftlichen Fakultät der Universität Mainz den Titel „Über den Fortschritt der Publizistikwissenschaft durch Anwendung empirischer Forschungsmethoden" gewählt.

Jetzt scheint es an der Zeit zu sein für diese Rückkehr: Für die dritte Bearbeitung des Fischer-Lexikons für Publizistik, die 1994 erscheinen soll – die bisherige Auflage beträgt 81.000 – ist ein Artikel über die Ethik des Journalismus vorgesehen. Empirische Untersuchungen aus fast drei Jahrzehnten machen einen solchen Artikel jetzt dringend.

Nicht, dass ein solcher Artikel verlangt würde. Bei den von dem Verein „Bürger fragen, Journalisten antworten" organisierten Erlanger Medientagen im Mai 1991 wurde ein prominenter Journalist auf dem Podium gebeten, seine Vorstellungen zur Ethik des Journalismus zu entwickeln. Er antwortete, Ethik – das sei ihm zu hoch gestochen, zwei Stockwerke zu hoch, sozusagen. „Ich bleibe lieber im Parterre." Ein solcher Ausspruch zeigt, dass etwas im beruflichen Selbstverständnis von Journalisten verloren gegangen ist. Man kann sich kaum vorstellen, dass die Angehörigen irgendeines Berufs mit großer Verantwortung – Ärzte, Juristen, Wissenschaftler, Politiker, Unternehmer – unbekümmert erklären würden, über Ethik nachzudenken sei keine Sache für sie.

Es fehlt nicht an normativen Formulierungen zur Ethik des Journalismus. Für einen der Begründer der deutschen Publizistikwissenschaft, Emil Dovifat, bildete Ethik des Journalismus sogar das zentrale Thema: Aus Gesinnung mit Überzeugungskräften öffentlich etwas zu bewirken – das war sein journalistisches Berufsideal.

Der deutsche Presserat hat die journalistische Ethik in zehn publizistische Grundsätze gefasst, Wolfgang Donsbach (1990) hat vier Forderungen aus diesem „Pressekodex" den Befunden der empirischen Kommunikationsforschung gegenübergestellt, und zwar Forderungen zu:

- Objektivität,
- Sorgfaltspflicht,
- Persönlichkeitsschutz,
- Informationsbeschaffung.

Die Kommunikationsforschung und die Ethik des Journalismus

Die Abhandlung kann an dieser Stelle nicht – auch nicht in Form einer Zusammenfassung – wiederholt werden. Der nur 19 Seiten lange Artikel sollte von allen gelesen werden, die sich mit dem Thema „Ethik des Journalismus" beschäftigen; denn die Defizite, die er zeigt, sind erstaunlich.

Die Donsbachsche Gegenüberstellung von Originalformulierungen der publizistischen Grundsätze mit allgemein bekannter und auch in Umfragen gebilligter journalistischer Praxis weckt eigentümliche Empfindungen. Es wird klar, dass ein solcher Pressekodex ohne systematische unabhängige Überprüfung der Einhaltung hohl ist, allenfalls eine Alibifunktion hat und vielleicht sogar zu Zynismus einlädt. Die kritische Beziehung zwischen Berufspraxis und Wissenschaft, wie sie beispielsweise bei Juristen und Medizinern entwickelt ist, fehlt.

Aber tatsächlich befinden wir uns hier erst im Vorhof des Themas „journalistische Ethik." Die eigentlichen Gefahren für das Mediensystem treten dabei noch gar nicht hervor, weil diejenigen, die den Pressekodex formulierten, sich dieser Gefahren nicht bewusst waren und die Journalisten sich bis heute ihrer nicht bewusst sind.

Der Grundsatz „Trennung von Nachricht und Meinung" gilt heute noch als die Antwort des sauberen Journalismus auf die Gefahren der Manipulation durch die Medien. Unschuldig steht noch heute auf der ersten Seite der New York Times: „All the News That's Fit to Print".

Dabei liegt der Schlüssel vom Einfluss der Medien auf die Wahrnehmung und Bewertung der Realität bei der Nachrichtenselektion. Welche Nachrichten gelangen an das Licht der Öffentlichkeit? In einer Mainzer Magisterarbeit (Gadczek 1985) wurde für 14 Tage das Material von drei Nachrichtenagenturen gesammelt und verglichen mit den Nachrichten, die in den Zeitungen erschienen, die diese Nachrichtenagenturen abonniert hatten. Von 100 Nachrichten, die diese Zeitungen von den Agenturen erhielten, wurden durchschnittlich drei veröffentlicht. Welche drei wurden veröffentlicht?

„Die aktuelle Berichterstattung ... beruht auf zwei Bündeln von Ursachen, der Ereignislage und den Selektionskriterien", schreiben Kepplinger und Weissbecker (1991: 330). Nach vorliegenden kommunikationswissenschaftlichen Studien in Deutschland und den USA spielen subjektive Auffassungen, politische Überzeugungen der Berichterstatter, eine entscheidende Rolle bei der Selektion, was als Nachricht veröffentlicht oder nicht veröffentlicht wird (Flegel/Chaffee 1971; Schönbach 1977, Kepplinger 1985, Kepplinger 1988, Kepplinger 1989).

Zum Teil ist die Tendenz, Nachrichten zur Veröffentlichung auszuwählen, die die eigene Überzeugung bestätigen, unbewusst; es scheint aber, als ob sie zunehmend auch als legitim empfunden wird. Bei einer kürzlichen Podiumsdiskussion an der FU Berlin im Mai 1993 erklärte die Chefredakteurin einer Regionalzeitung: „Ich halte nichts von Objektivität", und niemand widersprach. Auf welche Grundsätze journalistischer Ethik stützt sich dieses berufliche Selbstverständnis?

Die gleiche Frage muss man stellen zum Negativismus als Selektionskriterium. „Gute Nachrichten sind keine Nachrichten" wird ein Chefredakteur des „Spiegel" zitiert (Theobald 1993). Tatsächlich handelt es sich hier um ein Selektionskriterium, das sich weitgehend durchgesetzt hat und als legitim empfunden wird. Es heißt etwa, Verkehrsunfälle seien Nachrichten; dass ein großer Teil des Verkehrs unfallfrei laufe, könne man nicht extra melden. Bei der Argumentationslinie werden nicht schlechte Nachrichten gute Nahrichten gegenübergestellt, denn unfallfreies Laufen des Verkehrs ist – definitionsgemäß – überhaupt keine Nachricht, sondern Normalität. Eine Nachricht, und zwar eine gute Nachricht über den Verkehr, wäre beispielsweise, dass die Zahl rücksichtsvoller Autofahrer nach einer regelmäßigen systematischen Verkehrsbeobachtung zugenommen hat.

Bei schwedischen Inhaltsanalysen von Zeitungen wurde festgestellt, dass steigende Arbeitslosenzahlen eine deutlich höhere Wahrscheinlichkeit besitzen, veröffentlicht zu werden, als fallende Arbeitslosenzahlen. Ebenso werden steigende Inflationsraten eher berichtet als fallende (Hvitfelt 1993). Welche Auswirkungen hat eine ins Negative verzerrte Berichterstattung? Ist das unter Gesichtspunkten der journalistischen Ethik geklärt?

Der amerikanische Kommunikationswissenschaftler Stanley Rothman hat mit verschiedenen Koautoren die Darstellung wissenschaftlicher Kontroversen in tonangebenden amerikanischen Medien untersucht – zum Beispiel zum Thema Kernenergie, Treibhauseffekt, Intelligenz, zum Beispiel IQ – und die Mediendarstellungen verglichen mit den Aussagen repräsentativer Querschnitte von Wissenschaftlern der betreffenden Disziplinen (Lichter/Rothman 1983; Lichter/Lichter 1986; Rothman/Lichter 1987; Rothman/Lichter 1988; Snyderman/Rothman 1988). Die Urteile der Bevölkerung und der Journalisten und der Experten über die Sachverhalte fielen weit auseinander, Ergebnis einer eigene Annahmen bestätigenden Nachrichtenselektion der Journalisten. Das gleiche zeigte sich bei deutschen Studien über Einstellungen zur Umweltgefährdung durch Chemie – ein weiter Abstand zwischen den Urteilen der Wissenschaftler und der Journalisten sowie der Bevölkerung. Diese Ergebnisse wurden bei einer Tagung an der katholischen Akademie in Hamburg vorgetragen. In der Diskussion fragte ein Journalist: „Wer sagt Ihnen, dass die Journalisten nicht Recht haben?" Die Idee, dass das Interesse die Erkenntnis leite, hat sich in einem solchen Umfang durchgesetzt, dass dahinter der Grundsatz „Wissen ist besser als Nichtwissen" zurücktritt. Wie aber ist zu verhindern, dass es auf dieser Grundlage von journalistischem Selbstverständnis und dem dadurch erzeigten Meinungsklima zu gravierenden Fehlentscheidungen von Wirtschaft und Politik kommt? Als Beispiel kann man an die Gentechnologie denken (vgl. Kepplinger/Ehmig/Ahlheim 1991).

Die hier beschriebenen Gefahrenquellen werden verstärkt durch die von der Kommunikationsforschung gefundene Tendenz von Journalisten zur „Peer Orientation", eine Orientierung an tonangebenden Journalisten und Medien mit dem Ergebnis von publizistischer Konsonanz, nicht der offiziell zum Ziel erklärten publizistischen Vielfalt.

Die Ergebnisse der empirischen Kommunikationsforschung verlangen eine neue Auseinandersetzung über die Ethik des Journalismus. Vordringlich erscheint die Klärung des journalistischen Berufsverständnisses und der journalistischen Berufsideale. Bleibt eine möglichst vollständige und wirklichkeitsnahe Information der Bevölkerung die wichtigste Aufgabe aktueller Medienberichterstattung?

Zwei Aufgaben zeichnen sich für die Kommunikationsforschung ab: Erstens eine systematische kontinuierliche Medieninhaltsanalyse, wie sie heute bereits in den USA, Kanada und Schweden existiert. Erst damit wird die Medienberichterstattung so transparent, dass darüber auch kritisch diskutiert werden kann.

Als zweites muss die Kommunikationsforschung Kriterien entwickeln, mit denen Medienleistung zu erkennen ist. Als Modell ist zu denken an die Idee des „Market Basket Aprroach" (Dykers/Caldwell/Kaufman 1993), wie sie unter Leitung von Professor Philip Meyer, dem Autor des Klassikers über „Precision Journalism" (Meyer 1973), an der Journalistenschule der Universität von North Carolina in Chapel Hill entwickelt wurde. Die Idee besteht darin, aus allen Nachrichten eines Tages, die über eine Nachrichtenagentur laufen, diejenigen auszuwählen, die unentbehrlich sind, um die Tagesereignisse zu verstehen. Im konkreten Fall der als Beispiel vorgestellten Studie waren das rund 40 Nachrichten, für die unter den Mitgliedern der Jury hohe Übereinstimmung gefunden wurde, dass man sie brauche, um die Tagesereignisse, die Tagespolitik zu verstehen. Anschließend daran wird für eine größere Zahl von Zeitungen aller Gattungen – überregionale Qualitätszeitungen, regionale Abonnementzeitungen, Kaufzeitungen – untersucht, wie viele der für unentbehrlich erachteten Nachrichten in ihnen enthalten sind – und auf welcher Seite sie platziert sind – und in welcher Größe. Durch das Außenkriterium der Liste der für das Verständnis unentbehrlichen Nachrichten eines Tages lässt sich ein Maßstab von der Vollständigkeit oder Lückenhaftigkeit der Berichterstattung einer Tageszeitung gewinnen. Das Beispiel soll illustrieren, dass neue Wege gesucht werden müssen, um Maßstäbe zu finden, wie gut bestimmte Zeitungen und das Mediensystem insgesamt ihre Aufgabe zur Information der Bürger in der Demokratie erfüllen.

Literatur

Donsbach, W. (1990): Medienethik aus der Sicht der empirischen Journalismusforschung. In: Wilfired von Bredow (Hrsg.): Medien und Gesellschaft, Stuttgart: Edition Universitas, S. 155-174.
Dykers, C. R., Caldwell, C., Kaufman, P. A. (1993): A "Media Basket" Approach Moves Gatekeeping Research from Description to Critique. Vortrag bei der Jahreskonferenz der American Association of Public Opinion Research (AAPOR) am 19. Mai 1993 in St. Petersburg, Florida.
Flegel, R. C., Chaffee, S. H. (1971): Influences of Editors, Readers, and Personal Opinions on Reporters. Journalism Quarterly 48: 646-651.

Gadaczek, B. (1985): Wie stark redigieren die überregionalen westdeutschen Tageszeitungen das angebotene Agenturmaterial? Qualitätszeitungen und Nachrichtenagenturen im Vergleich. Magisterarbeit Mainz.
Hvitfelt, H. (1993): Media Monitor. Special Issue 1993. Näringlivets Mediainstitut.
Kepplinger, H. M. (1985): Die aktuelle Berichterstattung des Hörfunks. Eine Inhaltsanalyse der Abendnachrichten und politischen Magazine. Freiburg: Alber.
Kepplinger, H. M. (1988): Die Kernenergie in der Presse. Eine Analyse zum Einfluss subjektiver Faktoren auf die Konstruktion von Realität. Kölner Zeitschrift für Soziologie und Sozialpsychologie 40: 650-683.
Kepplinger, H. M. (1989): Instrumentelle Aktualisierung. Grundlagen einer Theoriepublizistischer Konflikte. In: Max Kaase und Winfried Schulz (Hrsg.): Massenkommunikation. Theorien, Methoden, Befunde. Opladen: Westdeutscher Verlag, S. 199-220.
Kepplinger, H. M., Ehmig, S. C., Ahlheim, C. (1991): Gentechnik im Widerstreit. Zum Verhältnis von Wissenschaft und Journalismus. Frankfurt am Main: Campus.
Kepplinger, H. M., Weissbecker, H. (1991): Negativität als Nachrichtenideologie. Publizistik 36: 330-342.
Lichter, S. R.., Rothman, S. (1983): Scientists' Attitudes Toward Nuclear Energy. Nature 305: 91-94.
Lichter, S. R., Lichter, L. S. (1986): The Media Elite: America's New Power Brokers. Bethesda: Adler and Adler.
Meyer, P. (1973): Precision Journalism. A Reporter's Introduction to Social Science Methods. Bloomington: Indiana University Press.
Rothman, S., Lichter, S. R. (1987): Elite Ideology and Risk Perception in Nuclear Energy Policy. American Political Science Review 82: 383-403.
Rothman, S., Lichter, S. R. (1988): Is Opposition to Nuclear Energy an Ideological Critique? American Political Science Review 82: 947-950.
Schönbach, K. (1977): Trennung von Nachricht und Meinung. Empirische Untersuchungen eines journalistischen Qualitätskriteriums. Freiburg: Alber.
Snyderman, M., Rothman, S. (1988): The IQ Controversy, the Media, and Public Policy. New Brunswick: Transaction Press.
Theobald, A. (1993): Das Dingsbums der Elite. In: Die Zeit Nr. 13 vom 26. März 1993, S. 88.

Geht's bergab? Ein Blick auf den Wandel der politischen Kommunikation

Winfried Schulz

Die These vom Niedergang ist verbreitet in der politischen Kommunikationsforschung. Gestützt auf Langzeitbeobachtungen kritisieren einige Autoren den Verlust an Vertrauen in die öffentliche Kommunikation und ihre abnehmende Relevanz für politisches Handeln (Gurevitch/Coleman/Blumler 2009). Andere kritisieren den Stilwandel von Wahlkampagnen und machen ihn für die abnehmende Wahlbeteiligung und für zunehmende Politikverdrossenheit verantwortlich (Patterson 2002, Kleinnijenhuis/van Hoof/Oegema 2006). Wieder andere befürchten, dass die Proliferation der Medien und die Fragmentierung der Öffentlichkeit zu einer politischen „Balkanisierung" führen (Swanson 1997: 1279). Besorgnis erregt auch, dass aus der unterschiedlichen Verfügbarkeit und Nutzung neuer Medien eine Kluft erwächst zwischen gesellschaftlichen Gruppen einerseits und zwischen unterschiedlich entwickelten Ländern andererseits (Bennett/Iyengar 2008, Selwyn 2004).

Den Wandel der politischen Kommunikation zu beschreiben und zu erklären, ist ein Kernthema der Kommunikationsforschung. Das belegt die Verbreitung von Konzepten, die auf -ierung enden wie z. B. Amerikanisierung, Medialisierung, Professionalisierung, Personalisierung. Nur einiges davon kann in diesem skizzenhaften Überblick angemessen berücksichtigt werden (ausführlichere Überblicke finden sich z. B. bei Vowe/Dohle 2007 sowie bei Schulz 2014). Ob es mit der politischen Kommunikation wirklich bergab geht, ist aus den im Folgenden gemusterten Trends und Tendenzen bereits erkennbar, bevor am Schluss die These vom Niedergang noch einmal diskutiert wird.

1. Evolution der Medien und politische Öffentlichkeit

Mit dem Medienwandel gingen in der Regel gesellschaftliche Umbrüche einher (Bösch 2011). Die Presse wurde schon früh gezielt instrumentalisiert. Sie trug zur bürgerlichen Revolution, zur Abdankung von Herrschern und zur Kriegsvorbereitung bei. Seit Ende des 19. Jahrhunderts kam es dann in Abständen von etwa dreißig Jahren zu „Medienrevolutionen" mit weitreichenden Folgen für die politische Kommunikation (Bösch/Frei 2006). Nach der Presse wurden die neuen audiovisuellen

Medien in großem Stil für politische Zwecke eingesetzt. Grammophon und Kinofilm verwendeten politische Parteien in Großbritannien seit den 1920er Jahren im Wahlkampf (Negrine 2008: 34, 50). Im faschistischen Deutschland dienten sie – ebenso wie das neue Medium Radio – der ideologischen Indoktrination der Bevölkerung. Das Radio erreichte mit Propagandasendungen, Politikerreden und politischen Live-Reportagen ein immer größeres Publikum (Chapman 2005: 143-179).

Das Fernsehen, das sich seit den 1950er Jahren rasch ausbreitete und das dank seiner hohen Reichweite und publikumsattraktiven Darstellungsmöglichkeiten auch die Unpolitischen anspricht, steigerte das politische Interesse der Bevölkerung (Noelle-Neumann 1977, Peiser 1999). Diese Situation änderte sich grundlegend, seit in den 1990er Jahren neue digitale Medien eine zeitsouveräne und mobile Nutzung medialer Inhalte ermöglichen. Im Internet oder über digitale Speicher zugängliche politische Inhalte sind angewiesen auf die aktive Zuwendung der Nutzer. Da zugleich das Angebot an Unterhaltung weit mehr wuchs als das Angebot an Politik, geriet politische Information in einen immer schärferen Verdrängungswettbewerb mit medialer Unterhaltung und Zerstreuung.

Digitalisierung und Globalisierung benennen die vorherrschenden Trends der jüngsten Medienentwicklung. Sie erweiterte und steigerte einmal mehr die Informations- und Kommunikationsfähigkeiten politischer Akteure. Das Social Web mit Diensten wie Facebook und Twitter bietet ihnen vielfältige Möglichkeiten der Organisation und Vermittlung politischer Interessen. Davon machen – neben etablierten Parteien und Interessengruppen – zunehmend NGOs und soziale Bewegungen, Bürgerinitiativen und auch einzelne Bürger Gebrauch. Sie können sich mit geringem Aufwand politisch artikulieren und ohne Vermittlung der herkömmlichen Medien am öffentlichen Diskurs teilnehmen. Das World Wide Web macht politische Kommunikation unabhängiger von der Ressourcenausstattung und den Zwängen herkömmlicher medialer Produktion, macht z. B. „Bürgerjournalismus" möglich. Damit schwindet der Einfluss des professionellen Journalismus, der die politische Kommunikation des 20. Jahrhunderts prägte. „Das Jahrhundert des Journalismus ist vorbei", konstatiert Weischenberg (2010). Das stimmt jedoch nur zum Teil, denn das Internet als globale, multimediale Plattform verbreitet auch herkömmliche Medienangebote und erweitert deren Einfluss – einschließlich des herkömmlichen politischen Journalismus.

Mit der Expansion und Diversifizierung der Medien expandierte auch die von Medien hergestellte Öffentlichkeit. Die Medien durchdrangen nahezu alle politischen Prozesse und rückten ins Zentrum der Politik (Blumler/Kavanagh 1999). Um öffentlich sichtbar zu sein, müssen sich Regierungen, Parteien und andere politische Akteure an den Operationsbedingungen der Medien orientieren. Sie nehmen die Leistungen der Medien – und jeweils neuer Medien nach deren Aufkommen – gern und in immer größerem Umfang in Anspruch. Die Anpassung an die Medienlogik ist zu einer notwendigen Voraussetzung politischer Anerkennung und Wirksamkeit geworden. Das befördert die Medialisierung politischer Kommunikation, die Anpassung an die Aufmerksamkeitsregeln und Darstellungsbedingungen der Massenmedien (Donsbach 1997, Mazzoleni/Schulz 1999).

Ein Merkmal des Wandels ist die fortschreitende Ausweitung der Sphäre der Öffentlichkeit. Einiges deutet darauf hin, dass die Themenagenden und die politischen Diskurse über Ländergrenzen hinweg konvergieren (Kantner 2006). Es entwickeln sich supranationale Öffentlichkeiten, z. B. in Europa, und auch die Entwicklung zu einer Weltöffentlichkeit ist erkennbar (Castells 2008). Das globale Internet hat diese Entwicklung in den letzten Jahren erheblich beschleunigt. Im Zuge des Wandels verschwimmen die Grenzen zwischen Arkanum und allgemeiner Öffentlichkeit, zwischen Medienöffentlichkeit und nicht-medialen Öffentlichkeiten wie auch zwischen öffentlicher und privater Sphäre. Das Interne transparent und das Private öffentlich zu machen, spielt eine große Rolle in der Berichterstattung der Medien, vor allem aber in der Internet-basierten politischen Kommunikation.

2. Inhalte politischer Kommunikation im Wandel

Antriebe des Wandels sind neben medientechnischen und medienökonomischen Neuerungen auch Innovationen der Nachrichtenlogistik, Veränderungen der redaktionellen Produktion und der professionellen Orientierung der Journalisten. Die Nachrichtenübertragung beschleunigte sich dramatisch. Zunehmend kürzere Zyklen der Nachrichtenproduktion erhöhten sukzessive die Aktualitätsdichte. In der Frühzeit periodischer politischer Berichterstattung dauerte es oft Wochen oder Monate, bis die Zeitungen über ein wichtiges Ereignis berichteten (Wilke 1984: 119). Mit dem Aufkommen der Nachrichtenagenturen im 19. Jahrhundert schrumpften diese Fristen auf Tage und Stunden. Die verbesserte Nachrichtenlogistik erhöhte sukzessive die Aktualität der politischen Berichterstattung und führte schließlich zum Verlust des Merkmals Periodizität. Erste periodische Zeitungen im 17. Jahrhundert erschienen zunächst mit wöchentlichem Abstand, dann mehrmals wöchentlich, schließlich täglich und sogar mehrmals täglich. Heute aktualisieren die Zeitungen ihre Internetausgaben nahezu kontinuierlich, je nach Nachrichtenlage. Radio und Fernsehen hatten in ihrer Frühzeit zunächst einen täglichen Nachrichten-Produktionszyklus. Dann brachten viele Radiostationen stündlich aktuelle Informationen, einige noch öfter. Und inzwischen liefern Informationssender kontinuierlich aktuelle Meldungen.

Parallel zur Beschleunigung kam es zur Differenzierung und Spezialisierung der Politikangebote. Ende des 19. Jahrhunderts gingen Zeitungen dazu über, ihre Inhalte zu rubrizieren und Politikressorts einzurichten (Birkner 2011). Inzwischen ist eine enorme Vielfalt an politischen Inhalten in höchst unterschiedlichen Formaten und medialen Aufbereitungen verfügbar. Große Bedeutung bekamen in den letzten Jahrzehnten spezialisierte TV-Nachrichtenkanäle, die 24 Stunden nonstop neueste Nachrichten, teils live vom Ort des Geschehens bieten. CNN führte dieses „24/7-Nachrichtenformat" 1980 ein. Mehr als 200 TV-Nachrichtenkanäle aus einer Vielzahl von Ländern können – teils als Internet-Live-Stream, teils per Satellit – weltweit empfangen werden. Ihre transnationale Verbreitung machte Nachrichtenmedien auch zu nützlichen Instrumenten der Mediendiplomatie, der Vertretung nationaler Interessen in internationalen Beziehungen (Gilboa 2002).

Die Proliferation von Medien und Nachrichtenkanälen vervielfältigte das täglich verfügbare Angebot an Themen und Meinungen auch deshalb, weil Berichte und Kommentare politische Reaktionen provozieren, die wiederum zum Gegenstand der Berichterstattung werden. Politische Kommunikation hat eine Tendenz zur Selbstverstärkung. Das Internet trägt dazu bei wie keines der anderen Medien. Ein großer Teil der politischen Web-Inhalte sind Übernahmen aus Offline-Medien oder werden von Offline-Medien produziert. Index- und Kategorisierungs-Websites verweisen auf andere Nachrichtenseiten, teils mit annotierten Hyperlinks. Im Internet konkurriert um öffentliche Aufmerksamkeit neben diesen primär journalistischen Nachrichtenquellen auch eine unüberschaubare Zahl an politischen Organisationen, einzelnen Politikern, Bloggern und Webnutzern. Gleichwohl ist der Einfluss der herkömmlichen Massenmedien auf die Definition der politischen Agenda und auf das Framing politischer Probleme nicht geschwunden. Indem sie Stellung beziehen oder auch nur bestimmten Akteuren und Ereignissen Aufmerksamkeitsvorteile verschaffen, nehmen sie nach wie vor Einfluss auf die öffentliche Meinung.

Die Fülle und Vielfalt medialer Angebote geht teilweise zu Lasten der Nachrichtenqualität. Normative Standards der politischen Berichterstattung wie Objektivität, Fairness oder Ausgewogenheit sind eine Errungenschaft des angelsächsischen Journalismus. Sie entwickelten sich im 19. Jahrhundert unter dem Einfluss kommerzieller Interessen der Zeitungen und politischer Reformen in den USA (Schudson 2005). In Deutschland begünstigte die Anzeigenfinanzierung der Presse die unabhängigen „Generalanzeiger", die dann jedoch mit Beginn des Ersten Weltkriegs „politisch kolonisiert" wurden (Birkner 2010). Erst nach dem Zweiten Weltkrieg etablierten die politischen Umbrüche (und Umerziehungsmaßnahmen) dauerhaft das Prinzip der Trennung von Nachricht und Kommentar, in Osteuropa erst nach der Befreiung vom Sowjetkommunismus. Inzwischen ist der Typ der Parteizeitung – abgesehen von Ländern mit autoritären Regimes – weitgehend ausgestorben (Katz/Mair 1994). Im Internet jedoch gibt es parteiliche Quellen in großer Zahl. Und auch viele Offline-Medien nutzen Möglichkeiten der versteckten Parteinahme in ihren Nachrichten, z. B. durch instrumentelle Aktualisierung, d. h. durch eine selektive und interpretierende Berichterstattung (Kepplinger 1985). Besonders in den USA wird seit einigen Jahren eine zunehmende Ideologisierung von Radio- und Fernsehkanälen beobachtet (Iyengar/Hahn 2009).

Parallel zu diesen Entwicklungen vollzog sich ein Wandel der journalistischen Profession. Medientechnische und medienökonomische Fortschritte der Presseproduktion begünstigten um die Wende zum 20. Jahrhundert die Entwicklung des modernen Nachrichtenstils. Nachrichtenwert-Kriterien bestimmen seitdem die Selektion politischer Inhalte, die „umgekehrte Pyramide" deren Darstellungsformat. Es bildeten sich die professionellen Konventionen des politischen Journalismus heraus – die Medienlogik der Politik. Eine fortschreitende Professionalisierung im Lauf des 20. Jahrhunderts, auch der Eintritt neuer Generationen in den Beruf mit ihren spezifischen Sozialisationserfahrungen änderten Selbstverständnis und Berufsauffassung des politischen Journalismus (Hodenberg 2006, insbes. 245-292). Akademische Vorbildung und eine verbesserte berufliche Ausbildung kommen nun der Qualitätssteigerung zugute, begünstigen auch eine vermehrt kritische und investigative Berichterstattung.

Medienanalysen belegen einen fortschreitenden Stilwandel des politischen Journalismus hin zu einer stärker interpretativen Berichterstattung, zur Kontextualisierung und Kommentierung des Geschehens (Esser/Büchel/Umbricht 2012). Politisches Fehlverhalten, Konflikte und Skandale erhalten zunehmende mediale Aufmerksamkeit (Kepplinger 1998). Offenbar trägt eine Politikberichterstattung, die Negativismus und das „game schema" – d. h. Politik als ein strategisches Spiel – betont, zur Politikverdrossenheit der Bevölkerung bei, wie US-amerikanische Studien zeigen (vgl. etwa Cappella/Jamieson 1997). Langzeitanalysen deuten einen ähnlichen Zusammenhang auch für Deutschland an (Maurer 2003), jedoch nur mit Einschränkungen für andere europäische Länder (de Vreese 2005).

3. Politische Kommunikation der Bürger im Wandel

Es ist üblich, den längerfristigen sozialen Wandel als Übergang zur Dienstleistungsgesellschaft und Mediengesellschaft zu charakterisieren. Im Ergebnis brachte das – neben Veränderungen der Arbeitswelt und der ökonomischen Wertschöpfung – auch einen kulturellen Wandel, der mit Begriffen wie Säkularisierung und Individualisierung gekennzeichnet wird (vgl. etwa Hallin/Mancini 2004a). Ideologische Loyalitäten gegenüber Kirchen und Gewerkschaften, ebenso auch Schicht-, Religions- und Regionszugehörigkeiten verloren ihre politisch prägende Kraft (Swanson 2004). Der kulturelle Wandel ging einher mit politischem Dealignment, der Lockerung von Parteibindungen (Dalton/Wattenberg 2000). Auf der anderen Seite brachte der Gewinn an kognitiver Mobilität – durch bessere Bildung und Erweiterung des Interessenhorizonts – immer mehr Wahlmöglichkeiten; viele Bürger wurden sozial unabhängiger und in ihrer Lebensgestaltung autonomer.

Angesichts dieser Entwicklung liegt die Vermutung nahe, dass kognitive Mobilisierung nicht nur parteipolitisches Dealignment, sondern auch die politische Emanzipation der Bürger begünstigt. Mit dem Konzept der kognitiven Mobilisierung verbindet sich dementsprechend die theoretische Annahme, dass sich immer mehr Bürger auch dank ständig erweiterter Informationsmöglichkeiten selbstbestimmt und unabhängig von Parteiideologien eine eigene Meinung bilden und bei Wahlen ihre Stimme abgeben. Analysen, teils mit longitudinalen Designs, liefern dafür jedoch keine überzeugenden Nachweise (Albright 2009). Die Vervielfachung des Angebots an politischer Information hat offenbar auch die Informiertheit der Bevölkerung nicht nennenswert verbessert (Maier 2009). Empirische Daten dazu, die den Zeitraum der Medienexpansion der letzten Jahrzehnte übergreifen, liegen jedoch nur für die USA vor.

Der Gewinn an kognitiver Mobilisierung und politischer Emanzipation brachte aber offenkundig eine größere Bereitschaft zu unkonventionellen Formen politischer Partizipation wie Demonstrationen, Blockaden, Besetzungen, Boykotts (Hadjar/Becker 2007). Vor allem neue soziale Bewegungen beeinflussen auf diese Weise die öffentliche Kommunikation, setzen neue Themen, verändern die politischen Prioritäten und das Parteiengefüge. Die Ökologie- und die Anti-Atombewegung, das globalisierungskritische Netzwerk Attac, die Occupy-Initiativen und die Piraten-Parteien sind dafür die bekanntesten Beispiele.

Eine gesicherte Erkenntnis der Mediennutzungsforschung ist, dass die Präferenzen des Publikums – zumal die für politische Inhalte – wesentlich von persönlichen Interessen abhängen und dass diese wiederum durch Bildungs- und Sozialisationserfahrungen geprägt sind. Politische Publika verhalten sich ihren Präferenzen entsprechend selektiv (Donsbach 1992). Das gilt für die Nutzung herkömmlicher wie auch neuer Medien, und es gilt ebenso für die aktive politische Beteiligung offline wie online. Mit der kognitiven Mobilisierung, insbesondere der Erweiterung und Pluralisierung der Interessen verändert sich die politische Kommunikation der Bürger, nicht zuletzt als Reaktion auf die Expansion und Diversifizierung des Medienangebots. Eine Folge ist die zunehmende Differenzierung des politischen Engagements und Kommunikationsverhaltens in unterschiedlich aktive bzw. passive Bevölkerungsteile. Die Entwicklung wird oft vereinfacht als „Kluft" oder „Spaltung" und als „Fragmentierung" der Publika und der Öffentlichkeit dargestellt. Dass es Ungleichverteilungen des Wissens in der Bevölkerung gibt, die mit sozialen Ungleichheiten und auch mit dem Mediennutzungsverhalten korrespondieren, ist theoretisch plausibel und empirisch gut belegt (vgl. etwa Bonfadelli 2007). Dass die Medienentwicklung aber generell zur Fragmentierung der politischen Öffentlichkeit und zur Isolierung von Teilöffentlichkeiten führt, ist empirisch (bisher) nicht festzustellen (Rössler 2000, Webster/Ksiazek 2012).

4. Transformationen korporativer Akteure

Die Transformation korporativer Akteure ist zugleich Ursache und Folge des Wandels der politischen Kommunikation. Man kann das exemplarisch an der Parteienentwicklung beobachten. Die Genese politischer Parteien im 19. Jahrhundert war aufs engste verbunden mit der Entwicklung der Presse. In der Entstehungszeit demokratischer Parteien gründeten diese teils Zeitungen als „Organe", teils gingen Parteien Allianzen ein mit ihnen ideologisch nahestehenden Presseorganen (Koszyk 1966: 105-119). In der zweiten Hälfte des 20. Jahrhunderts jedoch lösten sich diese Verbindungen. Die Entwicklung fiel zusammen mit einem Mitgliederschwund, oft einer Entideologisierung und mit der Transformation zur professionalisierten Wählerpartei (Beyme 2002). Die Aggregation und Artikulation politischer Interessen, die sich ursprünglich aus der Verankerung in bestimmten sozialen Milieus – Arbeiter, Bauern, Religionsgemeinschaften – herleitete, wird nun mit Hilfe von Bevölkerungsumfragen und Marketinginstrumenten kalibriert. Gleichwohl gibt es nach wie vor „politischen Parallelismus" zwischen Parteien und Medien, meist in Form von mehr oder weniger ausgeprägter Orientierung ihrer politischen Grundrichtung an Parteiideologien (Hallin/Mancini 2004b: 26-30).

Mit dem Aussterben der Parteizeitungen ging deren Funktion weitgehend auf die allgemeinen Medien über. Die Parteien nehmen die Medien in Anspruch, nicht nur um die allgemeine politische Öffentlichkeit zu adressieren, sondern oft auch ihre jeweiligen Mitglieder, Unterstützer und Sympathisanten. Auseinandersetzungen über politische Grundsatzfragen und aktuelle Probleme verlagerten sich aus Parteigremien und Parlamenten in die mediale Berichterstattung, in TV-Diskussionsrunden und in Internetforen (Wilke 2000). Ein großer Teil auch der innerparteilichen Diskussion findet in der medialen Öffentlichkeit statt. Zugleich kommt es zur Zentralisierung der Kommunikationskompetenzen und damit zur Stärkung der Parteizentrale gegenüber der Parteibasis (Donges 2008: 90-102). Einzelne Führungsfiguren bestimmen das Parteiprofil. Ihre Legitimation leitet sich zum Teil aus medienwirksamen Auftritten und der daraus folgenden allgemeinen Popularität her. Die Partei wird auf diese Weise personalisiert und mit ihrer Führungsfigur identifiziert. Am weitesten ausgeprägt ist das in Präsidialsystemen, teils aber auch bei anderen Regierungsformen, wie das Beispiel Berlusconi in Italien verdeutlicht.

Zu den auffälligen organisatorischen Veränderungen korporativer Akteure gehört die Professionalisierung ihres Kommunikationsmanagements. Das gilt gleichermaßen für Parlamente und Regierungen, Parteien und Verbände, NGOs und soziale Bewegungen, wenn auch in unterschiedlichen Graden und mit unterschiedlichen Folgen für ihr kommunikatives Verhalten. Äußerlich erkennbar ist der organisatorische Wandel an der Installation von „Sprechern" und Kommunikationsabteilungen, an der entsprechenden Personalvermehrung und dem Anwachsen von Kommunikationsbudgets. Zum anderen werden professionelle Dienstleister wie PR- und Werbe-

Agenturen, Medienberater und Marketingexperten eingesetzt. Dies steigerte auch die Nachfrage nach Ausbildung für solche Dienstleistungen und entsprechende Angebote durch akademische und andere Einrichtungen.

Da die Transformation korporativer Akteure zumindest teilweise als Reaktion auf Veränderungen der Medienumwelt zu verstehen ist, wird sie häufig als Adaption an die Medienentwicklung – und in dem Sinne als Medialisierung – beschrieben (Donges 2008, Marschall 2009). Beispiele dafür liefern auch die organisatorischen Veränderungen von Parlamenten. Zu den wesentlichen Veränderungen seit der Frühphase des Parlamentarismus im 19. Jahrhundert gehören die Differenzierung in Plenum und Ausschüsse sowie die Hierarchisierung und Steuerung der Parlamentsarbeit durch Fraktions- bzw. Parteiführungen (Beyme 2010). Während ein Großteil der parlamentarischen Entscheidungspolitik in die Ausschüsse wanderte, dienen Plenumsdebatten vorwiegend als Schaubühne zur Präsentation der Fraktionsarbeit für die Massenmedien und über diese für die Wähler (Sarcinelli 2011: 263-282). Ein entscheidender Schritt war die Öffnung und mediengerechte Gestaltung der Debatten für Fernsehübertragungen.

5. Modernisierung der Wahlkommunikation

An Wahlkampagnen wird der Wandel politischer Kommunikation besonders deutlich. Da sich Wahlen zyklisch wiederholen, bieten sie der Forschung günstige Bedingungen für Zeitvergleiche. Kampagnenstudien reichen bis in die 1940er Jahre zurück und machen daher längerfristige Veränderungen an empirischen Daten nachvollziehbar. Inzwischen gibt es eine Vielzahl an Langzeitstudien zur Wahlkommunikation. Phasenmodelle dienen dazu, die Entwicklung der Wahlkommunikation zu strukturieren und dabei z. B. gegenwärtige „moderne" oder „postmoderne" von früheren „prämodernen" Kampagnen zu unterscheiden (Norris 2000: 138).

In der zunehmenden Professionalisierung des Kampagnenmanagements sehen viele Autoren das wesentliche Merkmal des Wandels. Als Indikatoren der Professionalisierung gelten u. a. eine kontinuierliche Wählerbeobachtung durch Meinungsumfragen, der Einsatz politischer Berater und Marketingspezialisten, eine aktive Nachrichtenpolitik durch Spin Doctoring, auch eine zentralisierte Wahlkampforganisation (Gibson/Römmele 2009, Negrine et al. 2007). Da sich die strategischen Überlegungen über nahezu die gesamte Legislaturperiode erstrecken, wurden moderne Wahlkampagnen zu „permanenten" Kampagnen (Blumenthal 1980).

Professionelles Kampagnenmanagement ist eine Facette der Modernisierung politischer Parteien. Der Wandel zu den professionalisierten Wählerparteien westlicher Demokratien veränderte einerseits das Verhältnis der Parteien zu ihrem Elektorat und andererseits die Organisation von Wahlkämpfen. Entideologisierung, abnehmende Parteibindungen und zunehmende Volatilität der Wähler verlangen intensivere Propagandaanstrengungen und Ausgaben für Wahlwerbung. Moderne professionalisierte Kampagnen sind weitgehend abhängig von den allgemeinen Medien, da parteieigene Kommunikationskanäle – wie Parteipresse und von Parteien kontrollierte Rundfunkkanäle – kaum noch zur Verfügung stehen (Mair 1994). Die Parteien müssen ihre Kampagnenkommunikation an den Nachrichtenwerten und Darstellungsformaten der Medien orientieren, um öffentlich wahrgenommen zu werden.

Die meisten Kampagneninstrumente, die als Anzeichen der Professionalisierung gelten, wurden zunächst in den USA eingeführt. Ihre Implementierung in anderen Ländern – oft unter Beteiligung von US-amerikanischen Beratern (Plasser 2002) – wird daher auch als Amerikanisierung der Kampagnen angesehen. Der Erkenntniswert des Amerikanisierungskonzepts ist jedoch umstritten. Anhand eines Zeitvergleichs von britischen Kampagnen der 1980er und 1990er Jahre verdeutlichen Blumler und Gurevitch (2001), dass der pauschal als Amerikanisierung bezeichnete Prozess verschiedene Facetten hat, und zwar 1. die direkte Imitation, 2. den selektiven Import und 3. die Adoption von US-amerikanischen Praktiken. Entscheidend aber ist, dass die Maßnahmen den jeweiligen nationalen Bedürfnissen angepasst und mit heimischen Stilelementen kombiniert werden.

Was als Prozess der Amerikanisierung erscheint, ist auch bedingt durch eine ähnliche Medienentwicklung weltweit, auf die sich die Parteien mit ihren Kampagnenpraktiken einstellen. Es ist in erster Linie eine „Televisierung" der Kampagnenkommunikation infolge der Ausbreitung und Dominanz des Fernsehens in der zweiten Hälfte des letzten Jahrhunderts (Daremas/Terzis 2000). Wegen seiner großen Reichweite, seiner Publikumsattraktivität und hohen Glaubwürdigkeit ist das Fernsehen seit Jahrzehnten – und in allen Ländern noch immer – das wichtigste Medium der Wahlkommunikation (Kaid/Strömbäck 2008). Daran haben die Fernsehdebatten der Spitzenkandidaten einen erheblichen Anteil. Sie wurden in den USA erstmals 1956 ausgestrahlt und gehören inzwischen zum festen Bestandteil der Kampagnendramaturgie in einer Vielzahl von Ländern (McKinney/Carlin 2004). Die Debatten, die darauf bezogene Vor- und Nachberichterstattung wie auch die Umfragen, wer die Debatte „gewonnen" hat, bestimmen den Wettkampfcharakter, den Fortgang und das Ergebnis der Kampagne (Reinemann/Wilke 2007).

Die Debatten und die Kampagnenberichterstattung verschaffen den Parteien und Kandidaten Wählerkontakte, die weit über die in „prämodernen" Kampagnen hinausgehen. Gleiches gilt für die Wahlwerbung im Fernsehen. Fernsehspots werden vor allem in den USA für Angriffe auf den politischen Gegner eingesetzt. Das negative campaigning gehört seit jeher zum amerikanischen Kampagnenstil (Mark 2009). Langzeitanalysen belegen eine Zunahme negativer Inhalte im Medienbild US-amerikanischer Kampagnen (Patterson 1993: 20). Ein vergleichbarer Negativismus-Trend ist für Deutschland jedoch nicht festzustellen. Zwar enthalten Wahlkampfberichte deutscher Medien seit Einführung der Fernsehdebatten 2002 weit mehr Kandidatenbewertungen als früher. Das sind aber überwiegend zitierte Bewertungen von Politikern, Experten und Wählern (Schulz/Zeh 2010, Wilke und Leidecker 2010). Zudem zeigen breiter angelegte Analysen dabei erhebliche Unterschiede zwischen einzelnen Presseorganen und Fernsehsendern (Donsbach/Jandura 1999).

Als eine vielfach diskutierte und untersuchte Folge der Fernsehdominanz gilt die Personalisierung der Kampagnen. Das Personalisierungskonzept wird mit unterschiedlichen Bezügen verwendet. Es kann sich auf eine kandidatenzentrierte Kampagnenstrategie beziehen, auf ein vorwiegend an Kandidaten orientiertes Wählerverhalten oder auf eine Mediendarstellung, bei der die Kandidaten und ihre Eigenschaften im Vordergrund stehen (Brettschneider 2002). Es wird angenommen, dass die spezifischen Darstellungsformate des Fernsehens, die Konzentration auf Personen und „sprechende Köpfe", die Personalisierung der Fernsehkampagne befördern. Bei einem personalisierten Wahlverhalten wird vermutet, dass die Spitzenkandidaten und ihre Eigenschaften (auch ihr Privatleben) für die Wähler vorrangig sind, während Wahlprogramme der Parteien, ideologische Positionen und kontroverse Themen eine geringere Rolle spielen. Die empirische Evidenz für einen generellen Personalisierungstrend ist jedoch zweifelhaft. Am besten belegt ist eine zunehmende Personalisierung der Kampagnendarstellung im Fernsehen (Adam und Maier 2010).

Das Fernsehen konzentriert sich auf die Protagonisten des Wahlkampfs, wobei Langzeitstudien für die USA zeigen, dass die Kandidaten in der Berichterstattung immer kürzer selbst zu Wort kommen. Im Lauf der Jahre verkürzten die Sender die O-Ton-Auftritte (sound bites) der Kandidaten kontinuierlich (Farnsworth/Lichter 2006). Der gleiche Trend ist für das österreichische Fernsehen belegt (Melischek/Seethaler 2013). Verkürzung der sound bites bzw. Originalzitate wird als Anzeichen einer „Entauthentisierung" der Kandidatendarstellung gesehen (Wilke/Reinemann 2000: 128). Untersuchungen der TV-Kampagnen in Deutschland und Großbritannien zeigen jedoch eine andere, teils gegenläufige Entwicklung (Deacon/Wring/Golding 2006, Schulz/Zeh 2010). Und auch für die USA sieht das Bild anders aus, wenn man berücksichtigt, dass die Fernsehnetworks trotz schrumpfender sound bites den Kandidaten zunehmend mehr bildliche Nachrichtenpräsenz einräumten (Bucy/Grabe 2007).

Das Internet erweitert erneut die Reichweite der Kampagnen und bietet den Parteien eine Fülle neuer Kampagneninstrumente. Die Parteien und Kandidaten können mit ihren Websites, mit Blogs, mit Chats, mit E-Mails und über verschiedene soziale Netzwerke die Wähler direkter und gezielter erreichen als über die herkömmlichen Massenmedien. Sie können auf diese Weise das mediale Kampagnenbild ergänzen und Gerüchten oder Diffamierungen mit einer eigenen Darstellung entgegenwirken. Das Internet bietet nicht zuletzt neue Möglichkeiten der innerparteilichen Kommunikation, der Mobilisierung und Organisation von Unterstützern und des Fundraisings. Mit der „Internetisierung" kommt es aber auch mitunter dazu, dass die

Kampagnenstrategie einer Partei konterkariert wird, wenn z. B. peinliche Fehlleistungen der Kandidaten oder Spott über Wahlwerbung viral im Web weiterverbreitet werden. Das Internet verwischt die Grenze zwischen der „offiziellen" Kampagne der Parteien und der „inoffiziellen" ihrer Sympathisanten und Gegner (Wring/Ward 2010).

6. Niedergang oder Tugendkreis?

Ähnlich wie in den eingangs erwähnten Quellen fragt Jay Blumler (1997) im Einleitungsbeitrag einer speziellen Themenausgabe der Zeitschrift „Political Communication": „Is political communication on the slide?" Zur Beantwortung der Frage führt er eine ganze Reihe von Fehlentwicklungen und Krisensymptomen auf. Auf der anderen Seite gibt es aber auch Autoren, die zu einer ausgesprochen optimistischen Einschätzung der Situation neigen. Samuel Popkin (2006) zum Beispiel sieht durchaus positive Tendenzen ("... we are wising up instead of dumbing down", S. 339). Aus Studien u. a. von Hamilton (2004) und Baum (2003) folgert er, dass mehr Medienwettbewerb und eine „weichere" Politikberichterstattung die Informiertheit der Bürger fördern. Ebenso nimmt auch Pippa Norris (2000) gestützt auf Daten aus den USA und Europa an, dass der gut belegte Zusammenhang zwischen politischer Mediennutzung einerseits und politischem Interesse und Informiertheit andererseits einen Tugendkreis („virtous circle") in Gang setzt (Norris 2000). Demnach fördert die wiederholte Nutzung politischer Medieninhalte langfristig das Interesse an und das Wissen über Politik mit der Folge weiter zunehmender politischer Mediennutzung und wachsenden bürgerschaftlichen Engagements.

Vor allem auf den digitalen Medien ruht die Hoffnung einer Reihe von Autoren. Darin sieht auch Blumler am ehesten einen Ausweg aus der von ihm als krisenhaft wahrgenommenen Situation. Internet und soziale Netzwerke bieten den Bürgern neue Möglichkeiten, öffentlich Gehör zu finden, an politischen Prozessen teilzuhaben und ihre Interessen zu organisieren, insbesondere wenn adäquate institutionelle Rahmenbedingungen das emanzipatorische Potential des Internets unterstützen (Coleman/Blumler 2009). Neue Medien ermöglichen politisches Engagement, das sich der Kontrolle durch politische Autoritäten entziehen kann (Castells 2008). Wie die Revolutionen im „arabischen Frühling" 2011 gezeigt haben, sind sie effektive Katalysatoren der Demokratisierung (Tufekci/Wilson 2012). Demokratisierungsprozesse verändern die Bedingungen politischer Kommunikation, und gleichzeitig tragen die veränderten Bedingungen – insbesondere Meinungs- und Medienfreiheit – zum Systemwandel bei. Auch das ist eine Variante von Tugendkreis.

Überblickt man die Einschätzungen von Langzeitentwicklungen der politischen Kommunikation in ihrer Breite, so scheinen beide Positionen – pessimistische wie auch optimistische – gerechtfertigt zu sein. Nicht nur bringt der soziale, politische und mediale Wandel sowohl günstige wie auch problematische Folgen mit sich. Es ist auch so, dass dieselben Entwicklungen in unterschiedlichem Licht erscheinen können, abhängig von den Prämissen, Erwartungen und Bewertungskriterien der Beobachter. Ambivalenz ist typisch für den Wandel der politischen Kommunikation wie auch für dessen Erklärung.

Literatur

Adam, S.Michaela M. (2010): Personalization of politics. A critical review and agenda for research. In: Charles T. Salmon (Hrsg.), Communication Yearbook 34. New York: Routledge, S. 213-257.
Albright, J. J. (2009): Does political knowledge erode party attachments? A review of the cognitive mobilization thesis. In: Electoral Studies 28, S. 248-260.
Baum, M. A. (2003): Soft news goes to war. Public opinion and American foreign policy in the new media age. Princeton, NJ: Princeton University Press.
Bennett, W. L., Iyengar, S. (2008): A new era of minimal effects? The changing foundations of political communication. In: Journal of Communication 58, S. 707-731.
Beyme, K. v. (2002): Parteien im Wandel. Von den Volksparteien zu den professionalisierten Wählerparteien [Changing parties. From people's parties to the professionalized electoralist parties]. Wiesbaden: Westdeutscher Verlag.
Beyme, K. v. (2010): Parlamente. In: Hans-Joachim Lauth (Hrsg.), Vergleichende Regierungslehre. Eine Einführung. 3., aktualisierte und erweiterte Auflage. Wiesbaden: VS Verlag, S. 264-282.
Birkner, T. (2010): Das Jahrhundert des Journalismus - ökonomische Grundlagen und Bedrohungen. In: Publizistik 55, S. 41-54.
Birkner, T. (2011): Genese, Formierung, Ausdifferenzierung und Durchbruch des Journalismus in Deutschland. In: Medien & Kommunikationswissenschaft 59, S. 345-359.
Blumenthal, S. (1980): The permanent campaign. Inside the world of elite political operatives. Boston: Beacon Press.
Blumler, J. G. (1997): Origins of the crisis of communication for citizenship. In: Political Communication 14, S. 395-404.
Blumler, J. G. und Michael Gurevitch (2001): "Americanization" reconsidered. UK-US campaign communication comparisons across time. In: W. Lance Bennett und Robert Entman (Hrsg.), Mediated politics. Communication in the future of democracy. Cambridge, MA: Cambridge University Press, S. 380-403.
Blumler, J. G. und Dennis Kavanagh (1999): The third age of political communication: Influences and features. In: Political Communication 16, S. 209-230.
Bonfadelli, H. (2007): Die Wissenskluft-Perspektive. Theoretische Perspektive, methodische Umsetzung, empirischer Ertrag. In: Michael Schenk (Hrsg.), Medienwirkungsforschung, 3., vollst. überarb. Aufl. Tübingen: Mohr Siebeck, S. 614-647.
Bösch, F. (2011): Mediengeschichte. Vom asiatischen Buchdruck zum Fernsehen. Frankfurt a. M.: Campus.
Bösch, F., Frei, N. (2006): Die Ambivalenz der Medialisierung. Eine Einführung. In: Frank Bösch und Norbert Frei (Hrsg.), Medialisierung und Demokratie im 20. Jahrhundert. Göttingen: Wallstein, S. 7-23.
Brettschneider, F. (2002): Spitzenkandidaten und Wahlerfolg. Personalisierung - Kompetenz - Parteien. Ein internationaler Vergleich. Wiesbaden: Westdeutscher Verlag.
Bucy, E. P., Grabe, M. E. (2007): Taking television seriously: A sound and image bite analysis of presidential campaign coverage, 1992-2004. In: Journal of Communication 57, S. 652-675.
Cappella, J. N., Hall Jamieson, K. (1997): The spiral of cynicism. The press and the public good. New York: Oxford University Press.

Castells, M. (2008): The new public sphere: Global civil society, communication networks, and global governance. In: Annals of the American Academy of Political and Social Science 616, S. 78-93.

Chapman, J. (2005): Comparative media history. An introduction: 1789 to the present. Cambridge: Polity Press.

Coleman, S., Blumler, J. G. (2009): The Internet and democratic citizenship. Theory, practice and policy. Cambridge: Cambridge University Press.

Dalton, R. J., Wattenberg, M. P. (Hrsg.) (2000): Parties without partisans. Political change in advanced industrial democracies. Oxford: Oxford University Press.

Daremas, G., Terzis, G. (2000): Televisualization of politics in Greece. In: Gazette 62, S. 117-131.

de Vreese, C. H. (2005): The spiral of cynicism reconsidered. In: European Journal of Communication 20 (3), S. 283-301.

Deacon, D., Wring, D., Golding, P. (2006): Same campaign, differing agendas: Analysing news media coverage of the 2005 general election. In: British Politics 1, S. 222–256.

Donges, P. (2008): Medialisierung politischer Organisationen. Parteien in der Mediengesellschaft. Wiesbaden: VS Verlag für Sozialwissenschaften.

Donsbach, W. (1992): Die Selektion der Rezipienten. Faktoren, die die Zuwendung zu Zeitungsinhalten beeinflussen. In: W. Schulz (Hrsg.), Medienwirkungen. Einflüsse von Presse, Radio und Fernsehen auf Individuum und Gesellschaft. Untersuchungen im Schwerpunktprogramm "Publizistische Medienwirkungen". Weinheim: VCH Verlagsgesellschaft, S. 25-70.

Donsbach, W. (1997): Die Mediatisierung der Politik in der Informationsgesellschaft. In: Bürger fragen Journalisten e.V. (Hrsg.), Die Rolle der Medien im Gefüge des demokratischen Verfassungsstaates. XII. Erlanger Medientage. Erlangen: TM-Transparenz der Medien, S. 53-79.

Donsbach, W., Jandura, O. (1999): Drehbücher und Inszenierungen. Die Union in der Defensive. In: E. Noelle-Neumann, H. M. Kepplinger, W. Donsbach (Hrsg.), Kampa. Meinungsklima und Medienwirkung im Wahlkampf 1998. Freiburg: Alber, S. 141-171.

Esser, F., Büchel, F., Umbricht, A. (2012): How political reality is defined and constructed by the media. In: NCCR Democracy Newsletter (10), June 2012, S. 4-6.

Farnsworth, S. J., Lichter, R. S. (2006): The nightly news nightmare. Television's coverage of U.S. presidential elections, 1988-2004. Second edition. Lanham, Md: Rowman & Littlefield.

Gibson, R. K., Römmele, A. (2009): Measuring the professionalization of political campaigning. In: Party Politics, S. 265-293.

Gilboa, E. (2002): Global communication and foreign policy. In: Journal of Communication 52, S. 731-748.

Gurevitch, M., Coleman, S., Blumler, J. G. (2009): Political communication: Old and new media relationships. In: Annals of the American Academy of Political and Social Science 625, S. 164-181.

Hadjar, A., Becker, R. (2007): Unkonventionelle politische Partizipation im Zeitverlauf. Hat die Bildungsexpansion zu einer politischen Mobilisierung beigetragen? In: Kölner Zeitschrift für Soziologie und Sozialpsychologie 59, S. 410-439.

Hallin, D. C., M. (2004a): Americanization, globalization, and secularization. Understanding the convergence of media systems and political communication. In: Frank Esser und Barbara Pfetsch (Hrsg.), Comparing political communication. Theories, cases, and challenges. Cambridge: Cambridge University Press, S. 25-44.

Hallin, Daniel C. und Paolo Mancini (2004b): Comparing media systems. Three models of media and politics. Cambridge: Cambridge University Press.

Hamilton, James T. (2004): All the news that's fit to sell. How the market transforms information into news. Princeton, NJ: Princeton University Press.

Hodenberg, C. v. (2006): Konsens und Krise. Eine Geschichte der westdeutschen Medienöffentlichkeit, 1945 - 1973. Göttingen: Wallstein.

Iyengar, S., Hahn, K. S. (2009): Red media, blue media: Evidence of ideological selectivity in media use. In: Journal of Communication 59, S. 19-39.

Kaid, L. L., Strömbäck, J. (2008): Election news coverage around the world: A comparative perspective. In: J. Strömbäck und L. L. Kaid (Hrsg.), The handbook of election news coverage around the world. Mahwah, NJ: Lawrence Erlbaum, S. 421-431.

Kantner, C. (2006): Die thematische Verschränkung nationaler Öffentlichkeiten in Europa. In: K. Imhof et al. (Hrsg.), Demokratie in der Mediengesellschaft. Wiesbaden: VS Verlag für Sozialwissenschaften, S. 145-160.

Katz, R. S. und P. M. (Hrsg.) (1994): How parties organize. Change and adaptation in party organizations in Western democracies. London: Sage.

Kepplinger, H. M. (1985): Die aktuelle Berichterstattung des Hörfunks. Eine Inhaltsanalyse der Abendnachrichten und politischen Magazine. Freiburg: Alber.

Kepplinger, H. M. (1998): Die Demontage der Politik in der Informationsgesellschaft. Freiburg: Alber.

Kleinnijenhuis, J., van Hoof, A. M. J., Oegema, D. (2006): Negative news and the sleeper effect of distrust. In: Press/Politics 11 (2), S. 86-104.

Koszyk, K. (1966): Deutsche Presse im 19. Jahrhundert. Geschichte der deutschen Presse, Teil II. Berlin: Colloquium.

Maier, J. (2009): Was die Bürger über Politik (nicht) wissen - und was die Massenmedien damit zu tun haben - ein Forschungsüberblick. In: F. Marcinkowski und B. Pfetsch (Hrsg.), Politik in der Mediendemokratie. Wiesbaden: VS Verlag für Sozialwissenschaften (PVS Sonderheft 42), S. 393-414.

Mair, P. (1994): Party organizations: From civil society to the state. In: R. S. Katz und P. Mair (Hrsg.), How parties organize. Change and adaptation in party organizations in Western democracies. London: Sage, S. 1-22.

Mark, D. (2009): Going dirty. The art of negative campaigning. Lanham, Md: Rowman & Littlefield.

Marschall, S. (2009): Medialisierung komplexer politischer Akteure - Indikatoren und Hypothesen am Beispiel von Parlamenten. In: F. Marcinkowski und B. Pfetsch (Hrsg.), Politik in der Mediendemokratie. Wiesbaden: VS Verlag für Sozialwissenschaften (PVS Sonderheft 42), S. 205-223.

Maurer, M. (2003): Politikverdrossenheit durch Medienberichte. Eine Paneluntersuchung. Konstanz: UVK.

Mazzoleni, G., Schulz, W. (1999): "Mediatization" of politics. A challenge for democracy? In: Political Communication 16, S. 247-261.

McKinney, M. S., Carlin, D. B. (2004): Political campaign debates. In: L. L. Kaid (Hrsg.), Handbook of political communication research. Mahwah, NJ: Lawrence Erlbaum, S. 203-234.

Melischek, G., Seethaler, J. (2013): Going interpretive? Das Verhältnis von Politik und Journalismus in den Hauptabendnachrichten des Fernsehens während der Österreichischen Nationalratswahlkämpfe seit 1983. In: F. Karlhofer, S. Jeschke und G. Pallaver (Hrsg.), Medienzentrierte Demokratien: Befunde, Trends, Perspektiven. Festschrift für Univ.-Prof. Dr. Fritz Plasser. Wien: Facultas, S. 123-146.

Negrine, R. (2008): The transformation of political communication. Continuities and changes in media and politics. Houndmills: Palgrave Macmillan.

Negrine, R., Mancini, P., Holtz-Bacha, C., Papathanassopoulos, S. (Hrsg.) (2007): The professionalisation of political communication. Changing media, changing Europe, volume 3. Bristol: Intellect.

Noelle-Neumann, E. (1977): Die stille Revolution. Wandlungen im Bewußtsein der deutschen Bevölkerung. In: E. Noelle-Neumann (Hrsg.), Allensbacher Jahrbuch der Demoskopie 1976-1977. Wien: Molden, S. VII-XXXIX.

Norris, P. (2000): A virtuous circle. Political communications in postindustrial societies. Cambridge: Cambridge University Press.

Patterson, T. E. (1993): Out of order. New York: Alfred A. Knopf.

Patterson, T. E. (2002): The vanishing voter. Public involvement in an age of uncertainty. New York: Alfred A. Knopf.

Peiser, W. (1999): Zum Einfluss des Fernsehens auf das politische Interesse der Bevölkerung in der Bundesrepublik Deutschland. In: J. Wilke (Hrsg.), Massenmedien und Zeitgeschichte. Konstanz: UVK Medien, S. 64-72.

Plasser, F., Plasser, G. (2002): Globalisierung der Wahlkämpfe. Praktiken der Campaign Professionals im weltweiten Vergleich. Wien: WUV Universitätsverlag.
Popkin, S. L. (2006): Changing media, changing politics. In: Perspectives on Politics 4, S. 327-341.
Reinemann, C., Wilke, J. (2007): It's the debates, stupid! How the introduction of televised debates changed the portrayal of chancellor candidates in the German press, 1949-2005. In: Press/Politics 12 (4), S. 92-111.
Rössler, P. (2000): Vielzahl=Vielfalt=Fragmentierung? Empirische Anhaltspunkte zur Differenzierung von Medienangeboten auf der Mikroebene. In: O. Jarren, K. I. und R. Blum (Hrsg.), Zerfall der Öffentlichkeit? Wiesbaden: Westdeutscher Verlag, S. 168-186.
Sarcinelli, U. (2011): Politische Kommunikation in Deutschland. Medien und Politikvermittlung im demokratischen System. 3., erweiterte und überarbeitete Auflage. Wiesbaden: VS Verlag für Sozialwissenschaften.
Schudson, M. (2005): The emergence of the objectivity norm in American journalism. In: Svennik Hoyer und Horst Pöttker (Hrsg.), Diffusion of the news paradigm. Göteborg: Nordicom, S. 19-35.
Schulz, Winfried (2014): Political communication in long-term perspective. In: C. Reinemann (Hrsg.), Political communication. Berlin: De Gruyter Mouton (forthcoming).
Schulz, W., Zeh, R. (2010): Die Protagonisten in der Fernseharena. Merkel und Steinmeier in der Berichterstattung über den Wahlkampf 2009. In: C. Holtz-Bacha (Hrsg.), Die Massenmedien im Wahlkampf. Das Wahljahr 2009. Wiesbaden: VS Verlag für Sozialwissenschaften, S. 313-338.
Selwyn, N. (2004): Reconsidering political and popular understandings of the digital divide. In: New Media & Society 6, S. 341-362.
Swanson, D.(1997): The political-media complex at 50. In: American Behavioral Scientist 40, S. 1264-1282.
Swanson, D. L. (2004): Transnational trends in political communication. In: F. Esser und B. Pfetsch (Hrsg.), Comparing political communication. Theories, cases, and challenges. Cambridge: Cambridge University Press, S. 45-63.
Tufekci, Z., Wilson, C. (2012): Social media and the decision to participate in political protest: Observations from Tahrir Square. In: Journal of Communication 62, S. 363-379.
Vowe, G., Dohle, M. (2007): Politische Kommunikation im Umbruch – neue Forschung zu Akteuren, Medieninhalten und Wirkungen [Political communication in transition - new research on actors, media content and effects]. In: Politische Vierteljahresschrift 48, S. 338-359.
Webster, J. G., Ksiazek, T. B. (2012): The Dynamics of audience fragmentation: Public attention in an age of digital media. In: Journal of Communication 62, S. 39-56.
Weischenberg, S. (2010): Das Jahrhundert des Journalismus ist vorbei. Rekonstruktionen und Prognosen zur Formation gesellschaftlicher Selbstbeobachtung. In: Krise der Printmedien: Eine Krise des Journalismus? Berlin: De Gruyter, S. 32-61.
Wilke, J. (1984): Nachrichtenauswahl und Medienrealität in vier Jahrhunderten. Eine Modellstudie zur Verbindung von historischer und empirischer Publizistikwissenschaft. Berlin, New York: de Gruyter.
Wilke, J. (2000): Auf langem Weg zur Öffentlichkeit: Von der Parlamentsdebatte zur Mediendebatte. In: O. Jarren, K. Imhof und R. Blum (Hrsg.), Zerfall der Öffentlichkeit? Wiesbaden: Westdeutscher Verlag, S. 23-38.
Wilke, J., Leidecker, M. (2010): Ein Wahlkampf, der keiner war? Die Presseberichterstattung zur Bundestagswahl 2009 im Langzeitvergleich. In: C. Holtz-Bacha (Hrsg.), Die Massenmedien im Wahlkampf. Das Wahljahr 2009. Wiesbaden: VS Verlag für Sozialwissenschaften, S. 339-372.
Wilke, J. und Reinemann, C. (2000): Kanzlerkandidaten in der Wahlberichterstattung. Eine vergleichende Studie zu den Bundestagswahlen 1949 - 1998. Köln: Böhlau.
Wring, D., Ward, S. (2010): The media and the 2010 campaign: the television election? In: Parliamentary Affairs 63, S. 802–817.

Das Wirtschaftswachstum und die Objektivität seiner Darstellung in den Medien. Eine normative und empirische Betrachtung

Lutz M. Hagen und Claudia Seifert

Wolfgang Donsbach hat sich stets deutlich für das ausgesprochen, was er einen "realitätsbezogenen Objektivitätsbegriff" nennt. Damit meint er vor allem, dass sich journalistische Realitätskonstruktionen an Außenkriterien messen lassen müssen. Zugleich hat er deutlich gemacht, dass solche Kriterien gewissen Validitätsbedingungen unterliegen (1990: 25): Erstens müssen sie explizit aus "demokratietheoretischen oder kommunikationspolitischen Norm(en)" abgeleitet sein. Zweitens sollen die verwendeten Kriterien nicht "verzerrt" sein durch "spezifische Interessen" oder "professionelle Funktionen" der generierenden Institutionen. Drittens sollen sie einen Vergleich mit Medieninhalten ermöglichen.

Wir wollen im Folgenden erstens belegen, dass das Wirtschaftswachstum ein wichtiges Außenkriterium ist, das diesen drei Ansprüchen genügt. Es zieht als kontinuierlich ausgewiesener statistischer Indikator viel mediale Aufmerksamkeit auf sich, und seine Darstellung durch die Medien ist schon verschiedentlich auf ihre Objektivität hin untersucht worden - auch durch Wolfgang Donsbach (2000) selbst. Zweitens soll spezifiziert werden, welche genauen Vorgaben für die Berichterstattung sich eigentlich daraus ableiten lassen, dass Wachstum als Außenkriterium verwendet wird. Drittens prüfen wir, wie objektiv – im Sinne einer realitätsgetreuen Darstellung – die Berichterstattung über das Wirtschaftswachstum in Deutschlands führenden Qualitätszeitungen ausfällt.

Objektivität: Die Metanorm und ihre Komponenten

Donsbach verbindet sein Bekenntnis zur "realitätsbezogenen Objektivität" also mit Einschränkungen. Sie laufen darauf hinaus, dass intersubjektiver Konsens und anerkannte Normen als Fundament für Vorgaben dienen, an denen die Realitätskonstruktionen in den Medien gemessen werden. Daran zeigt sich einmal mehr: Die auf den ersten Blick disparaten Standpunkte von Realisten und Konstruktivisten, von Ptolemäikern und Kopernikanern – wie Schulz (1989) die Kommunikationswissenschaftler einteilt – unterscheiden sich umso weniger, je genauer ihre Standpunkte expliziert werden (vgl. Hagen 1995: 48ff.).

An der Definition von Objektivität lässt sich zeigen, dass Donsbach wie ein Konstruktivist argumentiert, obwohl er sich selbst zu den Realisten zählt. In der ursprünglichen realistischen Deutung meint Objektivität die Eigenschaft einer Wahrnehmung oder Darstellung, mit dem Wesen des Dargestellten übereinzustimmen, das vom Beobachter unabhängig ist.

In der Kommunikationswissenschaft herrscht inzwischen allerdings eine weniger naive Auffassung vor. Donsbach (1991: 27) hat zu ihrer Diffusion im Fach beigetragen, indem er sich auf den kritischen Rationalismus berief und Objektivität in Anlehnung an Popper als "Regelwerk von Techniken" begriff, "um eine möglichst große Intersubjektivität der Realitätsbeschreibungen zu gewährleisten".

Journalistische Objektivität ist demnach der Überbegriff für ein Bündel von Normen, die dazu beitragen, dass Berichterstattung intersubjektiv als realitätsgetreu akzeptiert wird. Diese Definition ist tatsächlich auch mit den Axiomen einer konstruktivistischen Erkenntnistheorie vereinbar. Information kann demnach als richtig – oder nach konstruktivistischer Diktion als *viabel* – gelten, wenn sie ein effektives und effizientes Verhalten von einer Umwelt ermöglicht, die stets nur in Ausschnitten und stets nur in den Kategorien des beobachtenden Subjekts wahrgenommen werden kann – was wohl kein ernst zu nehmender Kommunikationswissenschaftler bestreitet (vgl. dazu ausführlicher Hagen 1995: 59f., 105-112). Intersubjektiv übereinstimmende Beobachtungen sind möglich, soweit Kategorien mit anderen, gleichstrukturierten Individuen geteilt werden.

Westerstahl (1983) hat auf der Grundlage des schwedischen Rundfunkrechts eine Systematik pragmatischer Objektivitätsnormen entworfen, die die theoretische Diskussion und empirische Messung von Objektivität in der Kommunikationswissenschaft seither dominiert. Das lässt sich zum einen auf die logische Klarheit dieser Systematik zurückführen, zum anderen darauf, dass sie die wichtigsten normativen Anforderungen abdeckt, die sich im Medienrecht und den professionellen Berufsnormen des Journalismus in vielen Ländern identifizieren lassen (vgl. McQuail 1992: 196-246; Hagen 1995: 48-52). Die vier Kriterien dieser Systematik sind in eine kognitive Dimension *Factuality* (Sachgerechtigkeit, Faktizität) und eine affektive Dimension *Impartiality* (Unparteilichkeit) untergliedert.

Sachgerechtigkeit umfasst wiederum zwei Unterkriterien: *Truth* (Wahrheit, Richtigkeit, Genauigkeit) und *Relevance*. Im ersten Fall geht es darum, dass Fakten so korrekt wie möglich wiedergegeben werden. Im zweiten Fall geht es darum, dass die Aufmerksamkeit der Berichterstattung proportional zur Wichtigkeit der behandelten Sachverhalte verteilt wird.

Unparteilichkeit besteht aus den beiden Kriterien *Balance* (Ausgewogenheit) und *Neutrality of Presentation* (Sachlichkeit, Neutralität). Ausgewogenheit bedeutet, dass gegensätzliche Meinungen oder Quellen in der Berichterstattung in einem Verhältnis präsentiert werden, das entweder gleichgewichtig ist oder durch ein Außenkriterium für die Wichtigkeit der Positionen vorgegeben wird (etwa Wahlergebnisse verschiedener Parteien). Sachlichkeit meint vor allem die Abwesenheit expliziter Bewertungen durch Journalisten in der Stilform der reinen Nachricht.

Wachstum: Kollektiver Wohlstandsindikator, Politikum, mediales Dauerthema

Als „eine der größten Erfindungen des zwanzigsten Jahrhunderts" (Samuelson/Nordhaus 1998: 472) sehen Mainstream-Ökonomen das Bruttoinlandsprodukt an. Es erfasst den Geldwert der Produktion aller Waren und Dienstleistungen, die in einer Periode innerhalb der Grenzen eines Landes hergestellt werden. Daher bildet es die wichtigste Grundlage, um den Wohlstand und die Leistungsfähigkeit einer Gesellschaft zu beurteilen. Wenn man es auf die Größe der Bevölkerung bezieht, beziffert es sowohl das ungefähre Ausmaß, in dem die Wirtschaft eines Landes durchschnittlich die Bedürfnisse der Einwohner befriedigen kann, als auch das Einkommen, das damit erzielt wird. Das Bruttoinlandsprodukt misst allerdings nur, was auf legalen Geld-Güter-Märkten gehandelt wird und bewertet dies zu Markpreisen. Daher bildet es z.B. weder den Verbrauch freier Ressourcen noch den Wert unentgeltlicher Leistungen etwa im familiären oder gemeinnützigen Bereich ab. Dieser und anderer Schwächen wegen wird seine Aussagekraft teils heftig kritisiert (Stiglitz/Sen/Fitoussi 2010). Bislang haben sich aber keine alternativen Indikatoren für gesamtgesellschaftlichen Wohlstand und ökonomische Leistung durchsetzen können.

Das Bruttoinlandsprodukt spielt daher eine zentrale Rolle in der Politik. Vor allem fungiert es (zusammen mit der Arbeitslosigkeit) als wichtigster Beurteilungsmaßstab, an dem die Regierung gemessen wird und der ihre Popularität und Wahlchancen beeinflusst (Lewis-Beck/Stegmaier 2013: insbes. 376). Dafür ist vor allem die prozentuale Veränderung der Produktion entscheidend: das Wachstum. Es wird vor allem auf der Grundlage der jährlich oder vierteljährlich gemessenen Veränderung des realen Bruttoinlandsprodukts ausgewiesen, lässt sich aber auch auf monatlicher Basis mit dem Produktionsindex berechnen. In modernen Industriegesellschaften sehen die meisten Ökonomen Wachstum nicht nur als Voraussetzung für die Zunahme des Wohlstands im Durchschnitt der Bevölkerung. Sondern, nach dem Gesetz von Okun (1962), gilt ein Mindestmaß an Wachstum auch als Bedingung dafür, dass die Arbeitslosigkeit reduziert wird oder zumindest nicht zunimmt. Wachstum und Beschäftigung kovariieren nämlich sehr eng, wobei der Arbeitsmarkt mit mehreren Monaten Verzug auf Veränderungen der Produktion reagiert (vgl. Hagen 2005: 47f., 247). Auch die Preisentwicklung ist mit der Produktionsentwicklung verknüpft, indem die Preise in Expansionsphasen üblicherweise zu steigen, in Kontraktionsphasen zu fallen pflegen.

Die Relevanz des Wachstums ist im „Gesetz zur Förderung der Stabilität und des Wachstums der Wirtschaft" (StabG §1, S2) festgeschrieben. Die prioritäre Rolle des Wachstums ergibt sich daraus, dass es in marktwirtschaftlich organisierten Systemen die wichtigste Determinante der Beschäftigung und der Einkommen ist. Beide tragen unmittelbar zur materiellen und geistigen Sicherheit, zum Wohlbefinden, zu den Wahlmöglichkeiten und zur individuellen Freiheit bei und sorgen dadurch dafür, dass grundlegende Werte westlicher Gesellschaften realisiert werden (Hagen 2005: 45-53).

Die Wirtschaftslage ist also hochrelevant und erfüllt überdies weitere Nachrichtenfaktoren, was sie zum Dauerthema in den Medien macht (Hagen 2005: 96-101). Ihre Präsenz in den Nachrichten wird durch eine Fülle an Informationen befeuert, die die Wirtschaftsstatistik kontinuierlich zur Verfügung stellt (Hagen 2005: 86-91): So wird in den meisten Industrienationen im Rahmen der volkswirtschaftlichen Gesamtrechnungen die gesamte Produktion (in weiten Sektoren als Vollerhebung) erfasst und ihre neuste Veränderung im Abstand von einem Quartal durch die nationale Statistikbehörde veröffentlicht. Andere wichtige Statistiken wie z.B. die Arbeitslosenquote und der Preisindex werden monatlich zur Verfügung gestellt. Auch zur Produktion existiert eine monatliche Statistik: Der Produktionsindex. Zusätzlich werden Klimadaten, d. h. Einschätzungen zur Wirtschaftslage aus Sicht von Unternehmen und der Gesamtbevölkerung, ebenfalls monatlich erhoben und ausgewiesen.

Validierung von Wachstum als Außenkriterium der Objektivität von Nachrichten

Wachstum kann, wie dargelegt, in wirtschaftlicher wie in politischer, in individueller wie in kollektiver Hinsicht als hochrelevant gelten und tangiert zentrale Grundwerte unserer Gesellschaft. Zwar ist seine Validität als Wohlstandsindikator beschränkt. Doch gibt es keine allgemein akzeptierten Indikatoren, denen eine höhere Validität zugesprochen wird. Damit wäre Donsbachs erste Bedingung, wonach Außenkriterien normativ validiert sein müssen, durch das Wirtschaftswachstum erfüllt.

Auch die zweite Bedingung, wonach Außenkriterien nicht durch Partikularinteressen verzerrt sein sollen, erfüllt das Wachstum. Es wird durch eine Bundesbehörde veröffentlicht und durch sie im Rahmen der volkswirtschaftlichen Gesamtrechnungen kontinuierlich nach weitgehend konstanten Regeln ermittelt, die wiederum international zwischen Statistikbehörden abgestimmt sind. Natürlich dienen die Indikatoren des Wachstums, wie alle Statistiken, mindestens einem Interesse, hier: Die Veränderung der Leistungsfähigkeit und des Wohlstands in einem Land genau zu bemessen. Dieses Ziel mag manchen unwichtig erscheinen, aber nach allem, was bisher zur gesellschaftlichen Relevanz des Wachstums vorgebracht wurde, kann man es nicht als Partikularinteresse bezeichnen. Auch mag die zentrale Rolle, die Wachstum in den existierenden Marktwirtschaften spielt, von manchen kritisiert werden (vgl. Meadows/Meadows/Randers 2004), und es mag die Validität seiner Messung eingeschränkt sein. Beides beeinträchtigt aber die Eigenschaft der Wachstumsstatistik nicht, ihre Werte unabhängig von unterschiedlichen Wünschen und Deutungen – etwa der Regierung oder der Opposition – auszuweisen.

Weil die beiden ersten Bedingungen erfüllt sind, ist die Forderung gut begründet, dass die Entwicklung der gesamtwirtschaftlichen Produktion von den Medien nicht nur regelmäßig thematisiert, sondern dabei auch objektiv dargestellt werden soll. Aber was heißt das eigentlich vor dem Hintergrund eines pragmatischen, auf Intersubjektivität beruhenden Objektivitätsbegriffs, wie er in Abschnitt 1 vorgestellt wurde? Welche Vorgaben erwachsen daraus für die Berichterstattung? Die Antwort auf diese Frage beinhaltet die Prüfung von Donsbachs dritter Bedingung, wonach Medieninhalte und Außenkriterium vergleichbar sein müssen.

Vergleiche von Gegenstand (bzw. Ereignis) und Nachricht sind nicht banal, weil sie das Basissatzproblem aufwerfen, das in der prinzipiellen Unterschiedlichkeit von sprachlichen Beschreibungen und den durch sie beschriebenen materiellen oder geistigen Zuständen besteht (Hagen 2005: 63ff.). Worin kann also ein Vergleich von statistischen Indikatoren und der Medienberichterstattung bestehen? In der Qualitätsforschung werden drei Formen des Vergleichs angewendet, die auf drei unterschiedlichen Objektivitätsnormen aus der Systematik von Westerstahl beruhen (vgl. Abschnitt 1): Bei der einfachsten Variante, die in der sog. Accuracy-Forschung zum Einsatz kommt, wird die Wiedergabe statistischer Indikatoren auf *Genauigkeit* bzw. *Richtigkeit* überprüft (Hagen1995: 109ff.). Der Vergleich besteht in diesem Fall in der Prüfung der Identität von Aussagen.

Bei den beiden anderen Varianten des Vergleichs wird eine proportionale oder zumindest lineare Beziehung zwischen Medieninhalten und statistischen Indikatoren verlangt und geprüft.[1] So können Statistiken – und das ist die zweite Form des Vergleichs – als Maß für *Ausgewogenheit* genommen werden. D. h. sie geben ein Verhältnis der Anteile vor, in dem über Bewertungen, Urteile oder Quellen berichtet wird, die im Widerspruch oder Wettstreit miteinander stehen und die sich allein anhand ihrer Richtigkeit oder Relevanz schwer oder nicht priorisieren lassen (etwa weil beides schwer zu beurteilen ist). Entsprechend kann z. B. gefordert werden, die Sendezeit

---

[1] Proportional bedeutet, dass die Werte zweier Variablen an jedem Punkt im selben Verhältnis stehen. Das entspricht einer linearen Funktion, deren Gerade durch den Ursprung geht.

für Politiker unterschiedlicher Parteien an deren parlamentarischer Stärke oder demoskopisch ermittelter Popularität festzumachen. Diese zweite Form des Vergleichs ist stärker angreifbar, da sie zum einen die Reproduktion bestehender Verhältnisse begünstigt, zum anderen in den meisten Fällen konkurrierende Ausgewogenheitsmaße denkbar sind (Hagen 1995: 120ff.). Eine dritte und letzte Form des Vergleichs besteht darin, dass ein statistischer Außenindikator als Vorgabe für die *Relevanz* von Themen verwendet wird. Es wird erwartet, dass die Thematisierung in den Medien, d. h. die Häufigkeit von Beiträgen mit einem bestimmten Themenbezug, analog zur Entwicklung dieser Statistiken verläuft (Donsbach 1990: 21f.). Hierbei stellt sich vor allem das Problem, dass in den meisten Fällen mehrere, oft unterschiedlich gut quantifizierbare Relevanzindikatoren für ein Thema existieren, deren Auswahl oder Gewichtung nicht immer leicht zu begründen ist (vgl. Erbring 1989: 307).

Wir werden im folgenden Abschnitt darlegen, dass alle drei Arten Vergleiche auch auf der Grundlage des Wachstums als Außenkriterium möglich und zumindest bedingt zu rechtfertigen sind. Damit kann man Donsbachs dritte Bedingung ebenfalls als erfüllt ansehen.

Vorgaben, die sich aus der Wachstumsstatistik für die Berichterstattung ableiten lassen

Das Ergebnis der Wachstumsstatistik besteht in einem Prozentsatz, der sich entsprechend der ersten Form des Vergleichs, tatsächlich mehr oder weniger genau, falsch oder richtig in den Diskursen der Medien wiedergeben lässt. Insofern ist eine Vergleichbarkeit definitiv gegeben und man muss fordern, dass *Wachstumswerte korrekt zitiert werden (1. "Richtige Zitation")*.

Nun besteht schon die Wachstumsberichterstattung im engeren Sinn ja nicht nur aus der Repetition von Zahlen. Wir erwarten mehr von den Medien, als die reine Verlautbarung der Wirtschaftsstatistik. Es ist eine wichtige Aufgabe für Journalisten, die Statistiken in eine Sprache zu übersetzen, die das Publikum versteht, und ihre Bedeutung zu erläutern. Dies geschieht auch dadurch, dass die quantitative Entwicklung des Indikators verbal in einer sachlichen Weise anschaulich beschrieben wird. Solche Beschreibungen werden einerseits durch die Journalisten selbst, andererseits durch zitierte Quellen in die Berichterstattung eingehen. Insofern ist die erweiterte Forderung nach Richtigkeit durchaus begründet, wonach in der Berichterstattung *die verbalen sachlichen Beschreibungen der Entwicklung des Wachstums dessen numerischer Entwicklung entsprechen sollen (2. "Proportionale Beschreibung")*. Um verbale Beschreibungen mit numerischen Wachstumswerten vergleichen zu können, ist eine Kodiervorschrift nötig, die verbalen Beschreibungen eindeutige Werte auf einer metrischen Ratingskala zuweist. Dabei wird sich zwar die verbale Beschreibung des Nullpunkts leicht festlegen lassen (etwa "Kein Wachstum"), aber die Entsprechung für positive oder negative

Wachstumsraten ist zu einem gewissen Grad willkürlich (etwa: "0 bis 1 Prozent = schwach positives Wachstum"). Daher muss man zwar eine proportionale verbale Darstellung des Wachstums verlangen, kann aber für eine querschnittliche Betrachtung nicht genau vorgeben, welche Beschreibung zutreffend ist. Dagegen muss gefordert werden, dass die zeitliche Entwicklung verbaler Deskriptionen, wie sie auf einer Ratingskala inhaltsanalytisch codiert werden, proportional zur Entwicklung des Wachstums verläuft, sonst wäre der Verlauf unrichtig beschrieben. Nachdem die Berichterstattung in Zeiträumen, die beurteilt werden sollen, oft mehrere Beschreibungen des Wachstums enthalten wird, kann man die zweite Vorgabe auf ein Aggregat beziehen, also auf die Summe oder den Durchschnitt der Beschreibungen, die von Journalisten und anderen Quellen geäußert werden.

Noch wichtiger als die sachliche Deskription ist für eine angemessene journalistische Vermittlung und Interpretation des Wachstums allerdings die Bewertung seiner Entwicklung in den Medien, denn das Wachstum ist vor allem seiner Valenz wegen bedeutsam (siehe Abschnitt 2). Was alle Äußerungen über die gesamtwirtschaftliche Lage gemeinsam haben, besteht schließlich allein im expliziten oder impliziten Bezug darauf, ob es der Wirtschaft gut oder schlecht geht (Hagen 2005: 97f.). Die einzelnen statistischen Indikatoren können zwar rein quantitativ beschrieben werden, aber eine bestimmte quantitative Entwicklungsrichtung wird praktisch immer mit bestimmten Bewertungen verbunden. So ist es gut, wenn das reale Sozialprodukt wächst und gut wenn die Arbeitslosigkeit oder das Preisniveau schrumpfen, denn damit sollten sich die ökonomischen Wahlmöglichkeiten und der Wohlstand ceteris paribus im Durchschnitt verbessern.

In bestimmten Phasen oder unter bestimmten Bedingungen kann sich die Wertigkeit von Indikatorrichtungen freilich umdrehen, oder zumindest als Alternative die herkömmliche Bewertung ergänzen. In den letzten Jahren drohen z. B. verstärkt Gefahren durch Deflation. Die negativen Folgen der Geldaufwertung treten damit stärker ins Bewusstsein und werden bei der Deutung der Geldwertentwicklung wichtiger (Bernanke 2002). Auch ist ein Mehr an Wachstum – selbst im Rahmen des derzeit dominanten volkswirtschaftlichen Paradigmas – nicht unter allen Umständen uneingeschränkt positiv zu werten – etwa in Phasen der konjunkturellen Überhitzung. Das belegt z. B. die Forderung nach "stetigem und angemessenem" Wirtschaftswachstum im Stabilitätsgesetz (StabG, §1, S2). Doch egal, wie die Richtung, in die ein Indikator sich entwickelt, auch bewertet werden mag: Stets liegt die Bedeutung seiner Entwicklung in einer Bewertung (Hagen 2005: 215)!

Das belegt auch ein flüchtiger Blick in die Nachrichten, die sich z. B. am 11.06.2014 bei Google-News und tagesschau.de zu den Stichworten "Wachstum" oder "Konjunktur" fanden. Explizite Bewertungen quantitativer Indikatoren durch Journalisten sind allgegenwärtig: *"Zuversicht* trotz *schwacher* Prognosen", "*Gute* Daten geben Rückenwind für Tokio-Börsen " oder "*Gute* Konjunktur beflügelt die deutschen Messen".[2] Zum Teil hängt die Präsenz von Bewertungen auch mit Homonymen zusammen, die zugleich quantitativ und qualitativ gedeutet werden können ("*Schwächstes* Wachstum seit 2009"). Der wichtigere Grund liegt aber in der herausragenden Bedeutung der Valenz für das Framing, ja für die Definition der Wirtschaftslage.

Nachdem Bewertungen durch weit verbreitete Konventionen, eng mit dem Wachstum assoziiert sind, lässt sich für ihre Verteilung Ausgewogenheit entsprechend dem Wachstum als Außenkriterium fordern. Auch im Fall der Bewertungen muss Vergleichbarkeit zu numerischen Wachstumswerten durch inhaltsanalytische Codierung auf Ratingskalen hergestellt und expliziert werden. In diesem Fall lässt sich aber noch nicht einmal der Nullpunkt der Ratingskala eindeutig festlegen: Sollte etwa Nullwachstum zu neutralen Bewertungen führen, alles darunter zu negativen und alles darüber zu positiven Bewertungen (Donsbach 2000: 67)? Oder soll der Durchschnitt aus einem festzulegenden vergangenen Zeitraum als Erwartungswert genommen werden? Denkbar wäre es auch, die Beschäftigungsschwelle, also den Prozentsatz, ab dem Wachstum Arbeitsplätze generiert, als Grenze zwischen guten und schlechten Bewertungen zu nehmen. Allerdings ist dieser Prozentsatz erstens nicht präzise festgelegt, hat sich auch historisch verändert, und beruht auf nicht unumstrittenen theoretischen Fundamenten (Schirwitz 2005: insbes. 36). Auch ist das Wachstum ja nicht allein wegen seiner Beschäftigungswirkung relevant.

Absolute Vorgaben für die Bewertung des Wachstums sind also nur ungefähr zu rechtfertigen, weshalb eine proportionale Entsprechung von Bewertungen und Wachstumswerten im strengen Sinn nicht gefordert werden kann. Allerdings erweist sich eine eindeutige funktionale Entsprechung als begründbar: Bestimmte Ausprägungen des Wachstums sollten (unter sonst gleichen wirtschaftlichen Umständen) immer gleich bewertet werden. Mehr noch: eine Zunahme sollte zu tendenziell besseren Bewertungen führen, eine Abnahme zu tendenziell schlechteren Bewertungen. Denn schließlich zeigt jede Zunahme ein Mehr an Wohlstand an und vice versa. Die einfachste Form einer solchen monotonen funktionalen Beziehung ist die Linearität. Sie kann auch für die Beziehung zwischen dem Wachstum und seinen Bewertungen als plausibel gelten: *Bewertungen des Wachstums sollen sich im Zeitverlauf grundsätzlich linear zum Wachstum verhalten (3. "Lineare Bewertung")*. Auch diese Vorgabe kann man auf ein Aggregat, also die Summe oder den Durchschnitt der Beschreibungen beziehen, die von Journalisten und anderen Quellen geäußert werden.

Die lineare Funktion ist vor allem deshalb eine plausible Vorgabe, weil wir keinen Grund erkennen, warum der Wohlstand durch das Wachstum z. B. im Quadrat oder nach einer anderen progressiven oder degressiven Funktion gefördert werden sollte.

---

[2] Damit rückt auch noch Westerstahls viertes Gebot *Sachlichkeit* in den Vordergrund, demgemäß Journalisten in der Stilform der reinen Nachricht keine eigenen Bewertungen äußern dürfen. Im Fall des Wachstums geschieht dies dennoch häufig, vermutlich weil die Bewertungen (anders als etwa Bewertungen politischer Standpunkte) als intersubjektiv weitgehend unstrittig erscheinen.

Das heißt aber nicht, dass eine entsprechende Begründung nicht existiert.[3] Die Vorgabe der Linearität ist insofern naheliegend aber nicht unumstößlich.
Außerdem muss man noch folgende, weitreichende Einschränkungen machen: *(3.a) Die Verläufe von anderen Indikatoren der Wirtschaftslage und weitere, nicht genau quantifizierbare wirtschaftliche Kontexte müssen als zusätzliche Faktoren von Bewertungen des Wachstums berücksichtigt werden (3.b).* Zugleich *darf nicht strikt von einer synchronen Linearität ausgegangen werden, da je nach Deutungskontext eher vergangene oder eher zukünftige Wachstumswerte für die Berichterstattung relevant sein können.* Die Wirtschaftslage kann nämlich, auch wenn das Wachstum in ihrem Zentrum steht, durch eine Fülle verschiedener Statistiken beschrieben werden, die sich auf unterschiedliche Aspekte der Produktion, der Beschäftigung und der Preisentwicklung beziehen oder auf diesbezügliche Einschätzungen, die unter Unternehmen, Konsumenten oder Experten erhoben werden. Und das muss noch nicht alles sein. Donsbach (2000: 45) z. B. zählt darüber hinaus Aspekte des "wirtschaftlichen Umfeldes", der "wirtschaftlichen Struktur", der "Wirtschaftsmentalität" und "politisch-historische Sondersituationen" zu den Komponenten der Wirtschaftslage. So kritisiert Donsbach (2000: 73), dass die Wirtschaftsberichterstattung während des Bundestagswahlkampfs von 1998 unausgewogen war, weil die Bewertungen der damals außergewöhnlich hohen Werte der Arbeitslosigkeit die Sondersituation der Wiedervereinigung nicht berücksichtigt.

Zusätzlich zu den unterschiedlichen situativen Kontexten, wird die Vorgabe der Linearität noch dadurch relativiert, dass sich Bewertungen des Wachstums auf unterschiedliche Zeiträume beziehen können. Und Vorgaben, auf welche Zeiträume sich Bewertungen beziehen sollen, sind nur schwer zu begründen, allenfalls insofern, als Nachrichten aktuell zu sein haben. Erneut lässt sich das Problem an einem Beispiel aus Donsbach (2000: 59) veranschaulichen. Er hält die Wirtschaftsberichterstattung während des Bundestagswahlkampfs von 1998 auch deshalb für unausgewogen, weil die (eher negative) aktuelle und vergangene Situation auf dem Arbeitsmarkt in der Berichterstattung noch stärker beachtet wurde, als die (eher positiven) Aussichten

Allerdings stützt Donsbach (2000: 68, 71) den Vorwurf der Einseitigkeit noch dadurch, dass er auf den höheren Anteil von Oppositions-Sympathisanten unter Journalisten verweist. Und in der Tat führt dies zu einer weiteren Vorgabe, die sich gut begründen lässt: *Abweichungen von der Linearität zwischen dem Verlauf des Wachstums und dem Verhältnis guter zu schlechter Bewertungen dürfen nicht auf instrumentelle Aktualisierung zurück gehen (4."Keine instrumentelle Aktualisierung").* Das heißt, sie dürfen nicht durch die Absicht von Journalisten oder Medien zustande kommen, mittels bestimmter Publikationsfolgen eigene Interessen zu realisieren (vgl. Kepplinger u. a. 1989), was direkt dem Neutralitäts- bzw. Ausgewogenheitsgebot widerspricht.

---

[3] Aus der Mikroökonomik ist z. B. das Gesetz vom abnehmenden Grenznutzen bekannt, das in vielen Situationen gilt. Demnach stiftet jede zusätzliche Einheit eines Gutes einen kleineren Zusatznutzen, die individuelle Wohlfahrt wächst also bei isolierter Betrachtung nur unterproportional mit dem Konsum.

Was Vorgaben auf der Grundlage der Ausgewogenheitsnorm betrifft, lässt sich also zusammenfassen: Ceteris paribus, d. h. wenn alle anderen Faktoren der Wirtschaftslage gleich sind, sollten sich die Bewertungen der Wirtschaftslage in den Medien schon linear zum Wachstum entwickeln, andernfalls wären sie durch Willkür oder sogar durch unzulässige Faktoren geprägt. Die Norm der linear-analogen Bewertung wird aber u. a. dadurch abgeschwächt, dass intervenierende Effekte anderer Indikatoren der Wirtschaftslage, situativer Kontexte und zeitliche Bezüge berücksichtigt werden müssen. Eine mechanische, stets unveränderliche Bindung von Bewertungen an verschiedene Indikatoren oder sogar nur an das Wachstum allein kann daher sinnvollerweise nicht gefordert werden. Es gibt legitime Gründe, die Wirtschafslage aus sachlichen Erwägungen heraus auch anhand anderer Indikatoren zu bewerten als das Wachstum allein es suggeriert. Dabei wird man über dauerhafte Vorgaben, wie stark die verschiedenen Außenkriterien zur Beurteilung der Wirtschaftslage gewichtet werden müssen, nur schwer intersubjektive Einigung erzielen können. Dagegen ist eine Abweichung durch instrumentelle Aktualisierung mit der Norm der Ausgewogenheit bzw. Unparteilichkeit eindeutig unvereinbar.

Auch die dritte Möglichkeit, Vorgaben auf der Basis des Außenkriteriums Wachstum zu entwickeln, macht Sinn, nämlich auf der Grundlage der Relevanz-Norm. Wenn das Wachstum vor allem als Indikator der Wirtschaftslage gilt und das Wichtigste an der Wirtschaftslage ihre Valenz ist, dann kann man fordern, dass mit zunehmender Valenz das Wirtschaftswachstum auch stärker thematisiert wird. D. h. *(5. "Lineare Thematisierung")*. Auch in diesem Fall wird sich kein genaues Verhältnis von Wachstumsraten und Thematisierungsgrad zu einem bestimmten Zeitpunkt vorgeben lassen, während eine lineare Entsprechung von Wachstum und Thematisierung im Zeitverlauf gefordert werden kann.

Dabei lässt sich argumentieren, dass *negative Abweichungen stärker thematisiert werden sollten als positive (6. "Asymmetrische Thematisierung")*. Donsbach (1990: 24) rechtfertigt dies mit Hinweis auf die durch Lasswell formulierte „Überwachungsfunktion" der Medien. Ähnlich urteilt Soroka (2006: 374) mit Blick auf die Wirtschaftsberichterstattung: "Surveillance of this kind mainly involves identifying problems". Für eine Antwort auf die Frage, um wie viel stärker die Thematisierung auf negative Entwicklungen reagieren sollte als auf positive, lässt sich allerdings kein normatives Fundament finden. Schwierigkeiten bereitet auch die genaue normative Festlegung des "Üblichen oder Erwartetem" von dem die Abweichungen gemessen werden sollte. Das hat die obige Diskussion der Frage gezeigt, welcher Wachstumswert als neutral zu gelten hat. Last but not least ist auch hinsichtlich seiner aktuellen Relevanz das Wachstum nicht isoliert sondern im Kontext anderer Faktoren der Wirtschaftslage zu beurteilen. Und auch das Problem des nicht ganz scharfen zeitlichen Bezuges stellt sich wie im Fall der Bewertungen.

Wir haben auf der Grundlage der Objektivitätsnormen Richtigkeit, Ausgewogenheit und Relevanz insgesamt sechs Vorgaben abgeleitet, die eine normative

Grundlage für die empirische Analyse der Wirtschaftsberichterstattung liefern. Diese Vorgaben können nicht durchweg präzise sein, sondern geben ungefähre Richtwerte für eine Wachstumsberichterstattung vor, die im Hinblick auf ihre Objektivität als akzeptabel gelten kann. Die Vorgaben, die hier entwickelt wurden, werden sich vermutlich ohne große Modifikationen auch auf die Darstellung anderer Indikatoren der Wirtschaftslage, wie z. B. der Arbeitslosenquote übertragen lassen.

Wir werden nun anhand der Befunde aus vorliegenden empirischen Studien prüfen, ob diese Vorgaben eine Rolle in der Forschung zur medialen Darstellung des Wachstums spielen, und ob die Medien diesen Vorgaben genügen.

Befunde zur Objektivität der Berichterstattung über die Wirtschaftslage

Die Studien, die das Wachstum als erklärende Variable für mediale Darstellungen der nationalen Wirtschaftslage betrachten, gehen allesamt kaum auf konkrete normative Grundlagen von Objektivitätsurteilen ein. Sie betrachten entweder die USA oder Deutschland. Dabei wird geprüft, wie stark sich die Beschreibung, Bewertung oder Thematisierung der Wirtschaftslage an wirtschaftsstatistischen Indikatoren orientiert, d. h. wir finden implizit die in Abschnitt 4 entwickelten Vorgaben Nr. 2 "proportionale Beschreibung", Nr. 3 "lineare Bewertung" und Nr. 5 "lineare Thematisierung" normativ bestätigt. Des Weiteren wird durch einige der genannten Studien geprüft, welche Faktoren dazu führen, dass Objektivitätsnormen verletzt werden, d. h. auch Vorgabe Nr. 4 "keine instrumentelle Aktualisierung" wird in der Forschung verwendet. Zur ersten Vorgabe, wonach Statistiken korrekt zitiert werden sollten, findet sich keine Analyse. Sie kann vermutlich als zu banal gelten. Zur letzten Vorgabe, Nr. 6 "*Asymmetrische Thematisierung*", wonach negative Entwicklungen stärker beachtet gehören, liegen zwar empirische Befunde vor. Doch wird die Vorgabe nicht in allen entsprechenden Studien geteilt, sondern teilweise als dysfunktionaler Negativismus kritisiert.

So stellt Harrington (1989) die Frage in den Mittelpunkt, ob die Thematisierung des Bruttoinlandsprodukts (und anderer Indikatoren) in den US-amerikanischen Fernsehnachrichten negativer ausfällt, als es dessen Veränderungsraten oder sein Niveau es nahelegen. In der Tat findet er regressionsanalytisch heraus, dass die Thematisierung der Produktion zwar nicht linear mit der Produktion oder ihrem Wachstum kovariiert, dass jedoch die Berichterstattung in Phasen mit schlechten Wachstumswerten ansteigt. Damit stellt er einerseits einen Verstoß gegen die Vorgabe Nr. 5 fest, andererseits bestätigt er, dass sich die Medien an die Vorgabe Nr. 6 halten, was er allerdings als unzulässigen Negativismus deutet.

Lott und Hassett (2014) prüfen, ob Bewertungen der Entwicklung des Inlandsprodukts in verschiedenen US-amerikanischen Tageszeitungen politisch einseitig sind. Tatsächlich bestätigt ihre Regression die *liberal bias*-Hypothese: Unter gleichen ökonomischen Randbedingungen wurde in Regierungszeiten von Präsidenten aus der demokratischen Partei die Lage besser bewertet als unter republikanischen Präsidenten (Vorgabe Nr. 4).

Goidel und Langley (1995) regressieren den Saldo aus positiven und negativen Artikeln aus der New York Times über die gesamtwirtschaftliche Lage auf verschiedene realwirtschaftliche Indikatoren. Es zeigt sich zwar ein linearer Effekt des Wachstums (und zusätzlicher Indikatoren). Stärker ist allerdings der diskrete Effekt von Jahren mit besonders schwacher Wirtschaftsleistung. Damit bestätigt sich eine Form des Negativismus, wie sie schon von Harrington (1989) diagnostiziert wurde. Allerdings werten Goidel und Langley (1995: 325) ihre Befunde anders, indem sie neben Kritik auch legitimierende Argumente anführen. Entsprechend unserer sechsten Vorgabe deuten sie die Art, wie die Medien in dezidiert schlechten Situationen in einen anderen Modus wechseln, als *fire alarm-* oder *police patrol-*Funktion.

Ebenfalls mit einem regressionsanalytischen Ansatz kann Hagen (2005: 179, 347) bei verschiedenen deutschen Printmedien und der Tagesschau einen dominanten Einfluss der Wachstumsraten auf die Schilderung und Bewertung der Produktionsentwicklung nachweisen. Dabei orientieren sich die Printmedien fast alle weitaus stärker an der realwirtschaftlichen Entwicklung als das Fernsehen, dessen Schilderungen und Bewertungen des Wachstums nur zu einem geringeren Anteil mit dem Wachstum kovariieren. In schwächerem Maße spielt noch die Stimmung unter den Unternehmen (ifo-Index) eine erklärende Rolle. Daneben lassen sich Bias-Effekte dahingehend feststellen, dass die regierungsfreundlichen Printmedien FAZ und BILD im Wahlkampf 1994 die Wirtschaftslage überproportional günstig darstellten.

Andere deutsche Studien erstellen keine statistischen Modelle, sondern beruhen auf vergleichenden Deutungen von inhaltsanalytischen Daten und Wirtschaftsstatistiken. Dazu zählt die kritische Analyse der Wahlkampfberichterstattung von 1998 durch Donsbach (2000). Er findet, dass die Berichterstattung wichtiger überregionaler Fernsehsender und Printtitel insgesamt betrachtet zu Lasten der damaligen liberalkonservativen Regierung verzerrt war (vgl. Abschnitt 3). "Die düsteren Beschreibungen des Arbeitsmarkts erschlugen die leicht optimistischen Prognosen über dessen weitere Entwicklung und die positiven Darstellungen von Zustand und Entwicklung der wirtschaftlichen Lage" (73). Diese Deutung wird durch ein weiteres Außenkriterium gestützt: Urteile aus Fachinstitutionen der Wirtschaftsforschung (54). Zu ähnlichen Befunden kommt auch Brettschneider (2000).

In allen bisher genannten Studien ließ sich der größte Teil der Varianz der Berichterstattung durch die realwirtschaftlichen Indikatoren erklären. Dabei leistete stets auch die Produktionsentwicklung einen signifikanten Beitrag, wobei sich allerdings in den Studien, die die gesamtwirtschaftliche Lage als Abhängige betrachten (und nicht speziell das Wachstum) die Arbeitslosenentwicklung als stärkerer Faktor der Berichterstattung erweist. Ob darin ein Verstoß gegen die Vorgaben Nr. 2, 3 oder

5 zu sehen sind, lässt sich ohne weiteres nicht sagen. Ob die Gewichtung der Außenkriterien zur Beurteilung der Wirtschaftslage in der Berichterstattung objektiv ist oder nicht, wird sich ohne eine sorgfältige Argumentation grundsätzlich schwer sagen lassen.

Die Vorgaben, die wir aus den allgemeinen Objektivitätsnormen für das Wachstum als Außenkriterium entwickelt haben, spielen jedenfalls in den vorliegenden Studien also durchaus eine zentrale Rolle, und werden auch überwiegend geteilt.

Die Objektivität der Wachstumsberichterstattung in der FAZ und SZ seit der Wiedervereinigung

Wir wollen die Objektivität der Berichterstattung über das Wachstum in den beiden führenden überregionalen Abonnementzeitungen aus Deutschland an den wichtigsten der oben entwickelten Vorgaben messen. Dazu wird die Berichterstattung aus dem politischen Ressort der Frankfurter Allgemeinen Zeitung (FAZ) und der Süddeutschen Zeitung (SZ) zwischen Januar 1992 und Januar 2014 untersucht. Prüfen wollen wir hauptsächlich, inwiefern das Wachstum im Zeitverlauf linear bewertet wird und ob Abweichungen eventuell auf instrumentelle Aktualisierung zurückzuführen sind.

Für die Inhaltsanalyse wird ein Verfahren der Freitextrecherche eingesetzt, das von Hagen (2001; 2005: 116ff.) entwickelt und validiert wurde. Seinen Kern bildet der sog. (Konjunktur-)Urteilssaldo. Er besteht in der Differenz aus den Fundhäufigkeiten von Wortstämmen in Mediendatenbanken: 1) Durch logisches „oder" verbundene Wortstämme, die für expansive Konjunkturphasen gebräuchlich sind, die mit hohem oder numerisch positivem Wachstum verbunden werden. Aufschwung* OR Hochkonjunktur*. 2) Durch logisches "oder" verbundene Wortstämme, die für Kontraktionsphasen in der Konjunktur gebräuchlich sind, die mit abnehmendem, niedrigem oder negativem Wachstum einhergehen: Wirtschaftskrise* OR Rezession* OR Stagnation* OR Abschwung*. Beide Abfragen resultieren jeweils in einer Häufigkeit von Beiträgen. Zieht man die zweite von der ersten Häufigkeit ab, erhält man den Urteilssaldo. Ist er z. B. positiv, wurden mehr Meldungen veröffentlicht, die Aufwärtsentwicklungen ansprechen, als solche, die Abwärtsentwicklungen thematisieren. Ursprünglich sind die Ausdrücke aus beiden Abfragen empirisch-deskriptiv und denotieren bestimmte Phasen, die von der Konjunkturtheorie definiert und mit bestimmten quantitativen Entwicklungen des Wachstums assoziiert wurden. Insofern scheinen sie auf den ersten Blick besser geeignet, eine proportionale Beschreibung zu prüfen, als eine lineare Bewertung des Wachstums. Doch haben die Ausdrücke allesamt bewertende Konnotationen und korrelieren stark mit expliziten Bewertungen der Konjunktur in der Berichterstattung. Das zeigt sich in der Validierungsstudie von

Hagen (2001): Der per Freitextrecherche gemessene Verlauf des Urteilssaldos korrelierte sehr hoch mit dem Saldo aus Beschreibungen des Wachstums, die in einer herkömmlichen Inhaltsanalyse persönlich codiert worden waren. Allerdings korrelierte er ebenso hoch mit allgemeinen Bewertungen der Wirtschaftslage und speziellen Bewertungen des Wachstums, die inhaltsanalytisch gemessen worden waren. Der Urteilssaldo misst also sowohl Beschreibungen als auch Bewertungen. Ja, schon die Ausdrücke, auf denen er beruht und die zur Beschreibung der Wirtschaftslage verwendet werden, lassen sich nicht alle strikt in deskriptiv oder wertend einteilen. Das hatte ja schon unsere Diskussion im vierten Abschnitt gezeigt.

Betrachtet man die monatlichen Verläufe der Urteilssalden in der FAZ und der SZ fällt zunächst die große Ähnlichkeit der beiden Zeitungen ins Auge (Grafik 1). Tatsächlich korrelieren beide Verläufe extrem hoch und zeitgleich am höchsten mit r = .94. FAZ und SZ beschrieben bzw. bewerteten die Wirtschaftslage also hochgradig konsonant. Beide veröffentlichen pro Monat auch ungefähr gleich viele, nämlich knapp 30 Beiträge mit Urteilen über das Wachstum. Die zweite Auffälligkeit liegt in dem enormen Überhang von manchmal über 100 Beiträgen mit negativen Beschreibungen während der realwirtschaftlich schlimmsten Phase der Finanzkrise um den Januar 2009. Als Drittes fällt auf, dass beide Salden sehr viel häufiger, nämlich in jeweils knapp zwei Drittel aller Monate negativ ausfallen.

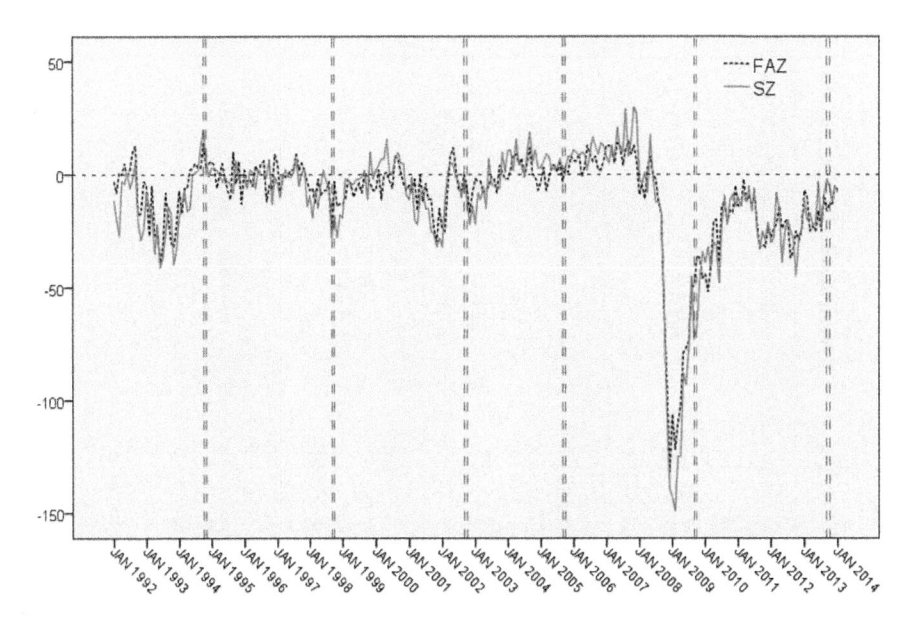

Grafik 1: Monatliche Werte des Urteilssaldos (Monate der Bundestagswahlen markiert)

Entspricht dies einer objektiven Darstellung des Wachstums oder der gesamtwirtschaftlichen Lage? Die bisherige Betrachtung hat ja gezeigt, dass die Wirtschaftslage an verschiedenen Indikatoren der Produktion, der Beschäftigung, der Preisentwicklung und an diesbezüglichen Urteilen festgemacht werden kann, die in sog. Konjunkturklima-Befragungen erhoben werden. Wie Tabelle 1 zeigt, korreliert die Schilderung der Konjunkturphasen in der FAZ und der SZ zeitgleich jeweils am stärksten mit dem jährlichen Wachstum der Produktion[4]. Der zweitstärkste Zusammenhang ergibt sich mit dem ifo-Geschäftsklimaindex, der auf den Urteilen über die derzeitige Geschäftslage und den Erwartungen für die Zukunft beruht, die deutsche Unternehmen äußern. Diese Befunde entsprechen im Wesentlichen den Ergebnissen, die Hagen (2005: 146, 179, 347) für verschiedene Medien im Zeitraum 1992 bis 1997 ermittelt hat. Andere signifikante Zusammenhänge fallen allenfalls schwach aus. Im Fall der positiven Korrelation zwischen jährlicher Inflationsrate und dem FAZ-Urteilssaldo ist die Richtung nicht plausibel.

---

[4] Es ist üblich, bei monatlicher Betrachtung den Index für die Industrieproduktion statt des nur quartalsweise gemessenen Bruttoinlandsprodukts als Indikator der gesamtwirtschaftlichen Aktivität zu verwenden, da beide sehr eng zusammenhängen (Hagen 2005: 88f., 133ff.).

		FAZ Urteilssaldo	SZ Urteilssaldo
Produktionsindex[1]	% Veränderung zum Vormonat	,24**	,26**
Produktionsindex	% Veränderung zum Vorjahresmonat	,63**	,66**
Erwerbslosenquote[2]	% Veränderung zum Vormonat	-,10	-,15*
Erwerbslosenquote	% Veränderung zum Vorjahresmonat	,03	-,04
Verbraucherpreisindex[3]	% Veränderung zum Vormonat	-,09	-,06
Verbraucherpreisindex	% Veränderung zum Vorjahresmonat	,17**	,12
GfK-Konsumklima[4]		,21**	,21**
ifo-Geschäftsklima[5]		,41**	,48**

* signifikant auf dem 5-Prozent-Niveau
** signifikant auf dem 1-Prozent-Niveau

1: Produktionsindex für das produzierende Gewerbe, 2010 = 100, kalender- und saisonbereinigt nach BV4.1
2: Erwerbslosenquote in Prozent nach dem ILO-Konzept, saisonbereinigt nach BV4.1
3: Verbraucherpreisindex, 2010 = 100
4: Ermittelt aus verschiedenen Kontrapositionssalden aus positiven und negativen Einschätzungen, Erwartungen und Verhaltensabsichten zur eigenen finanziellen Lage und gesamtwirtschaftlichen Lage unter deutschen Konsumenten; je nach Zeitraum hat die GfK unterschiedliche Ermittlungsverfahren für den Index verwendet; zusammengestellt aus Pressemeldungen der GfK; ab 1/1993 (n = 253)
5: Mittelwert der Kontrapositionssalden aus positiven und negativen Einschätzungen und Erwartungen zur Geschäftslage unter deutschen Unternehmen

Tabelle 1: Korrelationen (Pearsons r) zwischen Konjunkturindikatoren und Salden der Medienberichterstattung 1/1992 bis 1/2014 (n = 265)

Grafik 2 zeigt, wie das Jahreswachstum und die Urteilssalden aus den beiden Zeitungen im Zeitverlauf variieren. Um besser vergleichen zu können, wurden die Verläufe standardisiert. Die stärksten Abweichungen sind auf dem realwirtschaftlichen Höhepunkt der Finanzkrise zu erkennen, aber auch danach, als die Medienberichterstattung noch einige Monate braucht, um von einer überdurchschnittlichen Negativität zu einer Entsprechung mit dem Wachstum zurück zu finden. Was die standardisierte Darstellung nicht zeigt: Im Durchschnitt fallen die Urteilssalden in den Medien mit einem Mittelwert von -10,2 (FAZ) bzw. -11,1 (SZ) deutlich negativer aus als der Mittelwert des Wachstums zwischen 1992 und 2014, der +1,1 beträgt. Ein durchschnittlicher Überhang von gut zehn Beiträgen pro Monat, die auf negative Entwicklungen Bezug nehmen, steht also einem durchschnittlichen Wachstum von gut einem Prozent gegenüber. Kann man das als ungerechtfertigten Negativismus und Verstoß gegen die Vorgabe werten, die Bewertungen hätten dem Wachstum linear zu folgen? Wie in Abschnitt 4 ausführlich dargelegt, lassen sich absolute Vorgaben schwer begründen. Möglicherweise orientieren sich die Medien und die von ihnen Zitierten bei ihren Urteilen an der Beschäftigungsschwelle, also dem Prozentsatz, ab dem Wachstum die Arbeitslosenquote vermindert. Empirisch ermittelte Schätzwerte, die von unterschiedlichen Studien, für Deutschland im Zeitraum 1990 bis 2000 ermittelt wurden, liegen zwischen 1,1 und 2,4. Wobei am häufigsten ein Wert von 1,9 geschätzt wurde, was auch dem Median der Schätzungen entspricht (Schirwitz 2005: 36). Zwischen 1992 und 2014 unterschritt das jährliche Wachstum des Produktionsindex in insgesamt 52% aller Monate diesen Wert. Die Urteilssalden aus der FAZ und der SZ waren in 66% bzw. 65% aller Monate negativ. Dieser Unterschied geht allerdings im Wesentlichen darauf zurück, dass sich die Bewertungen nach der Finanzkrise nicht so schnell erholten, wie die Wachstumswerte (siehe Grafik 1). Dies lässt sich – ohne weitere Indikatoren zu berücksichtigen – noch schwerer rechtfertigen als der überproportionale Negativismus während der Kulmination der Krise, den man mit der ungewöhnlichen Stärke dieser Rezession begründen könnte.

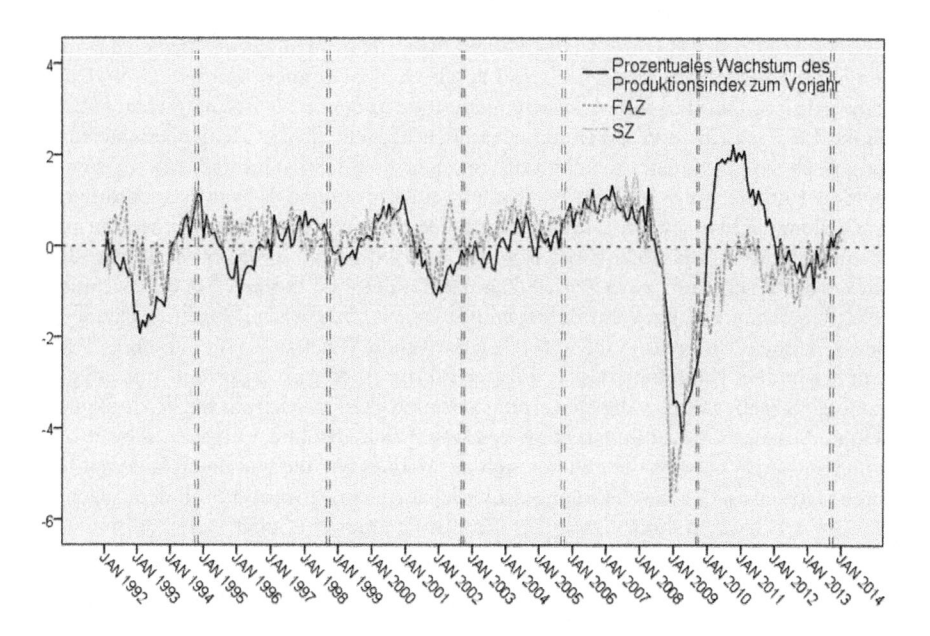

Grafik 2: Monatliche Werte des Urteilssaldos und Wachstum des Produktionsindex im Vergleich zum Vorjahresmonat, z-standardisiert (Monate der Bundestagswahlen markiert)

Grafik 2 legt nahe, dass Wirtschaftsentwicklung und Berichterstattung weitgehend zeitgleich korrelieren. Eine genauere Analyse der Kreuzkorrelationen, zeigt allerdings, dass der Urteilssaldo aus der FAZ genauso hoch mit der aktuellen Wachstumsrate korreliert wie mit der Rate vom kommenden Monat (r = .63). Im Fall der SZ korreliert der Urteilssaldo sogar noch ein wenig stärker mit der nächsten kommenden Wachstumsrate (r = .67) als mit der derzeitigen (r = .66). Dies deutet auf eine zumindest kurzfristige prognostische Komponente der Medienberichterstattung hin.[5] Sie lässt sich zumindest teilweise damit erklären, dass die Urteile in den Medien auch auf den ifo-Geschäftsklimaindex reagieren, der als frühester und bester Prädiktor der

---

[5] Schon die zeitgleiche Korrelation deutet auf prognostische Eigenschaften der Berichterstattung hin. Denn die veröffentlichten Werte des Produktionsindex können sich erst mit einem Lag von zwei Monaten in den Medien niederschlagen, weil das Ergebnis seiner vorläufigen Berechnung erst etwa 38 Tage nach Ende eines Berichtsmonats veröffentlicht wird. (https://www.destatis.de/DE/Meta/AbisZ/Produktionsindex.html, 4.5.2014).

konjunkturellen Entwicklung gilt (Hagen 2005: 208ff.). Mit ihm korrelieren beide Urteilsalden tatsächlich zeitgleich am höchsten (Werte in Tabelle 1).[6] Dies ist sowohl mit der Annahme kompatibel, dass die Berichterstattung die Urteile der Unternehmer beeinflusst als auch mit der umgekehrten Kausalhypothese.

Erklärungsbedürftig ist die Tatsache, dass das jährliche Wachstum bei bivariater Betrachtung enger mit den Urteilen aus den Medien zusammenhängt, als das monatliche Wachstum. Schließlich fokussieren Nachrichtenmedien auf das neueste Geschehen. Die Erklärung hat im Wesentlichen mit der starken Autokorrelation der Medienberichterstattung zu tun: Urteile aus der Berichterstattung von heute hängen eng mit der vergangenen Berichterstattung zusammen. Hierfür sind psychologische und soziale Gesetzmäßigkeiten der Meinungsbildung verantwortlich: Die menschliche Neigung zu kognitiver Stabilität und konsonanter Informationsverarbeitung führt auch im Aggregat dazu, dass sich Urteile selten abrupt verändern und meist eng mit den zuletzt geäußerten Urteilen zusammenhängen. Im Fall der Medien ergeben sich Autokorrelationen auch daraus, dass die Berichterstattung zu weiten Teilen aus Meinungsäußerungen besteht, die sich wiederum auf zurückliegende Meinungsäußerungen und andere Ereignisse beziehen. So korreliert der Urteilssaldo der FAZ mit $r = .90$ mit seinem eigenen Lag, also dem Urteilssaldo der FAZ aus dem Vormonat. Beim Urteilssaldo der SZ nimmt die Autokorrelation erster Ordnung den gleichen Betrag an.[7]

Die Objektivität der Darstellung des Wachstums nach der Vorgabe der linearen Bewertung wird sich also nur angemessen überprüfen lassen, wenn erstens alternative Indikatoren zum Wachstum einbezogen werden, zweitens zeitlich versetzte Zusammenhänge und autokorrelative Faktoren berücksichtigt werden. Zu diesem Zweck wurde jeweils für den Urteilssaldo der FAZ wie für den Urteilssaldo der SZ eine Reihe von Regressionen gerechnet. Dazu wurden die Urteilssalden zugleich auf ihre eigenen Lags und auf die zeitgleichen Werte sowie die Lags der fünf wichtigsten Indikatoren der Wirtschaftslage regressiert, die auch in Tabelle 1 aufgeführt sind. Dabei wurde in allen Fällen zunächst mit den Veränderungen zum Vorjahresmonat gerechnet. Das größte Modell umfasste von allen Variablen die sechs letzten Lags, d. h. die Werte aus dem letzten halben Jahr. Das kleinste Modell umfasst nur die letzten Lags. Als optimal nach dem Schwarz-Bayes-Kriterium erweist sich das Modell mit zwei Lags. Es ist auch nicht dadurch zu verbessern, dass es durch einzelne Lags irgendeiner Variablen erweitert wird, da diese Erweiterungen nicht signifikant sind. In dem Modell mit den zwei Lags sind auch nur die autoregressiven Komponenten, d. h. die Lags

---

[6] Der Ifo-Geschäftsklimaindex wird für den Berichtsmonat jeweils an dessen Ende (um den 24. oder 25. herum) veröffentlicht. Daher kann er sich schon im gleichen Monat in der Medienberichterstattung niederschlagen (http://www.cesifo-group.de/de/ifoHome/facts/Survey-Results/Publication-dates.html, 4.5.2014).

[7] Trotz der hohen Autorrelation sind beide Urteilssalden nach den Ergebnissen von Augmented-Dickey-Fuller-Tests stationär.

der abhängigen Variablen sowie die gleichzeitigen Werte und Lags und ersten Lags des Produktionsindex und des Geschäftsklimaindex signifikant. Alle übrigen Variablen wurden eliminiert. Damit verbleiben die Modelle 1 und 2, die in Tabelle 2 dargestellt sind.

Produktionsindex und statt des Geschäftsklimaindex seine monatliche Differenz als Regressoren enthielten. Diese Modelle erklären nicht erheblich mehr Varianz als die beiden ersten, doch erweisen sich darin sämtliche Regressoren und auch die Konstanten als signifikant. Erweiterungen um den dritten autoregressiven Lag oder um den jeweils zweiten Lag des Wachstums oder des Geschäftsklimas erweisen sich als nicht signifikant. Die Modelle mit den monatlichen Veränderungen sind auch plausibler, weil sie nur kurzfristige Veränderungen der realwirtschaftlichen Indikatoren als Regressoren enthalten, und somit eher der Medienlogik entsprechen. Alle vier Modelle belegen einhellig folgenden Mechanismus: Die Urteile über den Konjunkturverlauf in den Medien sind stark autokorreliert, wobei sie sich vor allem auf die eigene Berichterstattung vom Vormonat, deutlich schwächer noch auf die Berichterstattung von vor zwei Monaten beziehen. Daneben werden sie ungefähr gleich stark durch die Veränderung des Wachstums und des Geschäftsklimas, jeweils aus dem laufenden Monat und aus dem Vormonat geprägt und mithin jenen beiden Konjunkturindikatoren, die die höchste Prognosekraft für das Bruttoinlandsprodukt besitzen und am engsten mit ihm kovariieren. Indirekt, indem nämlich die Darstellung der Medien sich auch in erheblichem Umfang auf zurückliegende Aussagen aus den beiden vergangenen Monaten beziehen, ergibt sich hieraus ein Muster, dass das Wachstum der Produktion über einen längeren Zeitraum von ungefähr einem Jahr nachzeichnet (siehe Grafik 1).

Ein Verstoß gegen die Vorgabe der linearen Bewertung ist in den skizzierten Mechanismen nicht zu sehen: Die Medien beschreiben das Wachstum anhand der neusten Information, die dazu vorliegt, oder sich auch nur abzeichnet. Denn die (zunächst vorläufigen) Werte des Produktionsindex werden erst mit ein bis zwei Monaten Verzug veröffentlicht (sieheFußnote 6). Offenbar verfügen die Quellen, die die Medien zitieren, jedoch über ähnliche Informationen.

Unsere Modelle könnten allerdings insofern fehlerhaft sein, als die gleichzeitigen Regressoren, nämlich die Veränderung des Produktionsindex und des Geschäftsklimas aus dem laufenden Monat, nicht nur Faktoren sondern zugleich Effekte der Medienberichterstattung sind, indem Sie die Urteile und Stimmungen der Entscheider beeinflussen. Solche Wechselwirkungen müssten durch kompliziertere Modellierungsverfahren überprüft werden. Für den Zeitraum von 1992 bis 1997 hat Hagen (2005: 344-356) allerdings gezeigt, dass sich höchstens moderate Effekte der Medien auf die Entscheider in der Wirtschaft nachweisen lassen – zumindest wenn das Mediensample keine spezialisierten Fachmedien umfassen.

Nummer des Modells:	1	2		3	4
Abhängiger Urteilssaldo:	FAZ	SZ		FAZ	SZ
Konstante	-0,99	-0,90		-1,23*	-1,40*
Koeffizienten B (unstandardisiert):					
Urteilssaldo $_{t-1}$	0,69**	0,74**		0,63**	0,67**
Urteilssaldo $_{t-2}$	0,22**	0,16**		0,28**	0,23**
Wachstum zum Vorjahr (1, 2) bzw. zum Vormonat (3,4)[1]	0,61*	0,74*		1,19*	1,36*
Wachstum zum Vorjahr $_{t-1}$ (1, 2) bzw. zum Vormonat $_{t-1}$ (3,4)[1]	-0,49	-0,64		1,18*	1,48*
Geschäftsklima (1, 2) bzw. Differenz zum Vormonat (3,4)[2]	1,32**	1,42**		1,07**	1,06**
Geschäftsklima $_{t-1}$ (1, 2) bzw. Differenz zum Vormonat $_{t-1}$ (3,4)[2]	-1,29**	-1,35**		0,42*	0,67**

R^2, angepasst	0,83**	0,84**	0,84**	0,85**
Ljung-Box-Q (18)[3]	18,04	15,55	19,56	28,21
Signifikanz des Ljung-Box-Q (18)[3]	0,453	0,556	0,358	0,059
Signifikanz d. Liliefors-Tests auf Normalverteilung der Residuen	0,073	0,012*	0,022*	0,053
Histogramm der Residuen im Vergleich zur Normalverteilung				

* signifikant auf dem 5-Prozent-Niveau
** signifikant auf dem 1-Prozent Niveau

1: Produktionsindex für das produzierende Gewerbe, 2010 = 100, kalender- und saisonbereinigt nach BV4.1
2: ifo-Geschäftsklimaindex: Mittelwert der Kontrapositionssalden aus positiven und negativen Einschätzungen und Erwartungen zur Geschäftslage unter deutschen Unternehmen
3: Ljung-Box-Test auf kumulative Autokorrelation für die ersten 18 Lags

Tabelle 2: Regressionen der Urteilssalden auf eigene Lags auf das Wachstum und das Geschäftsklima 1/1992 bis 1/2014 (n = 265).

In beiden Fällen verfehlt der erste Lag des Produktionsindex das Fünf-Prozent-Niveau knapp. Er wurde aber der Logik wegen im Modell belassen. Denn wie die Regressionskoeffizienten zeigen, reagieren die Medien auf die Differenz der erklärenden Variablen, sowohl was das jährliche Wachstum angeht, als auch was das Geschäftsklima betrifft. Daher haben wir zusätzlich noch zwei entsprechende Modelle gerechnet, die statt des jährlichen, das monatliche Wachstum des Produktionsindex und statt des Geschäftsklimaindex seine monatliche Differenz als Regressoren enthielten. Diese Modelle erklären nicht erheblich mehr Varianz als die beiden ersten, doch erweisen sich darin sämtliche Regressoren und auch die Konstanten als signifikant. Erweiterungen um den dritten autoregressiven Lag oder um den jeweils zweiten Lag des Wachstums oder des Geschäftsklimas erweisen sich als nicht signifikant. Die Modelle mit den monatlichen Veränderungen sind auch plausibler, weil sie nur kurzfristige Veränderungen der realwirtschaftlichen Indikatoren als Regressoren enthalten, und somit eher der Medienlogik entsprechen.

Alle vier Modelle belegen einhellig folgenden Mechanismus: Die Urteile über den Konjunkturverlauf in den Medien sind stark autokorreliert, wobei sie sich vor allem auf die eigene Berichterstattung vom Vormonat, deutlich schwächer noch auf die Berichterstattung von vor zwei Monaten beziehen. Daneben werden sie ungefähr gleich stark durch die Veränderung des Wachstums und des Geschäftsklimas, jeweils aus dem laufenden Monat und aus dem Vormonat geprägt und mithin jenen beiden Konjunkturindikatoren, die die höchste Prognosekraft für das Bruttoinlandsprodukt besitzen und am engsten mit ihm kovariieren. Indirekt, indem nämlich die Darstellung der Medien sich auch in erheblichem Umfang auf zurückliegende Aussagen aus den beiden vergangenen Monaten beziehen, ergibt sich hieraus ein Muster, dass das Wachstum der Produktion über einen längeren Zeitraum von ungefähr einem Jahr nachzeichnet (siehe Grafik 1).

Ein Verstoß gegen die Vorgabe der linearen Bewertung ist in den skizzierten Mechanismen nicht zu sehen: Die Medien beschreiben das Wachstum anhand der neusten Information, die dazu vorliegt, oder sich auch nur abzeichnet. Denn die (zunächst vorläufigen) Werte des Produktionsindex werden erst mit ein bis zwei Monaten Verzug veröffentlicht (siehe Fußnote). Offenbar verfügen die Quellen, die die Medien zitieren, jedoch über ähnliche Informationen.

Unsere Modelle könnten allerdings insofern fehlerhaft sein, als die gleichzeitigen Regressoren, nämlich die Veränderung des Produktionsindex und des Geschäftsklimas aus dem laufenden Monat, nicht nur Faktoren sondern zugleich Effekte der Medienberichterstattung sind, indem Sie die Urteile und Stimmungen der Entscheider beeinflussen. Solche Wechselwirkungen müssten durch kompliziertere Modellierungsverfahren überprüft werden. Für den Zeitraum von 1992 bis 1997 hat Hagen (2005: 344-356) allerdings gezeigt, dass sich höchstens moderate Effekte der Medien auf die Entscheider in der Wirtschaft nachweisen lassen – zumindest wenn das Mediensample keine spezialisierten Fachmedien umfassen.

Die Tatsache, dass alle Modelle Residuen aufweisen, die frei von Autokorrelation sind und dem Augenschein nach weitgehend normalverteilt sind, weist darauf hin, dass in den Modellen zumindest keine starken Faktoren fehlen. Auch wenn die Residuen von Modell 3 und Modell 4 zumindest auf dem Fünf-Prozent-Niveau von der Normalverteilung abweichen, belegen die zugehörigen Histogramme doch die Geringfügigkeit der Abweichungen.

	Erklärte Varianz R^2 FAZ	SZ	Summe der exogenen Koffizienten[8] FAZ	SZ	Konstante FAZ	SZ	n
Schwarz-Gelb	0,64**	,60**	0,29**	0,28**	-1,34	-2,64*	129
GroKo	0,94**	,94**	0,62**	0,45**	-1,29	-2,10	51
Rot-Grün	0,48**	,64**	0,28**	0,29**	-2,15*	-0,86	85

* signifikant auf dem 5-Prozent-Niveau
** signifikant auf dem 1-Prozent-Niveau

Tabelle 3: Nach Regierungsphasen: Regressionen der Urteilssalden auf eigene Lags, auf das Wachstum und das Geschäftsklima 1/1992 bis 1/2014 (n = 265), Modelle 3 und 4.

Dennoch haben wir das Modell mit den monatlichen Veränderungen als exogene Regressoren auf Effekte von instrumentellen Aktualisierungen geprüft, indem wir es für beide Zeitungen dreifach, nämlich separat für die Zeiträume der unterschiedlichen Koalitionen, gerechnet haben (Tabelle 3). Tatsächlich zeigen sich systematische Unterschiede. So war die negative Konstante im Fall der FAZ nur in der Phase der rot-grünen Koalition signifikant und lag um rund einen Beitrag pro Monat niedriger als zu schwarz-gelben Regierungszeiten. In der SZ ist es genau umgekehrt. Mit anderen Worten: In Monaten, in denen eine Koalition regiert, die der eigenen redaktionellen Linie ferner steht, wird in beiden Zeitungen ungefähr ein Beitrag mehr veröffentlicht, der negative Urteile über das Wachstum enthält, als in anderen Monaten, das entspricht ungefähr drei Prozent aller monatlichen Beiträge mit Urteilen über das Wachstum.

---

[8] Summe der unstandardisierten Regressionskoeffizienten ohne autokorrelative Koeffizienten aus den Modellen 3 und 4: monatliches Wachstum und monatliche Differenz des Geschäftsklimas, jeweils aus dem laufenden Monat und dem Vormonat.

An der Varianzaufklärung und an der Summe der exogenen Koeffizienten zeigt sich, dass die Urteile in beiden Zeitungen während der Großen Koalition enger als in anderen Phasen am Wachstum und am Geschäftsklima orientiert waren. Das lässt sich damit erklären, dass die Finanzkrise in die Zeit der zweiten deutschen Großen Koalition fiel. Denn generell orientieren sich die Urteile aus den Medien in negativen Wachstumsphasen noch enger an konjunkturstatistischen Indikatoren als in positiven Phasen (Tabelle 4).

	Erklärte Varianz R^2		Summe der exogenen Koffizienten[9]		Konstante		n
	FAZ	SZ	FAZ	SZ	FAZ	SZ	
Kontraktion**	0,87**	0,89**	0,37**	0,38**	0,45	0,47	137
Expansion**	0,78**	0,76**	0,24**	0,21**	-1,28	-1,04	138

* signifikant auf dem 5-Prozent-Niveau
** signifikant auf dem 1-Prozent-Niveau

Tabelle 4: Nach Phasen der konjunkturellen Entwicklung: Regressionen der Urteilssalden auf eigene Lags, auf das Wachstum und das Geschäftsklima 1/1992 bis 1/2014 (n = 265), Modelle 3 und 4.

Insgesamt zeigt unsere Analyse einmal mehr, dass die Wirtschaftsberichterstattung durch übermäßigen Negativismus zumindest phasenweise verzerrt wird. Auch instrumentelle Aktualisierungen, die sich nach bekanntem Muster mit der redaktionellen Linie erklären lassen, führen zur Abweichung von einer ausgewogenen Darstellung.

Allerdings können beide Arten von Abweichungen als ziemlich gering gelten, wenn man sie in Relation zu dem sehr großen Anteil der Varianz der Urteile setzt, die sich als lineare Funktion des Wachstums und des Geschäftsklimas ergibt. Die Darstellung des Wachstums in den überregionalen Tageszeitungen nach der Wiedervereinigung kann also als weitgehend objektiv gelten, wenn man sie an der Vorgabe der linearen Bewertung misst, die wir im normativen Teil dieses Beitrags entwickelt haben.

---

[9] Summe der unstandardisierten Regressionskoeffizienten ohne autokorrelative Koeffizienten aus den Modellen 3 und 4: monatliches Wachstum und monatliche Differenz des Geschäftsklimas, jeweils aus dem laufenden Monat und dem Vormonat.

Literatur

Bernanke, B. (2002): Deflation: Making Sure "It" Doesn't Happen Here. Speech before the National Economists Club, Washington, D.C., November 21, 2002 von http://goldpricetoday.co.uk/classic-gold-articles/deflation-making-sure-it-doesnt-happen-here-by-ben-bernanke am 1.5.2014.
Brettschneider, F. (2000): Up and Down. In: Medien Tenor Forschungsbericht (101). 18–22.
Donsbach, W. (1990): Objektivitätsmaße in der Publizistikwissenschaft. In: Publizistik 35. 18–29.
Donsbach, W. (2000): Sieg der Illusion. Wirtschaft und Arbeitsmarkt in der Wirklichkeit und in den Medien. Unter Mitarbeit von Olaf Jandura, Antje Stehfest. In: Noelle-Neumann, E., H.-M. Kepplinger, W. Donsbach (Hrsg.). Kampa: Meinungsklima und Medienwirkung im Bundestagswahlkampf 1998. 2. Aufl. Freiburg, München: Alber. 40–77.
Erbring, L. (1989): Nachrichten zwischen Professionalität und Manipulation. Journalistische Berufsnormen und politische Kultur. In: Kölner Zeitschrift für Soziologie und Sozialpsychologie 30/1989, Sonderheft "Massenkommunikation", Hrsg.: Kaase, M., W. Schulz. 301-313.
Goidel, R. K. & Langley, R. E. (1995): Media Coverage of the Economy and Aggregate Economic Evaluations: Uncovering Evidence of Indirect Media Effects. In: Political Research Quarterly 48 (2). 313–328.
Hagen, L. M. (1995): Informationsqualität von Nachrichten. Wiesbaden: Westdeutscher Verlag.
Hagen, L. M. (2001): Freitextrecherche in Mediendatenbanken als Verfahren zur computerunterstützten Inhaltsanalyse. In: Wirth, W., E. Lauf (Hrsg.): Inhaltsanalyse: Perspektiven, Probleme, Potentiale. Köln: Herbert von Halem. 337-352.
Hagen, L. M. (2005): Konjunkturnachrichten, Konjunkturklima und Konjunktur. Köln: Herbert von Halem.
Harrington, D. E. (1989): Economic News on Television. The Determinants of Coverage. In: Public Opinion Quarterly 53. 17-40.
Kepplinger, H. M. u. a. (1989): Instrumentelle Aktualisierung. Grundlagen einer Theorie publizistischer Konflikte. In: Kaase, M., W. Schulz (Hrsg.): Massenkommunikation. Sonderheft 30 der Kölner Zeitschrift für Soziologie und Sozialpsychologie 1989. 199-220
Lewis-Beck, M. S., Stegmaier, M. (2013): The VP-function revisited: a survey of the literature on vote and popularity functions after over 40 years. In: Public Choice 157, (3-4). 367-385.
Lott, J. R., Hassett, K. A. (2014). Is Newspaper Coverage of Economic Events Politically Biased? Online verfügbar unter http://papers.ssrn.com/sol3/papers.cfm?abstract_id=588453.
McQuail, D. (1992): Media Performance. Mass Communication and the Public Interest. London u.a.: Sage 1992.
Meadows, D., Randers, J., Meadows, D. (2004): Limits to Growth: The 30-Year Update. Chelsea Green.
Okun, A. M. (1962): Potential GNP: Its Measurement and Significance. In: American Statistical Association (Hg.): Proceedings of the Business and Economic Statistics Section, S. 98–104.
Samuelson, P. A., Nordhaus, W. D.: Volkswirtschaftslehre. Übersetzung der 15. Aufl. Wien: Ueberreuther 1998.
Schirwitz, B. (2005): Wirtschaftswachstum und Beschäftigung – die Beschäftigungsschwelle. In: Ifo Dresden berichtet 372005. 34-37.
Schulz, W. (1989): Massenmedien und Realität. Die „ptolemäische" und die „kopernikanische" Auffassung. In: Kaase, M., W. Schulz (Hrsg.): Massenkommunikation. Sonderheft 30 der Kölner Zeitschrift für Soziologie und Sozialpsychologie 1989. 135-149.
Soroka, S. N. (2006): Good News and Bad News: Asymmetric Responses to Economic Information. In: The Journal of Politics 68 (2). 372–385.
Stiglitz, J. E., Sen, A., Fitouss, J.-P. (2010): Mismeasuring Our Lives: Why GDP Doesn't Add Up. New York: The New Press.
Westerstahl, J. (1983): Objective News Reporting. In: Communication Research 10. 403-424.

Media, Issue Information and Vote Choice in a Referendum Campaign

Peter Neijens and Jeroen Slot

1. Introduction[1]

Early theorists framed public opinion as an emergent product of broad discussion - emanating ideally from a debate open to wide popular participation, free-flowing and uncensored, and well-informed (Lasswell 1941; Price 1992; Price/Neijens 1997). However, early scientific analysts (e.g. Allport 1937) found the concept of public opinion as an "emergent product" of discussion difficult to grasp empirically and problematic in a number of respects. Over time, they came to accept mass survey data as the only workable empirical expression of public opinion (Key 1961; Converse 1987). The extent to which general population surveys provide valid measures of what has traditionally been defined as public opinion – grounded in public discussion and well-informed by debate – has been questioned by scholars of many stripes (Price & Neijens 1998; Crespi 1989; Saris/Sniderman 2004). Empirical evidence suggests that opinions given to pollsters and survey researchers are often unorganized, disconnected, individual responses that have not been influenced by public debate (Bishop/Oldendick/Tuchfarber/Bennet 1980).

Democratic theory argues that the mass media should provide citizens with relevant information about current issues on the political agenda and facilitate discussion and debate among members of the citizenry (Price 1992: 3). Research, however, shows that in actual campaigns the situation is not as ideal as democratic theory presupposes. For example, research on the Dutch national election campaigns has shown that the media pay little attention to policy positions of the various parties, and little or no attention to the parties' basic ideas, their ideology, or even their electoral programs. The campaign is always presented in terms of conflicts between parties and the consequences for possible coalition formation, within the context of the horse race and hoopla (Brants/Neijens 1998; Brants/Van Praag 1994; Kleinnijenhuis et al.

---

[1] The study that is central in this chapter was conducted at the end of the 1990s. The text has not been published before. Some analyses were also included in a Dutch book: Neijens & Van Praag, Jr. (eds.) (1999), and some ideas in the text were taken from Neijens (2008), Neijens, Minkman, & Slot (1998), Price & Neijens (1997; 1998). We thank Stefan van Hulten, Fjodor Molenaar, Philip van Praag and Willem Saris for their contributions to the research.

1994). Of course, this is not unique for the Netherlands (Just et al. 1996: 101 ff.). The evidence points to a pragmatic approach to campaign reporting, in which the public also has to be entertained with the spectacle of conflict and drama (Semetko et al. 1991).

Developments in the political system as well as the media have contributed to this situation. These developments include the diminishing importance of political ideologies as the social "cement" of society, which has resulted in less extreme policy positions and fewer differences between party programs (Pennings 1996), declining voter turnout coupled with increasing cynicism towards politicians, parties and politics (Scholten 1996), declining party loyalty, at the same time as membership in single-issue groups has increased (Duyvendak et al. 1992), the introduction of commercial television (in the Netherlands in late 1989), increasing competition between different media outlets, and fragmentation of audiences, with media users "zapping" away from media with heavy political content, forcing political parties to win over voters in "non-political" ways and forcing media producers to incorporate sensation, spectacle and emotions in their political reporting.

It is fair to ask whether these issues also apply to referendum campaigns. Voting in a referendum might appear simpler than voting for candidates in parliamentary elections, since referendums ask the electorate to vote on a concrete policy proposal. According to some authors, however, referendums pose a greater challenge to voters (e.g. Magleby 1989). These authors argue that whereas citizens can cast their ballot in candidate elections on the basis of candidate appeal or partisanship, "referendum electorates have no such clues, and so they probably find it more difficult to translate the information they receive into Yes or No votes on the measures before them" (Butler/Ranney 1994: 19).

In this paper we want to contribute insight into decision-making in referendums and the role of the media therein. We study the so-called IJburg referendum in Amsterdam and examine the extent to which the media provided voters with a sufficiently rich information environment to enable them to make informed choices, whether voters paid attention to the media, learned about the issue, formed or changed their opinions, and whether they considered themselves well-informed. Answers to these questions are not only theoretically relevant, but are also important for the debate on the extent to which citizens can meaningfully participate in direct democracy.

2. Referendums in the Netherlands

Referendums are not mentioned in the Dutch constitution; although they do not have a clear legal status, non-binding referendums are not forbidden (Neijens et al. 2007). Since 1990, local referendums have been held, with city councils voluntarily agreeing to follow their outcomes and take a decision in accordance with the referendum outcome (self-binding). In the most common type of referendum the electorate can vote "yes" or "no" on a decision made by the representative body. A referendum is held at the request of a sufficiently large group of voters. Restrictions imposed by local councils include a required turnout or a required qualified majority.

3. Study Design

In this study, we examine a referendum held in the city of Amsterdam: the electorate was given the opportunity to "correct" a decision made by the city council (by voting "no"). The topic of the referendum was the city council's decision to build a new residential area (called IJburg) on an island to be constructed in a lake adjacent to the city of Amsterdam. Two aspects of this referendum should be mentioned: first, one of the groups that initiated the referendum was Natuurmonumenten (the Natural Monuments Association), a very powerful national organization whose goal is to protect the environment and which opposed the building of the new residential area. Second, the referendum was the first in which parties from both sides made extensive use of marketing techniques. Both sides carried out public opinion research to determine their strategies, hired PR people, and advertised in newspapers, on local television, on billboards etc.

First, we examine the extent to which the media offered a sufficiently rich information environment for citizens to inform themselves about the referendum issue (Elenbaas 2013). By investigating the amount of media attention to the various aspects that played a role in the referendum, we can assess the quality of the information that was available to voters. This assessment is based on criteria derived from the theory of (empirical) decision analysis, since referendums ask voters to choose between (two) options, as this theory assumes (Keeney/ Raiffa 1976; Edwards 1977). According to the theory, information about the consequences of each option and the probability of their occurrence are fundamental for making an informed choice. Each consequence of an option can be broken down into attributes (or aspects), such as costs, environmental impact, etc. When uncertainty is involved, each option is characterized by probability distributions over possible values (or states or outcomes) of the attributes.

Second, we examine the extent to which the electorate paid attention to the information provided by the media, learned from the media, felt informed, and whether they formed or changed their voting intentions during the course of the campaign.

Third, we compare the electorate's voting intentions with the voting intentions of respondents in a survey that included information about the consequences of the policy. In other words, we study how the electorate would have voted if they had been provided with all the relevant issue information. In this way we can compare the effects of different information contexts: the actual media environment and an "ideal environment" that included all the relevant information about the issue.

4. Data

Information about the consequences of the decision to build the new residential area

The information on the consequences of the decision to build IJburg was based on written material, such as memoranda, brochures and leaflets of the opposing parties in the referendum debate. The final list contained 17 consequences: consequences for the environment (4), the economy (4), the population (2), housing (2), recreation (2), scenery (1), transport (1) and politics (1). The list included, for example, effects on the housing shortage, on the composition of the city population, traffic, the municipal budget, recreational facilities, wildlife, etc.

5. Content Analysis

The content analysis covered the period from January 1 until March 19, 1997 (the day of the referendum ballot) and was restricted to print media. Nine titles were included: the most important national newspapers (De Telegraaf, Algemeen Dagblad, de Volkskrant, NRC Handelsblad, Trouw), Het Parool (a national newspaper with a strong focus on Amsterdam), one local newspaper (Courant Nieuws van de Dag) and two free local papers (Amsterdams Stadsblad and Echo). Each article (including "letters to the editor", "columns", and so on) that dealt with IJburg was coded. For each article, we coded how many sentences were devoted to each of the consequences of building the new IJburg residential area. In total, 368 articles were coded (4415 sentences). Some of the material was coded twice. Intercoder reliability was satisfactory (van Hulten 1997). We did not complete a content analysis of other media, such as local TV.

6. Public Opinion Research

Survey: On the last two days before the referendum and on the day of the referendum itself, a sample of the population of Amsterdam was interviewed by telephone (N=347). The respondents were asked about their voting intention, their attention to the media and other information sources, to what extent they felt informed about the issue, and their opinions about the campaign. The fieldwork for this research was conducted by Research and Statistics Amsterdam (Slot 1997).

Tracking research: Each weekday from February 19 to March 18, 1997, Research and Statistics Amsterdam interviewed about 70 respondents (a random sample of the Amsterdam electorate) on their voting intention (Slot 1997).

Information and Choice Questionnaire: In the beginning of the campaign, a random sample of the Amsterdam population was asked to fill out a so-called Information and Choice Questionnaire (Neijens 1987; Neijens/Saris/De Ridder 1992), in which they were provided with information about the referendum issue, consisting of the 17 consequences of building the new residential area. Before they read and evaluated the consequences, respondents were asked about their voting intention. Subsequently, respondents were asked to rate the importance of each of the consequences and were then asked their voting intention again. Respondents were selected from a random sample of the Amsterdam population (N=1690). 1054 respondents (62%) agreed to participate and received a questionnaire. 372 respondents (35%) filled it out and mailed it back.

7. Findings

The media environment

Media attention to IJburg issues: Approximately 40% of the media attention dedicated to IJburg covered the various consequences of deciding whether or not to build the residential area (see Table 1). That means that at least 40% of the media attention could be labeled as informative for the voting decision. Almost one fifth (19.3%) of the media content was devoted to conflicts between the various parties involved in the IJburg referendum and discussions about their roles. 17.0% of the sentences were "general statements" in which opinions were given without specific argumentation (for example, "IJburg is necessary"). 12.9% of the media attention was devoted to alternatives for IJburg and 10.6% dealt with the hoopla surrounding the campaign (announcements of meetings, reports of demonstrations, and so on).

Attention to consequences of building the new residential area	
Environment	22.2%
Housing	10.7%
Transport	2.9%
Population	1.7%
Scenery	1.0%
Politics	0.9%
Economy	0.5%
Recreation	0.3%
Total	40.2%
Attention to other topics	
Conflict	19.3%
General statements	17.0%
Alternatives	12.9%
Campaign hoopla	10.6%
Total	59.8%

Table 1:   Media attention to IJburg

A further look into the media attention to the consequences of building the new IJburg residential area showed the following: Environmental consequences received the highest media attention. Consequences for housing (effects on the housing shortage, house prices, etc.) were next. These two categories together accounted for 82% of the attention to issues. In other words, the media framed the referendum issue as a tradeoff between the (negative) consequences for the environment, and the (positive) consequences for housing. Other consequences were seldom mentioned. For example, economic issues received only 0.5% of the media attention.

8. Opinion Formation

Attention to the media

At the end of the campaign, we investigated the extent to which voters had followed information on the referendum via newspapers, free local papers, and local TV. Of

---

[2] Total: 4415 sentences. The list of consequences included four issues with respect to the environment. All environmental issues together received 22.2% of the media attention.

these media sources, newspapers were the most important for the spread of referendum information. These were consulted by 69% of the respondents. Local TV was also important: 66% of the respondents had received information from this medium. The data also showed that 80% of the respondents said they had discussed the topic of the referendum with others.

Paid publicity was an important source of information for citizens in the IJburg referendum. 60% of the respondents said that they had seen one or more of the numerous advertisements for and against IJburg on local TV. Billboards and print advertisements were also important information sources, for 53% and 46% of the respondents, respectively. The referendum paper with balanced information - distributed to all voters - was consulted by 25% of the respondents, and 20% had heard radio advertisements. A sponsored TV program and a leaflet published by the housing corporations (more than half the Amsterdam population lives in a house owned by a corporation) were noticed, but only by a small share of the population. The leaflet of Natuurmonumenten (the Natural Monuments Association, which was against the building of the new residential area) was distributed to its members (approximately 20% of the Amsterdam population) and read by almost all who received it.

Learning from the campaign

The data (survey research, N=347) showed that 96% of the respondents claimed to be aware of the IJburg referendum. 72% of the respondents believed they had sufficient information to make an informed decision. Two thirds of the respondents claimed to know the arguments for and against IJburg.

Voting intention

Figure 1 shows the (5 days) moving averages of the voting intentions from the daily tracking research (February 19 - March 18). It is striking that the percentage of "don't know" remained almost stable (between 25% and 23% of the electorate). The percentage of respondents in favor of IJburg increased from 29% to 36%. A week before the day of the ballot (March 19), the proponents of IJburg were successful: the percentage of proponents rose approximately 5 percent. The percentage of respondents against IJburg dropped from 46% to 41%, with noticeable declines on March 7 and March 11. Together, these trends reduced the lead of the opponents of IJburg: from 19 percent (in February) to 12 percent (March 7) to 5 percent (March 11).

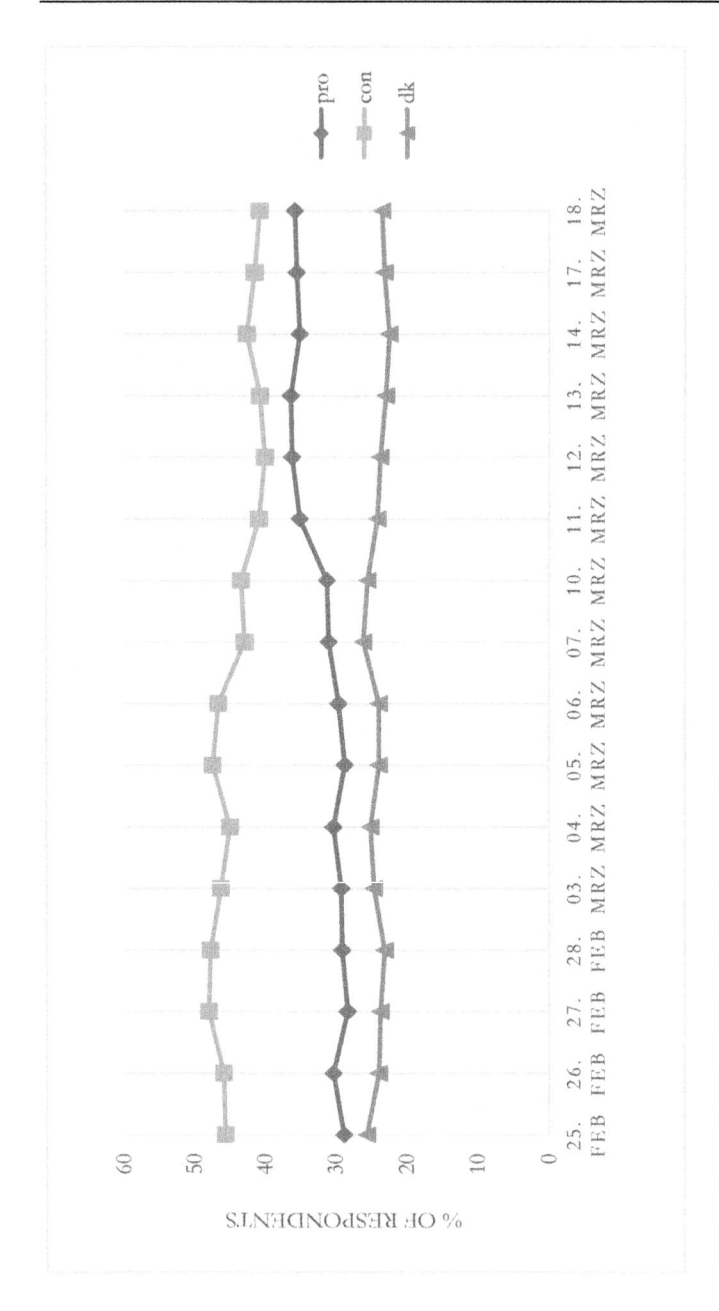

Figure 1: Public opinion during the campaign

Media attention to issues and the importance assigned to the issues by the electorate

We have two tools to compare the media attention to the 17 consequences of building IJburg and the importance assigned to these consequences by the electorate: (1) comparing media attention with the importance assigned by the respondents who completed the Information and Choice Questionnaire to each of the 17 consequences, and (2) comparing media attention with the opinions of the electorate at the end of the campaign (as expressed in the survey).

First, at the start of the campaign, using the Information and Choice Questionnaire, we presented respondents with the 17 consequences of building the new IJburg residential area, and asked them to rate the importance of each of these consequences. The most important consequences, according to the respondents in this study, were "environment" and "economy" (about equally important), followed by "housing" and "population", and then "recreation". Second, at the end of the campaign, we asked respondents to name two arguments in favor of IJburg and two arguments against in an open-ended question. The answers were coded on the basis of the 17 consequences. 96% of the respondents mentioned "the environment" and 74% of the respondents mentioned "housing" as the most important arguments. Consequences that were mentioned less often were "alternatives" (25%), "economic issues" (11%), "population" (8%), and "recreation" (7%). The other consequences were almost never mentioned

In particular, the economic arguments were considered much more important in the Information and Choice Questionnaire than in the media or in the public opinion survey. Arguments related to the environment and housing were at the forefront in the media as well as in the thinking of the respondents who participated in the public opinion survey. In other words, the media framing of the IJburg issue (environment versus housing) was also the dominant frame in the public's opinion.

Voting intentions of the electorate when provided with information about all of the consequences

We also studied the voting intentions of the electorate on the condition that people were provided with "full" information about the consequences of building the new residential area (via the Information and Choice Questionnaire study). Under this condition, 52% of the respondents said yes to the policy proposal to build IJburg, while 35% said no (3% didn't know and 10% said they would not vote). Before reading and evaluating the consequences, the corresponding percentages were: 40%, 32%, 15% and 13%, respectively. Providing information on the consequences thus had the effect of reducing the percentage of "don't know" (from 15% to 3%) and the percentage of non-voters (from 13% to 10%). Most strikingly, the percentage of pro-

IJburg votes increased. Respondents with an opinion (for or against IJburg) very seldom changed their opinion after filling out the ICQ: 87% of respondents in favor of IJburg and 82% of respondents against IJburg stuck to their opinion.

The economic arguments were considered to be much more important when rated in the Information and Choice Questionnaire than in the survey. This contributed to a more positive opinion on IJburg in the ICQ, because the economic arguments were evaluated by respondents as positive.

9. Conclusions and Discussion

Referendums extend the public's options for political participation. A necessary condition for the "democratic" success of referendums is that citizens have sufficient information to make informed decisions. Media are therefore important: the media report and contribute to the campaign and provide political information to the electorate. The degree to which they do this determines the ability of citizens to develop informed opinions. In the IJburg referendum, which has been the subject of this paper, the media paid a lot of attention to the issue, and this attention was largely informative for the electorate's decision on how to vote: at least 40% of the media attention was devoted to the various consequences of building the new residential area. The media framed the issue mainly as an issue of "environment" versus "housing". In addition to this, the media provided voters with ample news about the conflict and hoopla of the campaign (60% of the media attention). As has been observed in other political campaigns: the public must be entertained with the spectacle of campaign drama (Semetko et al. 1991).

The electorate, in turn, paid a lot of attention to the media, increased their knowledge, felt informed, and formed or changed their voting intentions. The dominant media frame (environment versus housing) was also considered important by the electorate.

Overall, we conclude that the role of the media in this referendum campaign was moderately positive: the media provided the audience with a relatively rich information environment relevant to the decision on how to vote, and a large majority of the electorate received this information. These results differ from what Magleby (1989; 1994) found in the USA, where voters were unaware of the referendums, had almost no knowledge, were uncertain how to vote, and were very susceptible to the influence of the campaigns. Further research is necessary to explain these differences. Possible factors are the type of referendum (e.g. the number of options), the role of the opposing parties (how active are they? how substantive are their arguments?), the frequency of referendum ballots, the topics (how abstract are they? how directly are voters affected?), and the role of the media (Neijens et al. 1998). In the case of the IJburg referendum, we suggest that the strategies of the opposing parties (both of which were very active) and the media (which provided a lot of attention to the issue) contributed to the quality of the opinion formation process (Neijens/Van Praag, Jr., 1999).

Comparing the role of the media and voter informedness in this referendum with national elections, the balance is positive for the referendum. A possible explanation for this finding could be that a referendum, with a yes or no decision about a concrete policy proposal, lends itself to substantive debate more than general election campaigns.

The study using the Information and Choice Questionnaire, which provided respondents with information on the consequences of the decision to build the new residential area, showed that this information environment had an impact on voting intentions in this referendum. A substantial number of respondents changed their voting intentions after reading the information and considering the consequences. These results are in line with findings from other studies using the Information and Choice Questionnaire (e.g. Neijens 1987; van Knippenberg/Daamen 1996; Neijens/de Vreese 2009).

Despite the extensive data on which this study is based, some limitations must be mentioned. For example, we only studied the relationship between media content and voting intentions at an aggregate level, and we only included newspapers in the media content analysis. That said, we believe that our study contributes significant insights into the role of the media for informed voting choices, showing how the media can successfully facilitate democratic participation in a local referendum.

References

Allport, F. H. (1937): Toward a science of public opinion. Public Opinion Quarterly, 1. 7–23.
Bishop, G. F., Oldendick, R. W., Tuchfarber, A. J., Bennett, S. E. (1980): Pseudo-opinions on public affairs. Public Opinion Quarterly, 44. 198–209.
Bogdanor, V. (1994): Western Europe. In: D. Butler, A. Ranney (eds). Referendums around the world. The growing use of direct democracy (pp 24-97). London: MacMillan Press.
Brants, K., Neijens, P. (1998): The infotainment of politics. Political Communication, 15 (2). 149-164.
Brants, K., van Praag, P., eds. (1994): Verkoop van de politiek. De verkiezingscampagne van 1994. [Marketing of Politics. The election campaign of 1994]. Amsterdam: Het Spinhuis.
Butler, D., Ranney, A. (1994): Theory. In: D. Butler, A. Ranney, eds. (1994a). Referendums around the world. The growing use of direct democracy. London: MacMillan Press.
Converse, P. E. (1987): Changing conceptions of public opinion in the political process. Public Opinion Quarterly, 51. 12–24.
Crespi, I. (1989): Public opinion, polls, and democracy. Boulder, CO: Westview Press.
Duyvendak, J. W., et al. (1992): Tussen verbeelding en macht. 25 jaar nieuwe sociale bewegingen in Nederland. [Between imagination and power. 25 years of new social movements in the Netherlands]. Amsterdam: SUA.
Edwards, W., (1977): Use of multiattribute utility measurement for social decision making. In: D.E. Bell, R.L. Keeney and H. Raiffa (eds.). Conflicting objectives in decisions. New York: Wiley.

Elenbaas, M. (2013): Dynamics of political information transmission: How media coverage informs public judgments about politics. Doctoral dissertation, University of Amsterdam.
Just, M.R., Crigler, A. N., Alger, D. E., Cook, T. E., Kern, M., West, D. M. (1996): Crosstalk. Citizens, candidates, and the Media in a Presidential campaign. Chicago: The University of Chicago Press.
Keeney, R. L., Raiffa, H. (1976): Decisions with multiple objectives: preferences and value tradeoffs. New York: Wiley.
Key, V. O., Jr. (1961): Public opinion and American democracy. New York: Knopf.
Kleinnijenhuis, J., D. Oegema, de Ridder, J., Bos, H. eds. (1994): De democratie op drift. Een evaluatie van de verkiezingscampagne van 1994. [Democracy adrift. An evaluation of the election campaign of 1994]. Amsterdam: VU Uitgeverij.
Knippenberg, D. van, Daamen, D. (1996): Providing information on public opinion surveys: Motivation and ability effects in the information-and-choice questionnaire. International Journal of Public Opinion Research, 8. 70–82.
Lasswell, H. D. (1941): Democracy through public opinion. Menasha, WI: George Banta.
Magleby, D. B. (1989): Opinion formation and opinion change in ballot proposition campaigns. In: M. Margolis, G. A. Mauser (ed.), Manipulating public opinion, 95-115. Belmont: Brooks/Cole Publishing Company.
Magleby, D. B. (1994): Direct legislation in the American States. In: D. Butler, A. Ranney (eds). (1994a). Referendums around the world. The growing use of direct democracy (pp 218-257). London: Macmillan Press.
Neijens, P. C. (1987): The Choice Questionnaire. Design and evaluation of an instrument for collecting informed opinions. Amsterdam: Free University Press.
Neijens, P. C. (2008): The deliberating public and deliberative polls. In: W. Donsbach & M.W. Traugott (eds.), Handbook of Public Opinion Research, pp 25-33. London: Sage.
Neijens, P. C., de Vreese, C. (2009): Helping citizens decide in referendums: The moderating effect of political sophistication on the use of the Information and Choice Questionnaire as a decision aid. Public Opinion Quarterly, 73 (3). 521-536.
Neijens, P. C., de Ridder, J. A., Saris, W. E. (1992): An instrument for collecting informed opini-ons. Quality & Quantity, 26. 245-258.
Neijens, P. C., Minkman, M., Slot, J. (1998): Opinion formation in referendum campaigns. A study of the Amsterdam referendums. Acta Politica, 33 (3). 300-316.
Neijens, P. C., van Praag, jr., Ph. (eds.) (1999): De slag om IJburg. Campagne, media en publiek. [The IJburg battle: Campaign, Media and Public]. Amsterdam: Het Spinhuis.
Neijens, P. C., van Praag, Ph., Bosveld, W., Slot, J. (2007): Turnout in Dutch referendums. An analysis of voter and referendum characteristics that influence turnout in referendums. In: C. de Vreese (ed.), The Dynamics of Referendum Campaigns. Palgrave Macmillan.
Pennings, P. (1995): De boodschap van de partijen. [The message of the parties]. In: J. Kleinnijenhuis, D. Oegema, J. de Ridder, H. Bos (eds.). De democratie op drift. Een evaluatie van de verkiezingscampagne van 1994. [Democracy adrift. An evaluation of the election campaign of 1994]. Amsterdam: VU Uitgeverij, pp. 15-39.
Price, V. (1992): Public Opinion. Communication Concepts, vol. 4. Newbury Park, CA: Sage.
Price, V. E., Neijens, P. C. (1997): Opinion quality in public opinion research. International Journal of Public Opinion Research, 9 (4). 336-360.
Price, V. E., Neijens, P. C. (1998): Deliberative polls: toward improved measures of "informed" public opinion. International Journal of Public Opinion Research, 10 (2), 145-176.
Saris, W. E., & Sniderman, P. M. (Eds.). (2004): Studies in public opinion. Attitudes, nonattitudes, measurement error and change. Princeton: Princeton University Press.
Scholten, O. (1996): Politiek, marketing en elektronische snelweg [Politics, marketing and the electronical highway]. In: N. Kramer, E. Nijpels, B. Pauw & L. Tiddens, Politiek en Marketing: winst of verlies? [Politics and Marketing: gain or loss]. Den Haag: SDU, pp. 11-35.

Semetko, H. A., Blumler, J. G., Gurevitch, M., Weaver, D. (1991): The Formation of Campaign Agendas: A Comparative Analysis of Party and Media Roles in Recent American and British Elections. Hillsdale: Lawrence Erlbaum Ass.

Slot, J. (1997): Onderzoek rondom IJburg. [Survey Research on IJburg]. Amsterdam: O+S, Het Amsterdamse Bureau voor Onderzoek en Statistiek.

van Hulten, S. (1999): Het mediadebat over IJburg. [The media debate about IJburg]. In P. C. Neijens, & Ph. Van Praag, jr. (eds.), De slag om IJburg. Campagne, Media en Publiek [The IJburg battle: Campaign, Media and Public], pp. 93-107. Amsterdam: Het Spinhuis.

IV. Public Opinion and
Public Opinion Research

Schäffle and Cooley on Public Opinion

Esteban López-Escobar and Ruth Breeze

1. Introduction

Sixty years ago, Harwood and Cartier (1953a) suggested that the progress in certain areas of knowledge tended "to underscore the need for a general theory of communication". In view of the vast range of different proposals from different disciplines, they concluded that whatever else, they had to avoid emulating the character invented by Stephen Leacock, who "mounted his horse and rode off furiously in all directions."[1] Communications theorists have charged around enthusiastically ever since then, leading us to the situation described by Donsbach (2006), who emphasizes that, despite the extraordinary way in which communication has flourished in academia, it still lacks an identity of its own as a field of research, or perhaps has even actually lost the one it originally had. Although a considerable volume of empirical evidence exists concerning the communication process, this area of research can increasingly be seen to be suffering from a kind of erosion on the one hand, and a flawed epistemology on the other.

Donsbach wisely states that empirical research without normative goals can easily become arbitrary, random and irrelevant. To lessen this risk, he proposes research which has "the potential to serve such general human and democratic values and norms, that is, 'research in the public interest.'" Moreover, although he is conscious of the difficulty of reaching a consensus about what the general interest might be, he also states that research on communication "has the potential and the duty to focus research agendas on how we can help societies and people to *communicate better*" (2006: 447).

Donsbach's reflections are not inconsistent with those of Harwood and Cartier, who make no distinction between philosophy and science and who stress the need to make a greater effort to devise "a rationale, a theory, a philosophy of communication." Harwood and Cartier (1953b) thought that "a coherent and consistent philosophy of communication can be built out of the presently disjointed and sometimes

---

[1] The reference is to Lord Ronald, a character in a story by the Anglo-Canadian writer, humorist and political commentator Stephen Leacock, "Gertrude the Governess: or, Simple Seventeen", which was published in *Nonsense Novels* (1911): http://www.gutenberg.org/cache/epub/4682/pg4682.html (19 March 2013).

apparently conflicting ideas that are the heritage of the field." And although they were aware that this task was neither straightforward nor uncontroversial, they were convinced that it was an urgent need.

When discussing how to develop a communicative theory of the social, it is relevant to turn to Charles Horton Cooley (1864-1929), whose importance in communication studies has recently been emphasized (Schubert 2005, Jacobs 2006,

Simonson 2010, López-Escobar and Breeze 2012). Simonson has rightly stressed that Cooley "was among the first people in the English-speaking world to develop an extended theory of something explicitly called 'communication'" (2010: 92), emphasizing that his reflections in this area predate those of Mead and Dewey.

Cooley's contribution to the development of communication theory is undisputed. What is less clear, however, is where he found his inspiration, since his views diverge considerably from those of his immediate predecessors in the United States, and are at variance with the prevailing intellectual climate of the day. In the manner of his time, Cooley himself is generally sparing in his use of reference and provides no systematic account of his own intellectual development. Yet a clue is to be found in the introduction to his PhD thesis (published 1894), where Cooley wrote, "I also, about the same time, began to be familiar with the writings of the newer school of sociologists, and thought that I found in their analysis of society, particularly in that of Schäffle, a basis upon which to work out my plan". Over 35 years later, Cooley was to look back on this period of his life, emphasizing that "I was looking for a view of the social system that should be more satisfactory than Spencer's and it seemed to me that Schäffle offered the best prospect of it (...) but just how much it helped me in working out my own conclusions I am unable to say" (Cooley 1930: 6). These references are to Albert Eberhard Friedrich Schäffle (1831-1903), German economist, journalist and politician, whose seminal work, *Bau und Leben des sozialen Körpers* (henceforth Bau und Leben), first published between 1875 and 1878, had left a lasting impression on Cooley during his formative years[2]. Above all, as we shall show in this paper, Schäffle's organic understanding of society was to inspire Cooley's own theory of how society works, and thus help configure his vision of communicative action. As Cooley himself stated, "communication was ... my first real conquest, and the *(doctoral) thesis a forecast of the organic view of society I have been working out ever since*" (1930: 8, emphasis added).

It seems highly likely that the idea which Cooley absorbed from Schäffle stayed with him and formed the basis for his development as a thinker. Yet despite the fact

---

[2] The first edition of this work by Schäffle came out in four volumes between 1875 and 1878; it was reprinted, also in four volumes, in 1881; and in 1896 a second, shorter edition was published, in two volumes, from which Schäffle edited out a large number of biological metaphors. We must assume that Cooley conscientiously read the first volume of the reprint of 1881. It is in this volume that Schäffle set forth his explanation of "Die Öffentliche Meinung".

that Cooley himself explicitly acknowledged the fundamental importance of his reading of Schäffle in opening up an extremely promising area for his subsequent intellectual development, so far little critical attention has been devoted to analyzing exactly where this influence lies. All too often, Schäffle's influence is ignored, glossed over swiftly, or simply played down.

One reason for this absence could be that the task of unravelling Schäffle's influence is far from straightforward. Cooley's "Journals" concerning this period of his life are among those he destroyed because he felt they were "too priggish" (Jandy 1942: 284), and Cooley himself quoted Schäffle only rarely (in his thesis and in the paper on the development of sociology at Michigan). For this reason, in a previous study we proceeded by reviewing the commonality between these two authors, and conducting a comparative analysis of their works, drawing out the conceptual and textual similarities that emerged (López-Escobar and Breeze 2012). In the present study, we continue our analysis of how Cooley's ideas related to those of his inspiration in the area of communication, focusing particularly on how each thinker understood the phenomenon of public opinion, which deserves to be treated "as a communication concept" (Price 1992: 90-91). We shall therefore center our attention here on Cooley's second statement, namely, that his thesis was *a forecast of the organic view of society*, which was to become the subject of his life's work.

2. The Organic View of Society

In the following, we provide an outline of Schäffle's organic view of society, and explain how Cooley's work shows a similar underlying view.

2.1 Society in Schäffle

Albert Schäffle enjoyed a promising start to his career, as professor of "Nationalökonomie" and then minister of commerce in Vienna (Meyen und Löblich 2006, Rühl 2011). Subsequently, however, he was unable to return to academia and spent much of his later life "on the periphery of established science", working as a freelance writer and researcher (Hutter 1994: 301). Schäffle's life and work can only be understood against the complex background of nineteenth century German intellectual life, and the rise in public sentiment against the social abuses that were being committed as a result of applying Adam Smith's principles. Von Philippovich, who studied this tendency in all its complexity in the early years of the twentieth century, treated Schäffle's thought with great respect and was obviously familiar with several of his works, although not with his major publication Bau und Leben[3]. In this context, von Philippovich alludes, among other authors, to Bruno Hildebrand who, in his own words, wanted to find "in the midst of the anarchy of prevailing opinions the correct course for economic theory in the future". According to von Philippovich:

> "(Hildebrand) rebels against the cosmopolitanism, atomism, materialism of the Smithian school which conceives of political economy as a 'physics of commerce' in which the individual is assumed to be a purely egoistic force; yet he likewise repudiates the a-priori constructions of the socialists, who, to be sure, correctly emphasize many shady sides of the existing industrial organization, but overlook the gradual improvement of society achieved and attainable in the course of historical development" (1912: 171-172).

In harmony with these ideas, Schäffle wrote *Bau und Leben*, which proved successful, "measured by its popularity and the discussion it engendered" (Hutter 1994: 302), in the conviction that individual self-interest failed to provide a satisfactory basis for the economy as a whole, and that to attain a proper understanding of economic affairs it would be necessary to situate them within an overall understanding of the social whole[4]. Hutter observed (1994: 316) that in this work, "Schäffle shares the traditional idealist position with an Aristotelian twist"[5]. Levine (1995: 248) also stresses the critical stance adopted by Schäffle towards Comte and Spencer.

In fact, as the title of Schäffle's book suggests, he reacts to atomism and materialism by making generous use of the metaphor of the body to explain the workings of society. For him, this analogy was important principally in that it illustrated the radically non-mechanistic concept of society as a living unity. It should be noted that Schäffle never identified society with an organism in the reductive, purely biological sense. His interest in the human being as a social entity led him rather to a deep interest in the systems of symbolic communication which constitute the nervous system of the social body, as well as to a considered analysis of all the institutions which make up the different organs and tissues of the social organism.

---

[3] The original work by Eugen von Philippovich was published under the title "Das Eindringen der sozialpolitischen Ideen in die Literatur", and appeared as chapter 31 in the second of the two volumes of the work "Die Entwicklung der deutschen Volkswirtschaftslehre im neunzehnten Jahrhundert" (Leipzig: Dunder und Humblot 1908) published on the occasion of the Gustav Schmoller's 70th birthday. The American Journal of Sociology reproduced this text, with some small variations, in 1912 (18, 2: 145-199) under the title "The infusion of socio-political ideas into the literature of German economics".

[4] Hardt tells us that *Bau und Leben* "reflects Schäffle's conviction that a discussion of political and economic affairs cannot proceed without an understanding of the complete system of human interaction" (Hardt 1979: 43).

[5] Hutter's reference in note 21 is to Birger Priddat (1991): Der ethische Ton der Allokation. Zum Verhältnis von Ökonomie und Ethik in der deutschen Nationalökonomie des 19 Jahrhunderts, Baden-Baden: Nomos.

Without embarking on a detailed analysis, it can safely be stated that Schäffle's thinking lies within a fairly broad intellectual tendency of the day that had reacted against the view that the national economy could be understood as an entity that functioned autonomously. Schäffle felt that economics should be seen as a science focusing on the human being and on society as a living system, and that communications therefore had a special role as a vital function of society. In volume one of *Bau und Leben*, Schäffle devoted an entire section to public opinion, in terms that are of particular importance for our present study[6].

2.2 Cooley's organic view

Cooley, as Levine points out, was also inclined towards a holistic conception of society (1995: 251). As early as the period when he was writing "Transportation", the text he composed with his father in 1894, we read:

"There are some analogies between the processes of the 'body politic', or social organism, and those of the individual body which are more than analogies, which seem rather to approach a true identity of function, pointing to and illustrating that universal kinship of all forms of life which the newest philosophy teaches us. Such an analogy is that between the nervous system of the body and the means of transmitting intelligence from one part of a country to another. Telegraphs, telephones, and the mail, like the nervous system, perform functions indispensable to a high development. They are the co-ordinating mechanism by whose means the actions of all the other social organs are brought into right relations one with another, and made to work together for social ends. They tend to produce in every part of society a consciousness of what is going on in every other part" (Cooley/Cooley 1894: 801).

It is significant that the word "organic" recurs with considerable frequency throughout Cooley's earlier work on society. For example, the first lines of Cooley's Human nature and the social order, under the heading "organic relation", read as follows:
"Society and the individual is really the subject of this whole work, and not merely of Chapter I. It is my general aim to set forth, from various points of view, what the individual is, considered as a member of a social whole (...) If we accept the evolutionary point of view we are led to see the relation between society and the individual as an organic relation. That is, we see that the individual is not separable from the human whole, but a living member of it, deriving his life from the whole

---

[6] When Franz von Holtzendorff wrote "Wesen und Werth der öffentlichen Meinung" (München: Rieger) in 1879, he used the original edition of *Bau und* Leben, which was the only one extant at that time.

through social and hereditary transmission as truly as if men were literally one body" (1902: 35)

The similarities to Schäffle's own vision of society are obvious. Not surprisingly, it was this very image borrowed from Pascal which Schäffle himself had used to conclude his foreword to the first edition of *Bau und Leben*: "toute la succession des hommes, pendant la longue durée des siècles, doit être considerée comme un seul homme, qui subsiste toujours and comprend continuellement".

3. Public Opinion in the Organic View

Both writers accord prime importance to the role of public opinion in articulating and organizing society. The following illustrates some of the close parallels between the two writers.

3.1 Schäffle on public opinion

The fourth part of Schäffle's *Bau und Leben* focuses on "the general phenomena of the social *Geistesleben*", that is, the workings of what might be termed the "social mind." It is here that we find his references to public opinion (*Die öffentliche Meinung*). As we have indicated, Schäffle understands the mental life of society as being organized in a system of cells, organs and tissues, like the human body. In his view, the system of thought contained in logic is a product of the collective way of thinking (or "collective mind") over the centuries. He proposes that social processes are similar to individual mental processes. In society, people, families and groups come to form different professional bodies and yet are still part of the whole, the parts of which are linked together through the *"Nervenströmungen"* of symbolism in a collective oeuvre, as every member of the collective working body remains sensitive to the impulses from other members (1881: 396)[7].

Society is thus underpinned by a systematic form of organization on the psychological level. This is manifested through language ("die einheitliche Symbolik der Volkssprache"), but language is also aided and strengthened by highly efficient communications media (press, telegraph, post, literature, etc.). This makes it possible for ideas to be transmitted not only across space, but also across time. Public opinion entails the spreading of ideas through symbols, in a process of democratization. Technological aids such as printing then make it possible to spread and exchange symbols more quickly, over a larger area. Publicity ("Öffentlichkeit") is spread through symbolic exchange. It can be defined as the social-psychological-physical spreading of

---

[7] This idea that the collective mind or consciousness is formed in the same way as that of the individual is also a key notion in Cooley (1907: 680).

mental movements ("die socialpsychophysische Ausbreitung der geistigen Strömungen") (1881: 415).

Publicity is thus for the social body what the "spread of the nerve flow" is for the physical body. It lies at the basis of all social customs, and although it was once only communicated by personal symbols, today it has many media at its disposal and encompasses social streams of thought of powerful breadth, speed and scope. It can also be seen as the mental openness, created through symbolic exchange, between larger or smaller circles within the masses that make up the social body.

Public opinion is the public reaction to specific views, judgments and tendencies, and is an extremely important factor in all social action. As would be expected, Schäffle here shows the influence of Hegel, and yet his own development of the theme of public opinion goes well beyond the political sphere[8]. For Schäffle, public opinion does not have value simply because it is the current opinion of the masses, but because it reveals the contents of the collective mental mood: it is in harmony with the true vital needs and nature of the social body. But public opinion is also fickle, and its importance is often overrated or underestimated. To a certain extent, public opinion can be neither grasped nor measured. Public opinion is certainly not a single stream but a multiplicity of different streams which often flow in different, contradictory directions. The differences may sometimes be eradicated through communication, but often not, if there are deep divisions.

"Public opinion is certainly not a unitary current, but a multiplicity of different currents which often go in different directions. (...) The social body is then in a state of mental agitation and reaction against its leading elements, and does not constitute a unitary (...) public. Public opinion and its press representation does not so much represent the leading, creative acts in the mental life of the people, as the chorus in the drama of society" (1881: 455-456).

It is particularly important to note that in Schäffle's analysis, public opinion only takes up objects that are already on the threshold of the general consciousness. The great spiritual work that precedes public arousal has already taken place beyond the threshold of the public consciousness (1881: 456). Public opinion is often not receptive to new ideas, and the masses do not know, or have only heard rumors about, the Promethean spirits who have broken new ground in research, art and ethical endeavor. In Schäffle's view, change can only be understood in terms of the "*Schwellenphänomen*" (threshold phenomenon), which he uses to explain how ideas are generated and developed outside the mainstream culture, so that then, if they gain sufficient force, they

---

[8] G.W.F. Hegel discussed public opinion in his "Elements of the Philosophy of Right" (Cambridge: Cambridge University Press, 1991). §§ 315-318 and §319 are dedicated to public opinion and the freedom of public communication. However, his concept of "publicity" was much narrower than that of Schäffle, and mainly concerned the reception of political ideas.

can cross the threshold into the main currents of ideas and become part of mainstream thinking (1881: 404-405). Such a process protects and stabilizes the mainstream culture, while perhaps also allowing the space needed for new ideas to develop.

3.2 Cooley on public opinion

The issue of public opinion (or public consciousness[9]) obviously interested Cooley greatly. He made reference to this question in passing in some of his early writings[10], and developed his ideas at greater length in "Social consciousness" (1907) and Social organization: a study of the larger mind (1909). There are few references to public opinion in *Human nature and the social order* (1902), the first of the three volumes that would make his name. However, Cooley did devote a short chapter of volume three, *Social process* (1918), to this topic. In accordance with his 'organic view', this text begins with the following words: "Public opinion (...) should be regarded as an organic process, and not merely as a state of agreement about some question of the day" (1918: 378). Public opinion is thus the whole which arises out of the action and reaction of the ideas that people have, in close contact with the ideas that other people have.

Jandy (1942: 183-184) states that Bryce, whom he regards as "Cooley's mentor in many ways, (...) taught him much of democratic processes: how public opinion influences them, and what role leaders, the masses, and various organs, such as the newspaper play in originating or guiding public opinion." However, Jandy swiftly moves on to say that "Cooley thought that public opinion (...) was not a 'counting noses affair', 'but an organization, a cooperative product of communication and reciprocal influence.'" In this, his view differs from Bryce, "who regarded public opinion as a mere collection of individual opinions." Cooley also differentiated "between public opinion and popular impression, which was a less mature, more transitory, and therefore less reliable guide"[11].

Cooley prepared "Social consciousness" for the gathering which the American Sociological Association, created two years earlier, held in Boston in December 1907. In the first words of this text, in which he set out to distinguish first between "public opinion" and "social will", and then "between a true or mature opinion and a popular impression", he patently demonstrated his "organic view":

---

[9] Cooley regards them as equivalent in "Social organization" (1909: 10).
[10] There are also some references in "Competition and organization" (1894), "Nature versus nurture" (1896), and "Personal competition" (1899).
[11] In the foreword to his first edition of *The American Commonwealth* (1888), Lord James Bryce mentions Thomas M. Cooley, Charles's father, as the person who helped him most to write the book. On several occasions, Cooley quotes this book, which, as we know, contains a lengthy chapter on public opinion.

"Mind is an organic whole made of co-operating individualities, in somewhat the same way that the music of an orchestra is made up of divergent but related sounds" (1907: 675).

In Cooley's view, there are not two types of mind, one individual and the other social ("no more are there two kinds of mind – the social mind and the individual mind", ibid.), but only "individual and collective aspects of social consciousness." Cooley again expresses his ideas in terms strongly reminiscent of those used by Schäffle:

"The unity of the social mind consists, not in agreement, but in organization, in the fact of reciprocal influence or causation among its parts, by virtue of which everything that takes place in it is connected with everything else, and so is an outcome of the whole" (Cooley, 1907: 675)

Once more practically glossing Schäffle, Cooley criticizes Descartes as "the best known exponent of the traditional view regarding the primacy of selfconsciousness", when he coined the expression *cogito, ergo sum*. "Introspection is essential to psychological or social insight, but the introspection of Descartes was, in this instance, a limited, almost abnormal, sort of introspection" (1907: 677). Cooley perceives that "the unity of public opinion, like all vital unity, is not one of uniformity, but of organization, of interaction and mutual influence" (1907: 679). The fact that "all minds are different is a condition, not an obstacle, of that unity that consists in a differentiated and co-operative life." Through interaction, "the minds in a communicating group become one mind, a single organic whole. Their unity is not one of identity, but of life and action – a crystallization of diverse but related ideas" (1907: 680-681).

The actual way in which public opinion is generated and can be understood is another area of commonality with Schäffle. Cooley sets out his own ideas as follows:

"(Public opinion) is only partly unified (...) it is of the nature of a drama, many characters taking part in a variegated unity of action (...) an intricate progressing whole. And it is a whole for the same reason that a play is, because the characters, though divergent and often conflicting, interact upon one another and create a total movement which the mind must follow by a total process" (Cooley 1918: 378).

This bears a striking resemblance to Schäffle's account reported above. Moreover, the importance of small groups in society, which he terms "minorities" and which we might, in hindsight, prefer to name "pressure groups", also played a key role in Cooley's understanding of the workings of public opinion:

"A real understanding of the human mind, both in its individual and public aspects, requires that it be seen in the whole process, of which majorities and decisions are but transient phases (...) The organic view seems to be the only one that does justice to the significance of minorities (...) if you have an eye for organic development, it is obvious that minorities, even small ones, may be the most pregnant factors in the situation. All progress (...) begins with a few, and it is, accordingly, among the small and beginning parties that we may always look for the tendencies that are likely to dominate the future" (1918: 378).

In this passage, Cooley not only emphasizes the organic nature of social development, but really almost paraphrases Schäffle's explanation of the *"Schwellenphänomen"* (see section 3.1). Moreover, he also conceptualized the ultimate end of communication in a similar way to Schäffle. "In politics communication makes possible public opinion, which, when organized, is democracy" (Cooley 1908: 85), whereby he almost echoes Schäffle, who thought that public opinion entailed the spreading of ideas through symbols in a process of democratization. Where they differ is in the American's optimism as to the ultimate outcome of these developments, and the German's pessimism, which is a sober reflection of the way political events can impinge on intellectual life.

4. Conclusion

From the evidence we have considered, it seems clear that Cooley owed more to Schäffle than has previously been recognized. Cooley's organic view of society, his insight into the key role of communication, and his understanding of how public opinion changes over time, can all be seen to fit perfectly with the ideas on those subjects set out at length by Schäffle in Bau und Leben. Indeed, we can go so far as to state that Schäffle's influence was fundamental in shaping the thought of one of the fathers of modern communications theory.

Given this, it is tempting to speculate as to why Cooley was so vague as to what Schäffle's influence had been, and similarly tantalizing to pose the question as to why subsequent analysts have chosen not to explore this issue further. Schäffle himself retired from public life at the age of 40, and although his writing was widely read, it was also criticized for maintaining that the laws of biology applied to human society, which was manifestly untrue, and for having "socialist" tendencies, which was equally false. We may speculate that Cooley was not particularly interested in explaining the extent of his debt to a somewhat discredited figure. However, it is also interesting that he thought Schäffle's influence was worth mentioning at all.

A second reason, which seems to fit rather better, is that Cooley obviously felt a deeper sympathy with Schäffle than with many other writers, not least because, during his formative years, he was reaching out for an understanding of society that was different from the Darwinian determinism offered by contemporary readings of human life, or the pessimistic vision of human history as conditioned by mechanistic forces or class struggle. Cooley may well have found Schäffle's works inspirational in a genuine sense: they provided innovative ideas which fired Cooley's mind with a new vision. He then reworked these ideas and made them his own to such an extent that he was unable to distinguish between what had originally been there and what he himself had developed.

The destruction of Cooley's "Journals" from his formative years means that we will probably never know to what extent his perusal of Schäffle really contributed, subjectively speaking, to forming his own intellectual position. However, as we advance in our parallel analysis of the work of Schäffle and Cooley, the similarities that come to light make it possible for us to understand that the de facto influence of the former was decisive in shaping the intellectual development of the man who can be regarded as the pioneer of communication studies in the USA.

References

Cooley, C. H. (1894): The theory of Transportation, Publications of the American Economic Association, 9. 3. 1-148.
Cooley, C. H. (1907): Social Consciousness. The American Journal of Sociology, 12. 5. 675-694.
Cooley, C. H. (1909): Social organization: A study of the larger mind. New York: Charles Scribner's Sons. (We use the 1962 edition by Schocken Books Inc.)
Cooley, C. H. (1918): Social Process. New York: Charles Scribner's Sons. (We use the 1966 Arturus Books edition.)
Cooley C. H. (1930): The development of sociology at Michigan. Sociological theory and social research. New York: Henry Holt and Company. (We use the 1969 printing, New York: August M. Kelly: 1-14.)
Cooley, T. M., Cooley, C. H. (1894): Transportation. In: N. S. Shaler: The United States of America: a study of the American commonwealth, its natural resources, people, industries, manufactures, commerce, and its work in literature, science, education, and self-government, Vol. II. New York: D. Appleton and Company: 735-803.
Donsbach, W. (2006): The Identity of Communication Research. Journal of Communication, 56. 437–448.
Hardt, H. (1979): Social theories of the press: Early German & American perspectives. Beverly Hills: Sage.
Harwood, K., Cartier, F. (1953a): On a general theory of communication. Audiovisual Communication Review, 1. 227-233.
Harwood, K., Cartier, C. (1953b): On definition of communication. Journal of Communication, 3, 2. 71-75.
Hutter, M. (1994): Organism as a metaphor in German economic thought. In: Philip Mirowski (ed.): Natural images in economic thought: markets read in tooth and claw. Cambridge: Cambridge University Press: 289-321.
Jacobs, G. (2006): Charles Horton Cooley: imagining social reality. Amherst: University of Massachusetts Press.
Jandy, E. C. (1942): Charles Horton Cooley: his life and his social theory. New York: The Dreyden Press.
Levine, Donald D. (1995): The organism metaphor in Sociology. Social Research, 62, 2. 239-265.
López-Escobar, E., Breeze, R. (2012): Cooley and his communicative theory of the social: the pioneer's inspiration. In: M. K. McCombs and M. Martín Algarra (eds.): Communication and social life / Comunicacióin y vida social. Pamplona: EUNSA: 29-52.
Meyen, M., Löblich, M. (2006): Klassiker der Kommunikationswissenschaft: Fach- und Theoriegeschichte in Deutschland. Konstanz: Universitätsverlag Konstanz.

Pascal, B. (1970): Oeuvres complètes, vol. 2. Bruges: Desclée de Brouwer.
Price, V. (1992): Public Opinion. Newbury Park: Sage.
Rühl, M. (2011): Journalistik und Journalismen in Wandel. Eine kommunikationswissenschaftliche Perspektive. Wiesbaden: Springer Verlag.
Schäffle, A. (1875-1878): Bau und Leben des socialen Körpers. Tübingen: H. Laupp. Reprinted in 1881.
Schubert, H.-J. (2005): Cooley, Charles H. In: G. Ritzer (ed.): Encyclopedia of Social Theory. Thousand Oaks: Sage, vol. .: 150-155.
Simonson, P. (2010): Refiguring mass communication: a history. Urbana: University of Illinois Press.
Von Holtzendorff, F. (1879): Wesen und Werth der öffentlichen Meinung. München: Rieger.
Von Philippovich, E. (1912): The infusion of socio-political ideas into the literature of German economics. The American Journal of Sociology, 18, 2. 145-199.

Das „Easterlin-Paradox" – eine Scheinkorrelation?

Thomas Petersen

Wolfgang Donsbachs Forschung ist durchzogen von der Überzeugung, dass die Sozialwissenschaft kein Selbstzweck sein darf, sondern der Gesellschaft dienen soll, die sie untersucht. Neben der notwendigen wissenschaftlichen Gründlichkeit und Unvoreingenommenheit bei der Analyse steht bei seiner Forschung deswegen immer auch eine normative Komponente im Hintergrund, nämlich das Ziel, dazu beizutragen, die freiheitliche Demokratie zu stärken oder dazu, das Leben der Menschen ein wenig zu erleichtern.

Da vermutlich kaum etwas mehr dazu beitragen könnte, den Menschen das Leben zu erleichtern, als die Beantwortung der Frage, was glücklich macht, erscheint es angemessen, im Rahmen einer Festschrift für Wolfgang Donsbach auf das weite Feld der empirischen Glücksforschung einzugehen. Und weil man sich stets auf das Wesentliche konzentrieren sollte, sollen die folgenden Ausführungen ganz der brennenden Frage gewidmet werden, ob Geld glücklich macht. Sie ist zugegebenermaßen nicht ganz neu. Tatsächlich sind wenige Fragestellungen in der empirischen Sozialforschung so intensiv untersucht worden wie diese, doch es sind auch auf wenigen anderen Gebieten so verwirrende, teilweise scheinbar widersprüchliche Ergebnisse zutage gefördert worden.

Berühmt ist in diesem Zusammenhang das sogenannte „Easterlin Paradox", benannt nach dem amerikanischen Wirtschaftswissenschaftler Richard A. Easterlin, der im Jahr 1974 eine Meta-Analyse von 30 Umfragen aus den Jahren 1946 bis 1970 unternahm, die alle den Zusammenhang zwischen dem Einkommen der Befragten und ihrer subjektiven Lebenszufriedenheit untersuchten. Diese Studien deckten 19 verschiedene Länder ab, so dass auch ein umfangreicher internationaler Vergleich möglich war. Das Ergebnis dieser Auswertung stellt die Forschung bis heute vor Rätsel. Sie zeigte deutlich, dass in all diesen Untersuchungen innerhalb eines jeden Landes ein deutlicher Zusammenhang zwischen Einkommen und Lebenszufriedenheit festzustellen war. Im internationalen Vergleich dagegen existierte ein solcher Zusammenhang nicht. Die Bewohner reicher Länder waren nicht oder allenfalls geringfügig mit ihrem Leben zufriedener als die Bewohner armer Länder (Easterlin 1974).

Es liegt nahe, aus diesem Befund, die Schlussfolgerung zu ziehen, dass Lebenszufriedenheit weniger vom absoluten Niveau des materiellen Wohlstandes abhängt, als vom „relativen Wohlstand", der eigenen sozioökonomischen Position im Vergleich zum Durchschnitt der Gesellschaft. Doch auch für die Richtigkeit dieser Vermutung gibt es keine verlässlichen Belege. Easterlin warnte bereits 1974, dass Bestrebungen, das Niveau der Lebenszufriedenheit in einer Gesellschaft durch eine stärkere Umverteilung des Einkommens zu heben, in die Irre führen könnten. Es gebe keinen Hinweis darauf, dass die vorhandenen internationalen Unterschiede in der Lebenszufriedenheit mit dem Ausmaß an sozialer Ungleichheit in den betreffenden Ländern in Verbindung gebracht werden könnten. So konnte man letztlich nur dem Chicagoer Psychologen und Umfrageforscher Norman M. Bradburn zustimmen, der sich seit den 1960er Jahren intensiv mit der „Psychologie des subjektiven Wohlbefindens" („Psychology of Well-Being") befasst, viel zu dem Thema geforscht hat und doch letztlich nur zu dem Schluss kam, dass man noch viel mehr Forschung bräuchte (vgl. Easterlin 1974: 119; Bradburn 1969: 233).

An dieser Situation hat sich heute, mehr als 40 Jahre nach der Publikation von Bradburns Arbeiten, nichts Wesentliches geändert. Immerhin hat sich die Beobachtung von Easterlin, die sich bereits damals auf eine beträchtliche Menge von Untersuchungen stützen konnte, in der nachfolgenden Zeit immer wieder bestätigt (vgl. z. B. Stevenson und Wolfers 2008; McCutcheon 2009). Auch innerhalb einer Gesellschaft ändert sich im Zeitverlauf das Niveau der Lebenszufriedenheit der Bevölkerung nicht wesentlich, wenn sich die ökonomischen Bedingungen verändern. Die Bundesrepublik Deutschland ist ein gutes Beispiel hierfür. Seit dem Jahr 1954 stellt das Institut für Demoskopie Allensbach in seinen repräsentativen Bevölkerungsumfragen regelmäßig die Frage „Wenn jemand von Ihnen sagen würde: ,Dieser Mensch ist sehr glücklich.' Hätte er damit recht oder nicht recht?" Es gibt gute Gründe, diese Frage als nicht optimal zur Messung der tatsächlichen Lebensglücks der Menschen anzusehen (vgl. Petersen/Mayer 2005: 81-95), doch als grober Indikator für die Niveauveränderung der Lebenszufriedenheit im Zeitverlauf ist sie sicherlich brauchbar. In 55 Jahren hat sich das Niveau der Antworten auf diese Frage nicht wesentlich geändert. 1954 sagten 28 Prozent, man könne mit Recht sagen, sie seien sehr glücklich, 2009, als diese Frage zum bisher letzten Mal gestellt wurde, waren es in Westdeutschland 33 Prozent. In den Jahren 1965 bis 2000 bewegte sich der Anteil derjenigen, die sich selbst als sehr glücklich bezeichneten, in einer sehr engen Bandbreite zwischen 29 und 33 Prozent (Grafik 1).

Das „Easterlin-Paradox" – eine Scheinkorrelation?

Frage: „Wenn jemand von Ihnen sagen würde: ,Dieser Mensch ist sehr glücklich.' Hätte er damit Recht oder nicht Recht?"

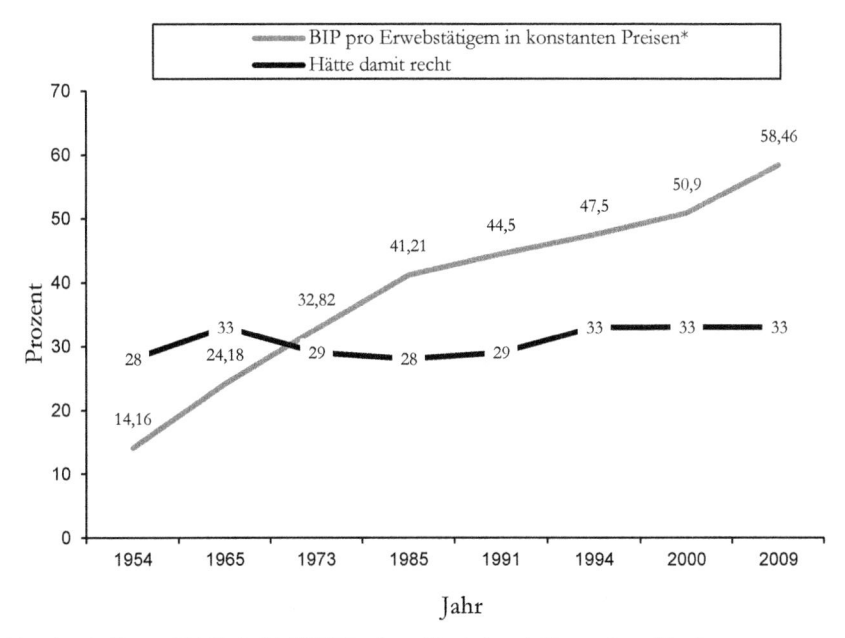

BIP pro Erwebstätigem in konstanten Preisen*
Hätte damit recht

Prozent

Jahr	BIP	Hätte damit recht
1954	14,16	28
1965	24,18	33
1973	32,82	29
1985	41,21	28
1991	44,5	29
1994	47,5	33
2000	50,9	33
2009	58,46	33

*Angaben in Tausend D-Mark. Bis 1985 Westdeutschland, danach Gesamtdeutschland.

Grafik 1: Subjektiv empfundenes Glück und materieller Wohlstand im Trend (Quelle: Umfragen: Allensbacher Archiv, IfD-Umfragen Nr. 078, 1041, 2006, 4045/46, 5057, 5099, 6076, 10033. BIP: Statistisches Bundesamt)

Etwas stärkere Veränderungen sind zu beobachten, wenn man den Anteil derer mit berücksichtigt, die sich bei dieser Frage ausdrücklich als nicht glücklich bezeichnen. Er sank in der Zeit von 1954 bis 1965 deutlich von 26 auf 13 Prozent (IfD-Umfragen Nr. 078; 1041). Es liegt nahe anzunehmen, dass in den 50er Jahren die Folgen des zweiten Weltkrieges auch im Alltag noch wesentlich präsenter waren als ein Jahrzehnt danach. Man denke in diesem Zusammenhang nur an die vielen Millionen Gefallenen, Vermissten und Vertriebenen, an die zahllosen Familien, die nur wenige Jahre zuvor auseinandergerissen worden waren. Doch auch hier ist seit Mitte der 60er Jahre praktisch Stillstand eingetreten. 2009 sagten 8 Prozent der Westdeutschen, wer behauptete, sie seien sehr glücklich, habe Unrecht (IfD-Umfrage Nr. 10033).

Während sich also der Anteil derjenigen an der deutschen Bevölkerung, die sich selbst als glücklich bezeichnen, seit mehr als einem halben Jahrhundert allenfalls geringfügig verändert hat, hat sich die soziale Situation der Bevölkerung in der gleichen Zeit dramatisch verbessert. Wie Grafik 1 zeigt, hat sich die Wirtschaftsleistung pro Kopf in Westdeutschland seit dem Jahr 1954 preisbereinigt mehr als vervierfacht, wobei die tatsächliche Entwicklung noch etwas dynamischer war als die in Grafik 1 wiedergegebene Trendlinie suggeriert, denn in sie gehen ab 1991 gesamtdeutsche Daten ein. Außerdem beruhen die Daten ab 1991 auf einem etwas anderen Preisindex als die für die Jahre davor, was zu einer leichten Abflachung der Kurve führt. Die in den letzten zwei Jahrzehnten zu beobachtende allmähliche Zunahme der Einkommensungleichheit in Deutschland (Miegel et al. 2008: 16) kann den Effekt dieser Dynamik nicht aufheben, zumal Armut bei Analysen der sozialen Struktur üblicherweise relativ definiert wird. Die Basis der Definition ist der Abstand des einzelnen Einkommens zum Durchschnittseinkommen. Tatsächliche, effektive Einkommenseinbußen der untersten sozialen Schicht sind erst in den letzten Jahren zu beobachten, und sie sind bisher gering (vgl. Miegel et al. 2008: 16-17). Damit ist festzuhalten: Über den langen Zeitraum ab 1954 betrachtet, haben alle Bevölkerungsschichten von der wachsenden Wirtschaftskraft des Landes erheblich profitiert. Doch eine auch nur annähernd vergleichbare Zunahme der subjektiven Lebenszufriedenheit ist nicht zu beobachten (vgl. die entsprechenden Daten in den USA bei Layard 2006: C25).

Dabei gibt es durchaus Hinweise darauf, dass ein inhaltlicher Zusammenhang zwischen der subjektiven Lebenszufriedenheit und der Entwicklung der Volkswirtschaft existiert. In diesem Zusammenhang ist der seit etwa 20 Jahren bekannte Befund von Interesse, dass sich aus den Ergebnissen der regelmäßig zum Jahresende gestellten Frage des Instituts für Demoskopie Allensbach „Sehen Sie dem kommenden Jahr mit Hoffnungen oder Befürchtungen entgegen?" eine erstaunlich präzise Konjunkturprognose für das darauffolgende Jahr errechnen lässt (Noelle-Neumann 1989, Bruttel 2013), obwohl die Frage lediglich vage nach einem unbestimmten, eher emotional geprägten Lebensgefühl fragt. Nach den Berechnungen des Hamburger Sozialwissenschaftlers Birger Antholz sind die auf dieser Frage beruhenden Wachstumsprognosen sogar treffsicherer als die auf sehr detaillierten volkswirtschaftlichen Daten und wissenschaftlichen Analysen gegründeten Herbstgutachten der führenden Wirtschaftsforschungsinstitute (Antholz 2005).

Einen anderen Hinweis geben die Ergebnisse der Frage „Wie zufrieden sind Sie mit Ihrem Leben?" Dazu wird den Befragten ein Bildblatt überreicht, auf dem eine Leiter zu sehen ist, deren Sprossen von unten nach oben mit den Ziffern 0 bis 10 beschriftet sind. „Null," heißt es in der Frage weiter, „bedeutet: Sie sind zur Zeit überhaupt nicht zufrieden, und 10, Sie sind sehr zufrieden. Welche Stufe wählen Sie?" Wenn man die Antworten auf diese Frage mit den tatsächlichen Wachstumsraten der Volkswirtschaft in den Jahren vergleicht, in denen die Frage gestellt wurde, ist durchaus eine gewisse Übereinstimmung zu erkennen. Dies zeigt Grafik 2: Auf den ersten

Das „Easterlin-Paradox" – eine Scheinkorrelation? 231

Blick scheinen die beiden dort wiedergegebenen Trendverläufe wenig miteinander gemein zu haben. Der Grund dafür ist, dass die Angaben der Befragten zu ihrer Lebenszufriedenheit weit weniger schwanken als die Wachstumsraten der Wirtschaft, vor allem dann, wenn, wie hier aus Gründen der Übersichtlichkeit geschehen, die Durchschnittswerte auf der Skala von 0 bis 10 ausgewiesen werden.

Frage: „Einmal ganz allgemein gesagt: Wie zufrieden sind Sie zurzeit mit Ihrem Leben? Bitte sagen Sie es mir nach dieser Leiter hier. Null würde bedeuten, Sie sind zur Zeit überhaupt nicht zufrieden, und 10, Sie sind sehr zufrieden. Welche Stufe wählen Sie?" (Skalenvorlage)

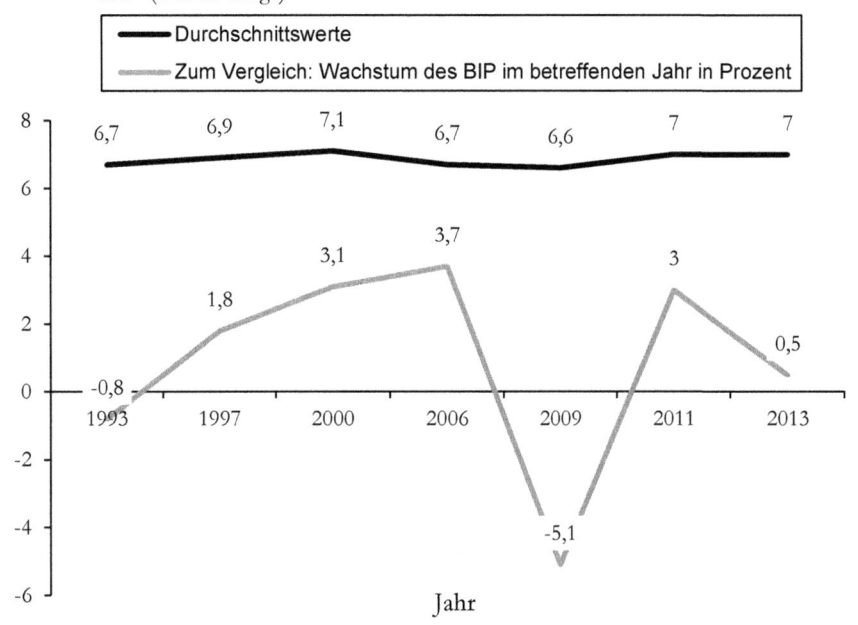

—— Durchschnittswerte
—— Zum Vergleich: Wachstum des BIP im betreffenden Jahr in Prozent

Jahr	1993	1997	2000	2006	2009	2011	2013
Durchschnittswerte	6,7	6,9	7,1	6,7	6,6	7	7
BIP-Wachstum	-0,8	1,8	3,1	3,7	-5,1	3	0,5

Grafik 2: Lebenszufriedenheit im Trend (Quelle: Umfragen: Allensbacher Archiv, IfD-Umfragen Nr. 5082, 6042, 6094, 7092, 10048, 10072, 11010; Wachstumsraten: Statistisches Bundesamt. Schätzung des HWWI vom September 2013. r (Pearson) = .62

Doch statistisch betrachtet stimmen die beiden Trendverläufe in einem nicht unbeträchtlichen Maße überein. Dies zeigt der Korrelationskoeffizient von r = .62. Die Bevölkerung gibt also im Durchschnitt durchaus eine etwas größere Lebenszufriedenheit zu Protokoll, wenn die Wirtschaft stark wächst, und ist umgekehrt in der

Rezession weniger zufrieden. Doch die Schwankungen bleiben gemessen an den tatsächlichen Veränderungen der Wirtschaftslage auffallend gering.

Das bedeutet allerdings nicht, dass es in den letzten vier Jahrzehnten keine nennenswerten Fortschritte bei der Erforschung der Ursachen der subjektiven Lebenszufriedenheit gegeben hätte. Im Gegenteil. Dank der Forschungen von Norman Bradburn und anderen wissen wir heute beispielsweise wesentlich mehr über die Strukturen der Lebenszufriedenheit, etwa dass das positive und negative Lebensgefühl eigentlich nicht, wie es in den meisten Studien (und auch der vorliegenden) aus pragmatischen Gründen geschieht, als Gegensätze zu sehen sind, sondern durchaus gleichzeitig vorkommen und auch gleichzeitig abwesend sein können (Bradburn 1969). Der ungarisch-amerikanische Psychologe Mihaly Csikszentmihalyi steuerte sehr aufschlußreiche Ergebnisse zur Bedeutung von Aktivität und der Bereitschaft, Anstrengungen auf sich zu nehmen, zur Diskussion bei (Csikszentmihalyi 1990; Csikszentmihalyi/Csikszentmihalyi 1988). In zahlreichen Studien wurde in den letzten Jahren der Einfluss von Faktoren wie Alter und Gesundheitszustand auf die Lebenszufriedenheit untersucht, allerdings mit teilweise widersprüchlichen Ergebnissen (vgl. z. B. Deaton 2008; Cantril 1965; Diener et al. 1999). Der Politikwissenschaftler Allan McCutcheon konnte den Grad der Freiheit des politischen Systems als weitere, das subjektive Wohlbefinden erklärende Variable identifizieren (McCutcheon 2009). Diese Beispiele können nur kurze Schlaglichter auf die reiche Forschung werfen, die in den letzten Jahrzehnten zu diesem Themenkomplex stattgefunden hat. Doch alle diese - teilweise außerordentlich aufwendigen -Studien haben das Easterlin-Paradox letztlich nicht aufklären können.

Im Folgenden soll eine kleine Untersuchung aus dem Jahr 2009 präsentiert werden, die sich in diese beschriebene Forschungstradition einreiht. Selbstverständlich kann auch sie nicht für sich in Anspruch nehmen, das Rätsel, an dessen Aufklärung führende Sozialwissenschaftler seit Jahrzehnten arbeiten, zu lösen, doch sie kann möglicherweise einen bescheidenen Beitrag dazu leisten, denn im Rahmen dieser Studie, die Teil einer umfangreicheren Untersuchung über die Quellen der subjektiven Lebenszufriedenheit war[1], wurde der materielle (und auch der immaterielle) Wohlstand der Bevölkerung detaillierter abgefragt, als dies üblicherweise bei solchen Studien der Fall ist, wo meist das Einkommen der Befragten als alleiniger Indikator verwendet wird. Es wird sich unten zeigen, dass die - zunächst einleuchtend erscheinende - Beschränkung auf diesen einen Wohlstandsindikator zumindest zum Teil das Phänomen des Easterlin-Paradoxes erklären könnte.

---

[1] Es handelt sich um eine von der Ernst Freiberger-Stiftung in Auftrag gegebene und in Kooperation mit dem Denkwerk Zukunft verwirklichte Untersuchung (Binswanger [u. a.] 2010). Beiden Institutionen sei an dieser Stelle für ihr Engagement herzlich gedankt.

1. Methode

Die hier präsentierten Ergebnisse wurden im Oktober 2009 im Rahmen einer mündlich-persönlichen Repräsentativumfrage des Instituts für Demoskopie Allensbach erhoben. Hierfür wurden 1834 Personen im Alter ab 16 Jahren befragt. Es handelte sich um eine so genannte Omnibus-Befragung, in der Fragekomplexe zu verschiedenen Themen in einem Fragebogen zusammengefasst wurden. In den Fragebogen wurde eine längere Serie von Fragen aufgenommen, in der die subjektive Lebenszufriedenheit der Befragten sowie eine Vielzahl von Aspekten angesprochen wurde, von denen man annahm, dass sie diese beeinflussen könnten: Neben zahlreichen soziodemographischen Merkmalen war dies in erster Linie eine Frage, in der die Befragten gebeten wurden anzugeben, in welchen Lebensbereichen ihre Erwartungen erfüllt oder gar übertroffen worden seien. Zur Auswahl standen unter anderem die Punkte finanzielle Sicherheit, Gesundheit, Freude am Beruf, gute Freunde, Freiheit, ein selbstbestimmtes Leben und ein erfülltes Familienleben. Außerdem wurde neben dem Netto-Monatseinkommen unter anderem auch ermittelt, inwieweit die Befragten der Ansicht seien, das eigene Einkommen sei gerecht, ob dieses Einkommen sich in den letzten fünf Jahren verbessert habe, ob man für die nächsten fünf Jahre an eine Verbesserung der eigenen wirtschaftlichen Lage glaube und wie diese allgemein zur Zeit eingeschätzt werde. Die Lebenszufriedenheit selbst wurde mit der in Grafik 2 wiedergegebenen Frage ermittelt.

2. Ergebnis und Diskussion

Die Ergebnisse der Befragung wurden einer multiplen Regressionsanalyse unterzogen. Als abhängige Variable diente die Frage nach der subjektiven Lebenszufriedenheit. Alle anderen genannten Fragen wurden als unabhängige Variablen in die Analyse eingespielt. Dabei wurden zwei Varianten der Analyse berechnet. In der ersten Variante wurden nur die soziodemographischen Variablen sowie die Angaben der Befragten zu ihrer eigenen wirtschaftlichen Lage berücksichtigt. Das Ergebnis dieser Analyse ist in der linken Spalte von Tabelle 1 wiedergegeben. Hier zeigt sich das aus zahlreichen früheren Studien bekannte Muster: Signifikante erklärende Variablen sind die religiöse Bindung der Befragten - operationalisiert in den Variablen Kirchenmitgliedschaft und Häufigkeit des Kirchenbesuchs - und das Geschlecht: Frauen sind mit ihrem Leben alles in allem etwas zufriedener als Männer. Daneben erweisen sich alle Angaben zum materiellen Wohlstand als deutlich signifikante Einflussgrößen. Das gilt sowohl für die Einschätzung der eigenen wirtschaftlichen Lage als auch für die Annahme, dass sich diese in den kommenden fünf Jahren bessern werde, die Feststellung, dass die Lage besser ist als fünf Jahre zuvor und - an dieser Stelle der wichtigste Gegenstand der Aufmerksamkeit - das Netto-Monatseinkommen des Befragten.

Fügt man nun zur Analyse die psychologischen Variablen hinzu, also Angaben über die subjektive Zufriedenheit mit dem erzielten Einkommen, der Bereitschaft, für mehr Lebensqualität in anderer Hinsicht auf Einkommen zu verzichten und die Einschätzungen, in welchen Bereichen man erreicht hat, was man sich im Leben vorgenommen hatte, ändert sich das Bild. Dies zeigt Tabelle 1 in der rechten Spalte. Zu den genannten erklärenden Variablen kommen einige hinzu: Anders als beim ersten Rechenmodell erweist sich bei Berücksichtigung der zusätzlichen Kontrollvariablen auch der Wohnort der Befragten als signifikante Einflussgröße: Westdeutsche geben eine etwas geringere Lebenszufriedenheit zu Protokoll als Ostdeutsche. Außerdem erweisen sich die Zufriedenheit mit der eigenen Gesundheit und der Eindruck, in Freiheit zu leben, als signifikante erklärende Variablen, Befunde, die die Ergebnisse früherer Studien bestätigen (vgl. McCutcheon 2009). Auch der Eindruck, dass das eigene Einkommen - unabhängig von seiner konkreten Höhe - angemessen, gerecht sei, hat einen signifikanten Einfluss.

Eine Variable, die in der ersten Berechnung noch eine Rolle spielte, fällt dagegen unter die Signifikanzschwelle: Das Netto-Monatseinkommen, obwohl doch, wie Tabelle 1 zeigt, andere materielle Punkte von erheblicher Bedeutung sind. Dieser Befund deutet darauf hin, dass das Easterlin-Paradox auf eine Scheinkorrelation zurückzuführen sein könnte. In den meisten Studien wird der materielle Wohlstand allein mit der Frage nach dem monatlichen Einkommen gemessen. Die Höhe des Einkommens ist natürlich eng mit Variablen wie der Zufriedenheit mit dem eigenen Einkommen oder dem Gefühl ein gerechtes Einkommen zu haben, verknüpft, so dass Menschen, die über ein hohes Einkommen verfügten, sich auch bei der Frage nach der Lebenszufriedenheit positiver äußerten als andere. Dieser Zusammenhang wurde aber, wie nun deutlich wird, vermutlich zu Unrecht als Ursache und Wirkung interpretiert. Die vorliegende Untersuchung zeigt, dass die tatsächliche Höhe des Einkommens nachrangig ist (am Rande sei vermerkt, dass damit auch die Vermutung widerlegt ist, der Abstand des eigenen Einkommens zum Durchschnittseinkommen sei die entscheidende Größe). Entscheidend ist etwas, was man das „subjektive Einkommen" nennen könnte: Das Gefühl, gut mit den eigenen finanziellen Mitteln zurechtzukommen, der Eindruck, in materieller Hinsicht nicht übervorteilt zu werden und der Eindruck, dass es finanziell aufwärts geht. Dies aber sind Erfahrungen, die auch Menschen mit geringem Einkommen machen können, Erfahrungen, von denen man annehmen kann, dass sie in Gesellschaften mit objektiv geringem Wohlstand nicht wesentlich seltener gemacht werden als in den reichen Industriestaaten. Das Easterlin-Paradox ließe sich damit leicht auflösen.

Abhängige Variable:

Frage: „Wie zufrieden sind Sie zurzeit mit Ihrem Leben? Bitte sagen Sie es mir nach dieser Leiter hier. Null würde bedeuten, Sie sind zurzeit überhaupt nicht zufrieden, und 10, Sie sind sehr zufrieden. Welche Stufe wählen Sie?" (Skalenvorlage)

Unabhängige Variablen	Modell 1: Soziodemographie und Einschätzung der wirtschaftlichen Lage	Modell 2: Vollständige Analyse einschließlich psychologischer Variablen
	Beta	Beta
Region: West	-,011	-,062**
Kirchenmitgliedschaft	,078***	,080**
Geschlecht: Weiblich	,064***	,077**
Bildung	,033	,020
Häufigkeit des Kirchgangs	,093***	,077**
Einkommen	**,066***	**,044**
Kinder	,035	,023
Alter	,037	-,050
Einschätzung der eigenen wirtschaftlichen Lage	,377***	,224***
Glaube, dass es einem in 5 Jahren wirtschaftlich besser gehen wird	,081***	,058**
Eigene wirtschaftliche Lage ist besser als vor 5 Jahren	,152***	,147***
Aussage: Das eigene Einkommen ist gerecht		,140***
Bereitschaft, freiwillig, auf Einkommen zu verzichten		,032

Lebenserwartungen erfüllt oder übertroffen

- Finanzielle Sicherheit	,099***
- Körperliches Wohlbefinden, Gesundheit	,102***
- Ein Glaube, der einem Sicherheit gibt	,050
- Freude am Beruf	,049
- Erfolg im Beruf	,047
- Gute Freunde	-,019
- Eine glückliche Ehe / Partnerschaft	-,016
- Ein schönes Haus, eine schöne Wohnung	,023
- Freiheit, ein selbstbestimmtes Leben	,098***
- Ein hohes Einkommen	-,039
- Ein erfülltes Familienleben	,042
- Viel Freizeit	-,015
- Viel zu besitzen	,004
R 2	,300 ,413

** = signifikant auf dem 95-Prozent-Niveau
*** = signifikant auf dem 99-Prozent-Niveau

Tabelle 1: Regression: Quellen der Lebenszufriedenheit (Quelle: Allensbacher Archiv, IfD-Umfrage Nr. 10046, Oktober 2009)

Dieses Ergebnis verdient mit Blick auf das künftige gesellschaftliche Klima in der Bundesrepublik Deutschland Aufmerksamkeit, denn es ist anzunehmen dass sich einige für die Lebenszufriedenheit entscheidende Faktoren in den kommenden Jahren in Deutschland ungünstig entwickeln werden. An erster Stelle ist hier das Element der wirtschaftlichen Dynamik zu nennen. Die Erfahrung, dass die eigenen wirtschaftlichen Verhältnisse sich bessern, werden voraussichtlich immer weniger Menschen machen können (vgl. Miegel/Petersen 2008). Wenn aufgrund des demographischen Wandels eines Tages ernste Einschnitte in das Sozialnetz notwendig werden, wird voraussichtlich auch die Zahl derjenigen steigen, die sich infolge dieser Maßnahmen ungerecht behandelt fühlen, selbst wenn ihre wirtschaftliche Existenz objektiv vielleicht gar nicht bedroht ist. Beides müsste angesichts der hier dokumentierten Ergebnisse einen deutlichen negativen Effekt auf die Lebenszufriedenheit der Bevölkerung haben, der sich nicht leicht durch andere Faktoren ausgleichen lässt. Mit anderen Worten: Die Befunde der Untersuchung legen die Annahme eines asymmetrischen Effekts nahe: Das Easterlin-Paradox besagte, dass die Menschen in einem Umfeld wachsenden gesellschaftlichen Wohlstands nicht zufriedener werden, weil, wie jetzt zu erkennen ist, nicht der objektive Wohlstand die entscheidende Variable ist, sondern das Gefühl von materieller Sicherheit und der Gerechtigkeit der eigenen Einkünfte. Es könnte sein, dass wir in den kommenden Jahren erleben werden, dass die Bürger im Gegensatz dazu bei stagnierendem oder sinkendem gesellschaftlichem Wohlstand deutlich unzufriedener werden, nicht, weil das objektive, sondern weil das subjektiv als angemessen empfundene Einkommen bedroht ist.

Literatur

Antholz, Birger. 2005. Zur Treffsicherheit von Wachstumsprognosen. Prognostizierte und tatsächliche Wachstumsraten des Bruttoinlandsprodukts Deutschlands 1950-2004. Münster: EHA-Verlag.
Binswanger, Mathias (u. a.). 2010. Zufrieden trotz sinkenden materiellen Wohlstands. Memorandum der Arbeitsgruppe „Zufriedenheit" des Ameranger Disputs der Ernst Freiberger Stiftung. Amerang: Ernst Freiberger Stiftung.
Bradburn, Norman M. 1969. The Structure of Psychological Well-Being. Chicago: Aldine.
Bruttel, Oliver. 2013. Bevölkerungsstimmung als Indikator für Wirtschaftswachstum. Wirtschaftsdienst 93: 390-395
Cantril, Hadley. 1965. The Pattern of Human Concerns. New Brunswick: Rutgers University Press.
Csikszentmihalyi, Mihaly. 1990. Flow. The Psychology of Optimal Experience. New York: Harper & Row.
Csikszentmihalyi, Mihaly, und Selega Csikszentmihalyi (Hrsg.). 1988. Optimal Experience. Psychological Studies of Flow in Conciousness. Cambridge: Cambridge University Press.
Deaton, Angus. 2008. Income, Health and Well-Being around the World: Evidence from the Gallup World Poll. Journal of Economic Perspectives 22, No. 2: 53-72
Diener, Ed et al. 1999. Subjective Well-Being: Three Decades of Progress. Psychological Bulletin 125: 276-302
Easterlin, Richard A. 1974. Does Economic Growth Improve the Human Lot? Some Empirical Evidence. In Nations and Households in Economic Growth: Essays in Honor of Moses Abramovitz, Hrsg. Paul A. David und Melvyn Reder, 89-125. New York: Academic Press.
Hamburgisches Weltwirtschafts-Institut (HWWI). 2013. Im Dialog. Pressmitteilung vom 3. September 2013.
Layard, Richard. 2006. Happiness and Public Policy: A Challenge to the Profession. The Economic Journal 116 (März): C24-C33.
McCutcheon, Allan L. 2009. Economic Growth and the Human Condition. Vortrag, gehalten auf der Jahrestagung der World Association for Public Opinion Research (WAPOR), Lausanne, 11.-13. September 2009.
Miegel, Meinhard, und Thomas Petersen. 2008. Der programmierte Stillstand. Das widersprüchliche Verhältnis der Deutschen zu Wirtschaftswachstum und materieller Wohlstandsmehrung. München: Olzog.
Miegel, Meinhard et al. 2008. Von Verlierern und Gewinnern - Die Einkommensentwicklung ausgewählter Bevölkerungsgruppen in Deutschland. IWG Bonn Untersuchungsbericht, Juni 2008.

Noelle-Neumann, Elisabeth. 1989. The Public as Prophet: Findings from Continuous Survey Research and Their Importance for Early Diagnosis of Economic Growth. International Journal of Public Opinion Research 1: 136-150

Petersen, Thomas, und Tilman Mayer. 2005. Der Wert der Freiheit. Deutschland vor einem neuen Wertewandel? Freiburg: Herder.

Stevenson, Betsey, und Justin Wolfers. 2008. Economic Growth and Subjective Well-Being: Reassessing the Easterlin Paradox. National Bureau of Economic Research, NBER Working Paper No. 14282

Revolution durch Öffentlichkeit

Heinrich Oberreuter

Der Mensch ist ein öffentliches Wesen und eine freie Öffentlichkeit konstituiert das Ganze (Gerhardt 2012): Dies ist eine treffliche Zuspitzung liberal-individueller Kommunikationsfreiheit und des ihr zugeordneten pluralistischen Öffentlichkeitsmodells. Es durchzusetzen war im Kern die revolutionäre Tat (Kowalczuk 2009) des Widerstands gegen das bestehende DDR-System im Herbst 1989: die Erringung demokratischer politischer Öffentlichkeit, gestützt auf freie Medien.

1. Öffentlichkeit contra Öffentlichkeitsverweigerung

Alle Politik ist Kommunikation. Über diese und ihre Medien zu verfügen oder sie sogar zu monopolisieren bedeutet kaum zu relativierende Macht. Cäsar, Friedrich der Große, Metternich oder Bismarck waren sich dessen bewusst. Gerade die totalitären Revolutionäre des 20. Jahrhunderts – Lenin und Trotzki, Hitler und Goebbels, Mao und Castro – und ihre Epigonen haben auf diese Maxime ihre Herrschaft gestützt, um jenseits von Gewalt manipulativ-kommunikative Mechanismen von Zustimmung oder Pseudozustimmung zu entwickeln, ohne aber Freiheiten zu konzedieren oder im Grenzfall auf Gewalt zu verzichten.

Plurale Publizität

Die liberale Demokratie gewinnt dagegen Legitimität durch offene Kommunikation, welche die Herrschenden – wie ihre Opponenten und viele andere politisch relevante Akteure auch – beeinflussen, niemals aber besetzen oder monopolisieren können. Indem sie Pluralität garantiert und auf diese Weise praktisch allen Positionen, Individuen und Gruppen die Freiheit politischer Entfaltung einräumt, macht sie die freie Bildung von Konsens und die offensive Sicherung der Legitimität zu ihrem eigentlichen Thema. Sicher muss die normative Kraft der Verfassung dem Fluss politischer Kommunikation Form geben. Aber sie bestimmt nicht deren zulässige Inhalte. Anders als durch offene Kommunikation zwischen Politik und Bürgern kann ohnehin (keineswegs homogene) gesellschaftliche Integration nicht bewältigt werden. Insofern bleibt die Demokratie ihren Grundsätzen gerade dadurch treu, dass sie Herrschaft auf freie Wahlen gründet sowie ihre Kontrollierbarkeit und Transparenz verlangt, so schwierig beides im Einzelnen auch geworden sein mag. Jedenfalls ist sie von allen Staatsformen der Öffentlichkeit am meisten und geradezu konstitutiv zugewandt. Demokratischem Selbstverständnis nach wird Macht kommunikativ zugeteilt und kommunikativ entzogen; denn der Prozess politischer Willensbildung ist ein Kommunikationsprozess.

„Bürgerlich" ist dieses liberal-demokratische Öffentlichkeitsmodell gewiss insoweit, als es den großen verfassungsgeschichtlichen Kämpfen des Bürgertums gegen die ihre absolutistischen Positionen verteidigende Obrigkeit zu verdanken ist. Seine Legitimationsdoktrin macht für die Verwirklichung des Verfassungsgrundsatzes der Volkssouveränität eine enge Verbindung von Herrschaft und öffentlicher Meinung zur Voraussetzung. Demnach gelten die Medien als Plattform politischer Meinungs- und Willensbildung, als Hersteller und Vermittler politischer Öffentlichkeit. Diese Idee gilt seit je und wird Bestand haben. Fragen richten sich „nur" an ihre Verwirklichung in komplexen Gesellschaften, die in den Analysen von Jürgen Habermas in den 1960er Jahren große Brisanz entfalteten (Habermas 1962 u.ö.). Sie gingen von der klassischen Ideengeschichte aus, deren Rekonstruktion in der Praxis sie im Grunde verlangten. Auch wenn man diese Rekonstruktionsbemühungen für überspitzt und die ihnen zugrunde liegenden historischen Idealisierungen und Stilisierungen für unzutreffend hält, bleibt die Grundannahme nicht nur richtig, sondern auch ein kritisches Korrektiv aller politischen Willensbildung: dass es nämlich Kontinuität der politischen Diskussion zwischen Bürgern und Institutionen in der hier geschilderten Offenheit geben muss. Sie ist der Brennpunkt jeder demokratischen Legitimitätsidee, ein Leitstern übrigens der Rechtsprechung des Bundesverfassungsgerichts.

Nach wie vor ist die herrschende Kommunikationsordnung eines der wichtigsten, wenn nicht sogar das wichtigste Kriterium für die Unterscheidung politischer Systeme. In der Charakterisierung freier Demokratie durch Kommunikationsfreiheit ist das bereits deutlich geworden. Das Ausmaß, in welchem Staat und Herrschaft beanspruchen, über die öffentliche Kommunikation zu verfügen (oder nicht zu verfügen), ist ein sicherer Indikator für die liberale oder illiberale Qualität eines Regimes und seines Respekts vor der Menschenwürde. Ein freier Staat wird schon verfassungsrechtlich von solchen Verfügungsgelüsten abgehalten. Seine ordnende und gestaltende Aufgabe erstreckt sich darauf, die jeweils optimalen Voraussetzungen für die Entfaltung der Informationen und Meinungen zu schaffen. Ein unfreier Staat offenbart den Grad seiner Unfreiheit gerade darin, inwieweit er seine Hand auf Informationen und Meinungen legt: im schlimmsten Fall bis zum Informationsmonopol und zum ideologischen Exklusivitätsanspruch. Wer sich im Besitze der Wahrheit fühlt und von daher beanspruchen muss, ihr in der Praxis zum Siege zu verhelfen, kann Informations- und Meinungsvielfalt und aus beiden entstehende politische Öffentlichkeit nicht tolerieren.

Sozialistische Exklusion

Von daher ergab sich in den sozialistischen Systemen ein auf Exklusion beruhendes Öffentlichkeitsmodell, das Pluralitätsverleugnung und ideologische Dienstleistung vorauszusetzen hatte (Töpfl 2011: 91ff., Schreiber 1984). „Kommunikationsfreiheit" war (auch) in der DDR demnach jenen Grundsätzen der Verfassung untergeordnet, welche Macht und Herrschaft der sozialistischen Partei zementierte und dem Bürger das „Recht" gab, seine Kräfte „in der sozialistischen Gesellschaft ungehindert zu entfalten" (Art. 19 DDR-Verfassung) – aber in keiner anderen. Die Medien (im Übrigen auch Literatur und Kultur) unterlagen der Lenkung durch die Partei, die sich dabei gerne ähnlicher Instrumente bediente wie die andere deutsche Diktatur. Zugangsvoraussetzungen zum Journalistenberuf war ideologische Prägung, für welche die Leipziger Journalistenfakultät stand. Ihr Spitzname: Rotes Kloster. „Journalistische Kompetenz für eine pluralistische Demokratie", deren Kriterien Wolfgang Donsbach eindrucksvoll rekonstruiert hat (Donsbach 2007) wurde dort nicht vermittelt. Distanz oder gar oppositionelle Ansätze zu der ihnen zugeschriebenen Funktion im sozialistischen System haben die DDR-Journalisten nicht entwickelt. Ihr Selbstverständnis war systemadäquat. Ideologie und Praxis standen jederzeit in einem symbiotischen Verhältnis (Herrmann 1963, Schulz 2003, Graf 1999, Geserick 1989, Holzweißig 1989, Holzweißig 2003, Riedel 1977), das Tendenzen zur Gegenöffentlichkeit als Angriff auf das Politik-, Herrschafts- und Kommunikationsmonopol betrachten musste. Ventile der Kritik – z.B. Leserbriefe (Bos 1993) sollten sich niemals gegen die Grundlagen des Systems öffnen dürfen, sondern nur gegen Details ihrer Verwirklichung. Sie galten grundsätzlich als Mittel, Unzufriedenheit aufzufangen und die Herrschaft der Partei der Arbeiterklasse zu stabilisieren.

Die marxistisch-leninistische Kommunikationstheorie griff den Pluralismus als angeblich geistiges Manipulationsinstrument der Bourgeoisie zentral an: „In der sozialistischen Gesellschaftsordnung, wo es nicht nur notwendig, sondern auch möglich ist, die gesellschaftliche Entwicklung mit einem „Gesamtwillen" und nach einem ‚Gesamtplan' (Engels) zu vollziehen, entwickeln sich auf der Grundlage der sozialistischen Produktionsweise objektive Bedingungen für die Herausbildung einer einheitlichen ö.M., in der sich die Interessen der Arbeiterklasse und aller mit ihr verbündeten Klassen und Schichten widerspiegeln. Je mehr die individuellen Interessen der Mitglieder der sozialistischen Gesellschaft mit den gesamtgesellschaftlichen Interessen übereinstimmen, sich die *politisch-moralische Einheit des Volkes* entwickelt, um so mehr bildet sich eine einheitliche sozialistische ö.M. [= öffentlichen Meinung, H.O.] heraus. Sie trägt entscheidend zur Formung und Verbreitung des sozialistischen Bewußtseins bei." (Autorenkollektiv 1989: 697)

Dem entsprach die praktische Umsetzung: „Die Massenmedien der DDR haben als Instrumente der Politik mit ihren jeweils speziellen Mitteln die Aufgabe, auf der Grundlage der wissenschaftlichen Weltanschauung das Antlitz unserer Republik, die Fortschritte bei der Verwirklichung der Gesellschaftsstrategie der SED in Stadt und Land überzeugend darzustellen und die Motive der Menschen für ihr schöpferisches Handeln zur Stärkung des Sozialismus und bei der Lösung der Probleme zum Allgemeingut zu machen." (Autorenkollektiv 1989: 609)

Während die freiheitlich demokratische Grundordnung und ihre Kommunikation im Recht auf Opposition gipfelt, besteht die sozialistische Gesellschaftsordnung auf der Unterbindung offener und pluraler Meinungsbildung. Es kommt gerade nicht auf das Individuum als öffentliches Wesen und seine sich aus Pluralität frei bildende Öffentlichkeit an. Gegen diese Öffentlichkeitsverweigerung erhob sich jener Widerstand, der Öffentlichkeit gewann und das System revolutionär überwand.

2. Destruktion des Öffentlichkeitsmonopols

Der Schritt von der normativen Destabilisierung zur Beseitigung des Systems stellt sich dar als Kampf um die Öffentlichkeit; genauer: als Kampf gegen das Öffentlichkeitsmonopol der Partei und für die Außerkraftsetzung des Parteilichkeitsprinzips als Voraussetzung legitimen öffentlichen Agierens in der Binnenkommunikation der DDR.

Von der Gegenkultur zur Gegenöffentlichkeit

Zunächst handelt es sich um eine systeminterne Auseinandersetzung, auf welche die Westmedien nicht originären Einfluss hatten: eine Auseinandersetzung um Partizipations- und Diskussionschancen der Bürger. Initiativ- und Bürgergruppen, ein DDR-Samisdat (Knabe 1999), waren seit den Siebzigerjahren unter dem Dach der Kirche entstanden. Die globalen Themen, die sie sich gewählt hatten: Frieden, Dritte Welt, Umwelt, formulierten sie kritisch um auf die eigenen inneren Zustände: Frieden, Demokratie und Ökologieprobleme im eigenen Land. Diese Linie zu überschreiten, zog nach sich: Ausgrenzung aus der Gesellschaft, Ausreise, Ausweisung. Im Sommer 1989 erhob sich nun der Anspruch der allmählich gewachsenen Gegenkultur auf Öffentlichkeit.

Der Gründungsaufruf des „Neuen Forum" vom 11. September 1989 (Aufbruch 89) gab sich nicht revolutionär. Er decouvrierte vielmehr die bestehende Wirklichkeit mit der Feststellung, die Kommunikation zwischen Staat und Gesellschaft sei gestört. Zugleich forderte er Öffentlichkeit und Dialog über die Aufgaben des Rechtsstaats, der Wirtschaft und der Kultur. In der Forderung: "Neues Forum zulassen" spiegelte sich nichts weniger als eine Absage an das bisherige Zwangssystem. Kern der Wende war das Begehren aus der Gesellschaft, sich den öffentlichen Raum – eben das „neue" Forum – anzueignen. Die revolutionäre Situation war in dem Moment da, in dem das praktisch geschah.

Jenseits ihres generellen und latent stets vorhandenen Einflusses auf die Destabilisierung des SED-Staates haben die Westmedien diese revolutionäre Situation im Inneren nicht geschaffen. Sie wurde darüber hinaus von zusätzlichen Faktoren wie den Ereignissen in Ungarn zugespitzt. Aber die Medien boten Unterstützung und Schutz. Damit verhalfen sie der Wende zum Durchbruch.

Die SED hat sich niemals, wo es in ihrer Macht lag, die Verfügung über die Öffentlichkeit streitig machen lassen. Alles andere hätte ja zu Pluralismus und damit zum Ende des Systems geführt, wie 1989 eindrucksvoll bestätigt (zu den Entwicklungsphasen: Linke 1987: 54ff.; Geserick 1989; Holzweißig 1989: 45ff.).

Der Monopolanspruch wurde historisch zunächst mit vielfältigen Mitteln verteidigt: rechtlich durch die Kriminalisierung der Weitergabe des Inhaltes westlicher Sendungen als „Staatsverbrechen" und „staatsgefährdende Propaganda und Hetze"; technisch durch die Einführung westuntauglicher Gemeinschaftsantennen; moralisch durch Druck zur Verpflichtungserklärung auf freiwilligen Empfangsverzicht; gewaltsam, als die FDJ mit dem Motto: „Der Klassenfeind sitzt auf dem Dach" ausgeschickt wurde, Antennen zu knicken.

Die Siebzigerjahre sahen dann eine Strategie stillschweigender Duldung bei verstärkten Bemühungen um ideologische Immunisierung. Der Straftatbestand blieb jedoch bestehen, offenbar, um nötigenfalls administrativ eingreifen zu können, wie überhaupt Rechtsunsicherheit ein bevorzugtes Führungsinstrument totalitärer Systeme ist.

Weitere Lockerungen hat es nicht gegeben. In Kabelnetze wurden später staatlicherseits Westprogramme nur eingespeist, wo sie auch vorher schon mit konventionellen Techniken zu empfangen waren.

Zu „souveräner Gelassenheit" (Linke 1987: 58) im Umgang mit den Westmedien und der Öffentlichkeit hat das Regime nie gefunden. Die These liegt nahe, dass die Kommunikationspolitik zwar eingesehen hatte, die Einstrahlung von außen nicht verhindern zu können. Aber bis zuletzt wurde alles getan, um die souveräne Verfügung über die Binnenöffentlichkeit so weit wie möglich zu verteidigen: 1987 und 1988 bei Protestszenen gegen die Mauer am Brandenburger Tor, als Vopo und Stasi brutal gegen Westjournalisten vorgingen, um ihre Berichterstattung zu behindern, wie zunächst 1989 auch. Westliche Printmedien verfielen bis zuletzt der Beschlagnahme. Für Offiziere der NVA galt ein offenbar überwiegend beachtetes Westfernsehverbot (Gillessen 1990). Die Zensur der Kirchenzeitungen 1988, die dann –

eine eigene Art von Aufmerksamkeit erregendem öffentlichem Protest – mit weißen Flecken erschienen, und das Verbot der populären sowjetischen Zeitschrift „Sputnik" sind zusätzliche Belege für diese versuchte Abschottung und Verteidigung der offiziellen politisch beherrschten und begrenzten Öffentlichkeit. Gegen den SED-Souveränitätsanspruch und sein (durchlöchertes) Monopol stellte sich nun mit dem Aufruf des Neuen Forums die Forderung nach unbeschränkter demokratischer Öffentlichkeit. Das Ende des Kommunikationsmonopols ist aber zugleich das Ende jedes totalitären Herrschaftsanspruchs.

Intervenierende Publizität

Die Westmedien boten den Initiativen und Bürgergruppen, nachdem Fluchtwelle und Ausreise Ursachenforschung nahelegten, jene Plattform und jenes Forum, welches SED-Staat und SED-gelenkte Medien ihnen noch verweigerten. Westmedien hatten oppositionellen Strömungen auch in den Jahren zuvor schon Gehör verschafft. Jetzt wirkten sie als Kommunikations- und Artikulationshilfe, insbesondere in einer Phase, in der diese Gruppen sich anschickten, sich übergreifend zu organisieren und die Scheidelinie zur Öffentlichkeit mit partizipatorischem Anspruch zu überschreiten. Die These, das Westfernsehen habe dadurch „in Teilen der Bevölkerung möglicherweise Angstabbau und Erfahrung eines kollektiven Oppositionsbewusstseins bewirkt" (Krüger 1990: 62), klingt plausibel. Die Dissidenten erfuhren und sahen nun, dass sie nicht allein und nicht nur wenige waren. Wo vorher Überschaubarkeit herrschte, wurde das Neue Forum nun zum Repräsentanten der Systemopposition und zum institutionalisierten Gesprächspartner der Westmedien. Ein Telefoninterview mit Bärbel Bohley gehörte hinfort zum Szenarium der „news-show". Bohleys Aussagen war in der DDR wiederum ein Millionenpublikum gewiss.

Die Westmedien haben in der Tat die Spirale des Wandels mit in Gang gehalten und weiter vorangetrieben. Aber sie haben sie insofern nicht initiiert, als die systemkritischen Gruppen, denen sie Resonanz verliehen, nicht ihre Produkte waren, sondern die Kinder einer genuin DDR-geprägten Gegenkultur. Aber indem sie ihnen ein Millionenforum boten, wurden sie doch zu Mitakteuren des Wandels. Hätten sie sich verweigern sollen? Allein schon Gründe journalistischer Professionalität sprechen dagegen. Doch Informationsbörse und Forum konnte das Westfernsehen in dieser Situation nur sein, weil es das in Ostdeutschland an Stelle des dortigen Fernsehfunks vorher schon war.

Revolutionäre Zuspitzung

Verstärkendes Forum für das oppositionelle Gedankengut wurden die Westmedien vor allem durch zeitgeschichtliche Veränderungsprozesse, die sie nun wirklich nicht hervorgerufen hatten. Opposition und Systemkritik gewannen Interesse, weil die durch die ungarische Grenzöffnung ausgelöste Fluchtwelle nach Erklärung schrie.

Von der Thematisierung der DDR-Flucht über die deutschen Botschaften in Budapest, Prag, Ost-Berlin und Warschau ausgehend, hatte sich seit August das Themenspektrum scherenartig geöffnet. Neben der DDR-Flucht gewannen hierbei die Themenkomplexe DDR-Opposition und Reformbewegung, Krise des politischen Systems und der Wirtschaft sowie Wiedervereinigung zunehmend an Bedeutung. In groben Zügen entspricht die Themenentwicklung der Ereignisentwicklung. Mit der Grenzöffnung wurde nicht nur eine neue Zäsur in der Kette der Ereignisse und damit auch für deren Thematisierung in der Berichterstattung geschaffen, sondern es veränderten sich zusätzlich die Zugangs- und Berichterstattungsbedingungen wesentlich. Damit eröffneten sich auch Chancen für neue Themen (Krüger/Rinz 1990: 113).

Obgleich das Fernsehen den Ereignissen folgte, hat es sie zugleich auch verstärkt und beschleunigt. Informationen beeinflussen Einstellungen, Meinungen und Verhaltensweisen – erst recht, wenn die gewohnten Deutungsmuster krisenhaft versagen. Wenn Menschen Alternativen aufgezeigt werden, lässt sich nicht ausschließen, dass sie diese tatsächlich ergreifen. Sobald diese Alternativen Nachrichtenwert besitzen, müssen sie in die Berichterstattung unvermeidlich eingehen. Versündigung an professionellen Regeln durch Informationsverweigerung über Flucht und Ausreise – auf Honeckers Anweisung – hat nach Stasi-Erkenntnissen die DDR-Bevölkerung umso nachhaltiger den Westmedien zugeführt (Schnibben 1990; Mitter/Wolle 1990: 149f.; Schabowski 1991: 269) und die eigenen Parteigänger orientierungslos gelassen.

Gefördert hat das Fernsehen sicher auch die dramatische innere Zuspitzung, den entscheidenden Kampf um die Öffentlichkeit (Süß 1990: 907ff.; zum Charakter des Umbruchs auch Fischer/Heydemann 1995; Richter 2009). Er begann, als sich im Schatten der Jubiläumsfeiern zum 40. Jahrestag der DDR Freiheitsdemonstrationen erhoben und im Schutze zahlreicher Kamerateams westlicher Stationen eine Weile entfalten konnten. Vopo und Stasi setzten zunächst die ihnen bekannten westdeutschen Fernsehteams außer Gefecht. Sodann wandte sich die Staatsmacht erstmals seit 1953 wieder mit offener und massiver Gewalt gegen das eigene Volk. Bilder von dieser Knüppelorgie wurden, wie es hieß, von britischen, französischen und amerikanischen Teams, tatsächlich aber von videokundigen Oppositionellen aufgenommen und vom westdeutschen Fernsehen ausgestrahlt. Daraufhin begann jene revolutionäre Phase zwischen dem 9. Oktober und dem 9. November, in der sich die Gesellschaft den öffentlichen Raum aneignete. Das Politbüro war gezwungen zu reagieren und bot Dialog und Diskussion an, allerdings ohne die Opposition zu akzeptieren. Denn gegen das Neue Forum wurden die „Formen und Foren der sozialistischen

Demokratie" (Süß 1990: 915) ins Feld geführt; ein Scheinangebot, das die neu errungene generelle Öffentlichkeit wieder zur sozialistischen degradiert hätte. Inzwischen waren die aktiven Bürger jedoch nicht mehr bereit, „ihre" Öffentlichkeit preiszugeben und sich wieder ideologischen Kriterien zu unterwerfen. Sie lehnten das „Angebot" ab, blieben auf den Straßen und retteten dadurch die Revolution. Die Beteiligung an Demonstrationen nahm von Woche zu Woche zu mit dem berühmten Höhepunkt am 4. November in Ostberlin. Dort, in Leipzig und in Dresden sind die Fernsehteams stets dabei –, jetzt auch die aus der DDR. Die SED muss mit der Opposition sprechen. Ihr Monopol zu entscheiden, wer an der öffentlichen Debatte teilnehmen darf und was ihm zu sagen erlaubt war, ist gebrochen.

Die neu errungene Öffentlichkeit transzendierte die alten Institutionen erstaunlich schnell und schuf sich mit den Runden Tischen neue hinzu. Die Volkskammer wurde zu einer debattierenden Körperschaft, von Hörfunk und Fernsehen direkt übertragen. Dort wurde auch das alte System öffentlich liquidiert. Als Erich Mielke am 17. November zum ersten Mal gezwungen war, sich vor diesem Plenum und zugleich vor dem Fernsehpublikum öffentlicher Kontrolle zu stellen, war seine Macht gebrochen.

Zuvor war die Mauer gefallen, wie beiläufig im Fernsehen verkündet. In dieser Stunde wurden die Westmedien tatsächlich zu Akteuren: Der Reporter vor dem Grenzübergang stellte die Frage, wo die DDR-Bürger denn blieben. Minuten später waren sie da. Aber der Wandel war längst vollzogen, obgleich die alte Macht das erst später begriff und auf Rückwende sann, wie übrigens auch die Journalisten der „Aktuellen Kamera", die nach kurzer kritischer Blüte zur Parteilichkeit zugunsten von SED-PDS zurückstrebten zum Gewohnten (Hartmann 1990: 4ff.). Alte Macht und alte Medien sind an der neuen Publizität gescheitert: an der bloßstellenden Öffentlichkeit des Runden Tisches und an der Mobilisierungsbereitschaft des Volkes.

3. Deutsche Paradoxien

Paradox ist, dass im Jahrzehnt zuvor im Westen eine gegenteilige Systemwende propagiert worden war, die auf der kommunistischen Theorie aufbaute und praktisch anstrebte, was die ostdeutsche Revolution später überwunden hat.

Von Marx' und Engels' These ausgehend, dass die Gedanken der herrschenden Klasse in jeder Epoche die herrschenden Gedanken seien, warfen neomarxistische Kritiker den bürgerlichen Medien vor, als ideologische Stütze des Systems zu wirken, „indem sie systemkonformes Werte- und Normenwissen vermitteln und dadurch die zunehmend legitimationsbedürftigen Produktionsverhältnisse und Herrschaftsformen bewusstseinsmäßig absichern". Die spannende Frage, ob die Vermittlung solch systemkonformen Werte- und Normenwissens wirklich geschieht, wurde dabei vorsichtshalber keiner empirischen Analyse zugeführt. Und zur liberal-pluralistischen

Demokratie besaß diese Position ohnehin keinen Zugang. Umso überzeugungsfester wurden dafür die Problematisierung des Bestehenden und die Bedingungen für seine Veränderung zum zentralen Inhalt, ja zur normativen Vorgabe aller Kommunikation gemacht. „Befreiung" aus „Unterdrückung und Ausbeutung" seien „nur in einem ... Kommunikationsprozeß zu erreichen, dessen Leitziele effektive Chancengleichheit, kollektive Emanzipation und Solidarität sind" (Aufermann 1975). Darin liegen bemerkenswerte Eingrenzungen: Statt universeller Themenvielfalt und Offenheit für alle Interessen sollten die Universalität der Themen beschnitten und die zum Kommunikationsprozess zugelassenen Interessen beschränkt werden. Medien sollen Instrumente dieses „Befreiungsprozesses" sein, der – wie in der DDR zu sehen war – theoretisch und praktisch jeglicher liberaler und pluraler Legitimationsdoktrin widerspricht. Das Modell, welches die öffentliche Kommunikation gemäß bestimmten, für wahr erachteten und daher letztlich nicht diskussionsfähigen gesellschaftlichen und politischen Zielvorstellungen zu instrumentalisieren beabsichtigt, war in den sozialistischen Systemen und speziell in Ostdeutschland zu besichtigen. Zieht man heute Bilanz, zeigt sich offensichtliche intellektuelle und empirische Überlegenheit der Systemüberwinder im Osten.

Dass die Verhältnisse im Westen nicht „reif" geworden sind für die Realisierung derart abstruser Ansätze – die es ja nicht nur in der Kommunikations-, sondern auch in der Politikwissenschaft und anderswo gab – ist nicht unwesentlich intellektuellem Widerstand zu verdanken. Eine seiner wesentlichen Säulen ist die Mainzer Schule, die auch Wolfgang Donsbach geprägt hat.

Umso bemerkenswerter, dass er seit nun zwei Jahrzehnten in Dresden selbst ein Institut prägt, das sich unter den Bedingungen der Freiheit des Denkens, der Wissenschaft und der Politik nicht zuletzt die Erforschung demokratischer politischer Öffentlichkeit zur Aufgabe gemacht hat: ein Institut, das diese Öffentlichkeit zudem bewusst adressieren und nicht nur für den Elfenbeinturm der Wissenschaft arbeiten will; ein Institut, das dies innovativ, empirisch und auf hohem, von aktuell relevanten Fragestellungen angeleitetem methodischen Niveau tut.

Und es ist historisch und politisch-kulturell bemerkenswert, dass vor allem in Dresden (und anderswo) zwischen der systembedingten Verweigerung und Begrenzung von Öffentlichkeit, ihrer unglaublich rasanten Erkämpfung, ihrer freien Entfaltung und zugleich Erforschung noch nicht einmal eine Generation vergangen ist.

Literatur

Aufbruch 89 – Neues Forum (1989): Gründungsaufruf des Neuen Forum vom 10. September 1989, in: Schüddekopf (1990): 29-31.
Aufermann, Jörg 1975: Politische Medienfunktionen in funktionalistischer Sicht. In: Politik und Ökonomie = Politische Vierteljahreschrift, Sonderheft 6/1975. 431-452.
Autorenkollektiv (1989): Kleines Politisches Wörterbuch. Neuausgabe 1988. Berlin: Dietz.

Bos, Ellen (1993): Leserbriefe in Tageszeitungen der DDR. Zur „Massenverbundenheit" der Presse 1949-1989.Opladen: Westdeutscher Verlag

Donsbach. Wolfgang (2007): Journalistische Kompetenz für eine pluralistische Demokratie. In: Patzelt et al. (2007): 193-206.

Deutscher Bundestag (Hrsg.) (1999): Materialien der Enquete-Kommission „Überwindung der Folgen der SED-Diktatur im Prozeß der deutschen Einheit". Bildung, Wissenschaft, Kultur (Bd. IV, 2). Baden-Baden: Nomos und Frankfurt a.M.: Suhrkamp.

Eppelmann, Rainer/ Faulenbach, Bernd/ Mählert, Ulrich (Hrsg.) (2003): Bilanz und Perspektiven der DDR-Forschung. Paderborn u.a.: Ferdinand Schöningh.

Fischer, Alexander/ Heydemann, Günther (Hrsg.) (1995): Die politische „Wende" 1989/90 in Sachsen (Schriften des Hannah-Arendt-Instituts für Totalitarismusforschung Bd. I). Weimar u. a.: Böhlau.

Gerhardt, Volker (2012): „Öffentlichkeit". Die politische Form des Bewusstseins. München: C. H. Beck.

Geserick, Ralf (1989): 40 Jahre Presse, Rundfunk und Kommunikationspolitik in der DDR, München: Minerva-Publ.

Gillessen, Günther (1990): Die Armee, die dabeistand. In: Frankfurter Allgemeine Zeitung vom 1. November (Wochenendbeilage).

Graf, Andreas G. (1999): Öffentlichkeit und Gegenöffentlichkeit in der geschlossenen Gesellschaft der DDR. Eine Annäherung. In: Enquete-Kommission (Hrsg.) (1999): 1689-1744.

Habermas Jürgen (1962): Strukturwandel der Öffentlichkeit. Neuwied/Berlin: Luchterhand.

Hartmann, Matthias 1990: Dreifacher Rittberger. Die wiederholten Wenden der Aktuellen Kamera (DDR). In: Evangelischer Pressedienst Nr. 5 v. 20. Januar, S. 4 ff.

Herrmann, Elisabeth M. (1963): Zur Theorie und Praxis der Presse in der Sowjetischen Besatzungszone Deutschlands. Berichte und Dokumente. Berlin: Colloquium Verl.

Holzweißig, Gunter (1989): Massenmedien in der DDR. Berlin: Holzapfel.

Holzweißig, Gunter (2003): DDR-Medien und Medienpolitik. In: Eppelmann et al. (2003): 113-116.

Knabe, Hubertus (1999): „Samisdat" – Gegenöffentlichkeit in den 80er Jahren. In: Kuhrt (1999): 299-330.

Kowalczuk, Ilko-Sascha (2009): Endspiel. Die Revolution von 1989 in der DDR. München: Verlag C. H. Beck.

Krüger, Udo Michael/ Rinz, Bodo 1990 : DDR-Berichterstattung - Renaissance der Information? In: Media-Perspektiven 21 Nr. 2. 102.

Krüger, Udo Michael 1990: Der Wirklichkeit verpflichtet. Analysen der Berichterstattung über die Reformbewegung in der DDR. In: Free flow of information. Über die Rolle der Massenmedien in gesellschaftlichen Prozessen (Mühlheimer Medien-Forum Begegnungen Sonderdruck 1/1990)

Kuhrt, Eberhard (Hrsg.) (1999): Opposition in der DDR von den 70er Jahren bis zum Zusammenbruch der SED-Herrschaft (=Am Ende des realen Sozialismus, Bd. 3). Opladen: Leske + Budrich.

Langenbucher, Wolfgang R. (Hrsg.) (2003): Die Kommunikationsfreiheit der Gesellschaft. Die demokratischen Funktionen eines Grundrechts. Wiesbaden: Westdeutscher Verlag.

Linke, Norbert 1987: Die Rezeption der Programme von ARD und ZDF in der DDR als Gegenstand der SED-Kommunikationspolitik, in: Publizistik, 32. Jg., H 1: 45-86.

Mitter, Armin/ Wolle, Stefan (Hrsg.) (1990): Ich liebe euch doch alle! Befehle und Lageberichte des MfS Januar-November 1989. Berlin: Basis-Druck-Verlags-Gesellschaft.

Patzelt, Werner J./ Sebaldt, Martin/ Kranenpohl, Uwe (Hrsg.) (2007): Res publica semper reformanda. Wissenschaft und politische Bildung im Dienste des Gemeinwohls. Festschrift für Heinrich Oberreuter zum 65. Geburtstag. Wiesbaden: VS Verl. für Sozialwissenschaften.

Richter, Michael (2009): Die friedliche Revolution: Aufbruch zur Demokratie in Sachsen 1989/90. Göttingen: Vandenhoeck & Ruprecht.

Riedel, Heide (1977): Hörfunk und Fernsehen in der DDR. Ein Projekt des Deutschen Rundfunkmuseums. Köln: Braun.

Schabowski, Günter (1991): Der Absturz. Berlin: Rowohlt.

Schüddekopf, Charles (Hrsg.) (1990). „Wir sind das Volk", Reinbek: Rowohlt.

Schnibben, Cordt 1990: "Ich bin das Volk". Wie Erich Honecker und sein Politbüro die Konterrevolution erlebten. In: Der Spiegel vom 16. April.
Schreiber, Erhard (1984): Kritik der marxistischen Kommunikationstheorie. München u.a.: Sauer.
Schulz, Jürgen Michael (2003): Kommunikationsfreiheit in der DDr. Ein Lernprizess gegen die Macht. In: Langenbucher (2003): 163-188.
Süß, Walter: Revolution und Öffentlichkeit in der DDR, in: Deutschland-Archiv 23. 1990. 907- 921.
Töpfl, Florian (2011): Mediensysteme in Transformationsprozessen. Wie entstehen pluralistische Mediensysteme - und warum nicht? Baden-Baden: Nomos

Biographische Angaben

Hans-Bernd Brosius, geboren 1957 in Bocholt, studierte 1976 bis 1980 an der Universität Münster Psychologie und Medizin. Nach der Promotion 1983 Wechsel an das Institut für Publizistik in Mainz, dort 1994 Habilitation. Seit 1995 Professor für Kommunikationswissenschaft am Institut für Kommunikationswissenschaft und Medienforschung der Ludwig-Maximilians-Universität in München. In ihrer gemeinsamen Zeit in Mainz haben Donsbach und Brosius mehrere gemeinsame Forschungsprojekte durchgeführt, zum Beispiel zur Darstellung von Helmut Kohl in der Presse, zum Thema Realitätsvermittlung durch Massenmedien oder zur Rolle von Bebilderung in Fernsehnachrichten. Was es mit der Pappnasen-Forschung auf sich hat, wird an dieser Stelle allerdings nicht verraten.

Ruth Breeze (MA, PhD) has researched and published widely in the area of media language, legal language and professional communication. She is a member of the GradUN research group within the Instituto Cultura y Sociedad at the University of Navarra, Spain.

Michael A. Cacciatore (Ph.D., University of Wisconsin-Madison) is an assistant professor in the Department of Advertising & Public Relations at the University of Georgia where he teaches research methodology and courses in public relations and strategic communication. His research focuses on science and risk communication, with a specific emphasis on media coverage and opinion formation for such topics. Dr. Cacciatore's work has been published in journals such as Public Understanding of Science, Science Communication, and New Media & Society, among others.

Wolfgang Donsbach lehrt seit 1993 Kommunikationswissenschaft an der Technischen Universität Dresden und ist Gründungsdirektor des Instituts für Kommunikationswissenschaft der TU Dresden. Promotion und Habilitation erfolgten an der Universität Mainz. Berufliche Stationen waren die Universitäten Dortmund, Mainz und FU Berlin sowie als Gastprofessor die Columbia University (1989/90), Syracuse University (1990), Harvard University (1999), Universidad de Navarra (seit 1993 dauerhaft) und Nanyang Technological University Singapur (2012). Donsbach war Präsident der World Association for Public Opinion Research (WAPOR) und der International Communication Association (ICA). Er erhielt den Helen Dinerman Award der WAPOR für herausragende Leistungen auf dem Gebiet der Meinungsforschung und den David Swanson Award der Political Communication Division der ICA für seine Arbeiten in der politischen Kommunikationsforschung. Seit 2010 hat er den

Status eines "Fellow" der International Communication Association. Seine Forschungsschwerpunkte sind Journalismus, öffentliche Meinung und politische Kommunikation. Neben zahlreichen anderen Publikationen ist er Herausgeber der 12-bändigen International Encyclopedia of Communication (Blackwell-Wiley) und des Handbook of Public Opinion Research (Sage).

Wolfgang Donsbach has been teaching communications and media studies since 1993 when he founded the department at Dresden Technical University. He received his PhD as well as his postdoctoral qualification from Mainz University. He also worked at Dortmund and Berlin. He was a visiting professor at Columbia University, Syracuse University, University of Navarra (Spain), Harvard University and Nanyang Technological University Singapore. He was president of the World Association for Public Opinion Research (WAPOR) as well as president of the International Communication Association (ICA). In 2007, he received WAPOR's Helen-Dinerman-Award for extraordinary achievements in public opinion research and in 2008 the David Swanson Award in Political Communication sponsored by ICA's Political Communication Division. In 2010, he was elected as an ICA Fellow. His main research interests are journalism, political communication and public opinion. Aside from numerous other publications, he is editor of the 12-volume International Encyclopedia of Communication (Blackwell-Wiley) and of the Handbook of Public Opinion Research (Sage).

Katja Friedrich, geboren 1978 in Schramberg, studierte von 1997 bis 2004 an der Ludwig-Maximilians-Universität München Kommunikationswissenschaft, Politikwissenschaft und Interkulturelle Kommunikation (Magister) sowie von 2000 bis 2001 an der University of North London Mass Communication und Cultural Studies (BA). 2010 Promotion, Habilitationsprojekt zu politischen und sozialen Wirkungen Prominenter in der Mediengesellschaft.

Alexander Haas, geboren 1979 in Würzburg, studierte Kommunikationswissenschaft, Psychologie, Politikwissenschaft und interkulturelle Kommunikation an der Ludwig-Maximilians-Universität in München. 2005 Magister, 2012 Promotion (Interpersonale Kommunikation und Medienwirkungen). Von 2005-09 Projektmitarbeiter, 2010-12 wissenschaftlicher Mitarbeiter, seit 2013 Akademischer Rat. Zusammenarbeit mit Wolfgang Donsbach im Rahmen eines Forschungsprojekts zu Themen und Herkunft der Forschung in den Fachzeitschriften „Publizistik" und „Medien und Kommunikationswissenschaft".

Lutz M. Hagen, geboren 1962 in Mannheim, studierte Maschinenbau und Betriebswirtschaftslehre in Darmstadt, Saarbrücken und Nürnberg; 1994 Promotion und

2004 Habilitation im Fach Kommunikationswissenschaft. Von 1990 bis 2000 wissenschaftlicher Mitarbeiter und Assistent bei Winfried Schulz, 2011 Habilitationsstipendiat der DfG, danach Vertretung von Professuren in Hannover, Bremen, Erfurt und Dresden. Seit 2004 C4-Professor für Kommunikationswissenschaft an der TU Dresden. Seit 2013 Direktor des "Instituts für Kommunikationswissenschaft" (IfK), seit 2008 Direktor des "Zentrums für sozialwissenschaftliche Methoden der TU Dresden" (ZSM), Mitglied im Multimedia-Beirat der TU Dresden. Lutz Hagen arbeitet seit einem Jahrzehnt eng mit Wolfgang Donsbach am IfK und für das IfK zusammen - auch bei der Leitung mehrerer Forschungsprojekte. Er hat dabei viel gelernt.

Olaf Jandura, geboren 1974, studierte Kommunikationswissenschaft, Politikwissenschaft und Soziologie an der TU Dresden, sowie der Universidad de Navarra (Pamplona/Spanien). Er war von 1999 bis 2006 wissenschaftlicher Mitarbeiter und Assistent bei Wolfgang Donsbach am Institut für Kommunikationswissenschaft der TU Dresden. Promotion zum Dr. phil. erfolgte 2005 mit einer Arbeit zum Thema „Kleinparteien in der Mediendemokratie. Konstanten und Spezifika der Berichterstattung als Regierungs- und Oppositionsparteien". Von 2006 bis 2012 war er akademischer Rat auf Zeit am Institut für Kommunikationswissenschaft und Medienforschung der Ludwig-Maximilians-Universität München (Lehrbereich Prof. Brosius); und in dieser Zeit zweiter Sprecher bzw. Sprecher der Fachgruppe Methoden in der Deutschen Gesellschaft für Publizistik und Kommunikationswissenschaft (bis 2010). Nach einer Vertretung der W3-Professur für Allgemeine Kommunikationswissenschaft an der Johannes Gutenberg-Universität Mainz folgte zum Sommersemester 2013 der Ruf als Universitätsprofessor für das Fach Medien- und Kommunikationswissenschaft (Schwerpunkt Methoden der empirischen Kommunikationsforschung) an die Heinrich-Heine-Universität Düsseldorf (befristet auf 5 Jahre). Jandura und Donsbach verbindet über die gemeinsame Dresdner die intensive Zusammenarbeit bei verschiedenen Forschungsprojekten.

Hans Mathias Kepplinger, geboren 1943 in Mainz, hat in Mainz, München und Berlin, Politikwissenschaft, Geschichte und Publizistikwissenschaft studiert und 1970 mit einer Studie zum politischen Denken von Hans Magnus Enzensberger promoviert. Er war ab 1970 wissenschaftlicher Mitarbeiter von Elisabeth Noelle-Neumann, nach der Habilitation 1977 Heisenberg-Stipendiat der Deutschen Forschungsgemeinschaft und von 1982 bis 2011 Professor für empirischer Kommunikationsforschung an der Universität Mainz. Mitte der 1970er Jahre hat er mit Elisabeth Noelle-Neumann das von der DFG geförderte UNESCO-Projekt „Community and Communication" geleitet – eine erste systematische Kombination von Inhaltsanalysen mit Befragungen von Journalisten und Rezipienten. Wissenschaftliche Mitarbeiter waren Wolfgang Donsbach und Renate Köcher. Daraus haben sich lebenslange Freundschaften und gemeinsame Forschungspfojekte entwickelt. Er war Gastwissenschaftler u. a. an der UC Berkeley, der Harvard University, den Universitäten in Tunis, Lugano und Zürich und ist Autor von mehr als 300 wissenschaftlichen Aufsätzen und 30 Büchern.

Silvia Knobloch-Westerwick (Ph.D., University of Music, Drama, and Media, Hanover) is a professor at the School of Communication at The Ohio State University. She serves as Graduate Studies Director of the School, as well as managing editor of the ISI-ranked journal Media Psychology. Her research interests pertain to uses and effects of media, with a focus on selective exposure. Dr. Knobloch-Westerwick worked with Dr. Donsbach while she held appointments as visiting professor and interim professor at the Department of Communication Research at Dresden University in 2000-02. Their collaboration continues until today, most recently by means of a co-authored study on selective exposure to political messages before the 2013 Bundestagswahl in Germany.

Esteban López-Escobar holds a PhD in Law (University of Sevilla) with a Diploma in Journalism (University of Navarra). He is currently an Emeritus Professor at the University of Navarra's School of Communication, in which he was the first Director of the Public Communication Department. He has been a board member of the European Institute for the Media and the International Institute of Communications. He was a fellow of the University of Harvard's Shorenstein Center on Media, Politics and Public Policy (2003), and served as the president of the World Association for Public Opinion Research (WAPOR) (2005-2006). Wolfgang Donsbach has been a close friend since they first met in Warsaw (Poland) at an IAMCR conference in 1978.

Cornelia Mothes (Ph.D. 2012, TU Dresden) ist Postdoc Research Fellow an der School of Communication der Ohio State University (DAAD-Stipendium). Sie studierte Kommunikationswissenschaft, Kunstgeschichte und Soziologie an der TU Dresden als Stipendiatin der Studienstiftung des deutschen Volkes. 2008 Research Fellow im Future Lab der Rino Snaidero Scientific Foundation in Majano (Italien), 2009 bis 2011 Promotionsstipendium der Studienstiftung des deutschen Volkes, 2011 bis 2014 wissenschaftliche Mitarbeiterin an der TU Dresden, 2014 Postdoc an der Universität Hohenheim im Fachbereich Medienpsychologie. Cornelia Mothes' Forschungsschwerpunkte liegen im Bereich Politische Kommunikation, Medienpsychologie und Journalismusforschung. Wolfgang Donsbach ist Cornelia Mothes' akademischer Lehrer und Doktorvater. Sie verbindet eine langjährige und andauernde Zusammenarbeit an verschiedenen Projekten der politischen Kommunikationsforschung.

Patricia Moy is Associate Vice Provost of Academic and Student Affairs at the University of Washington, where she is the Christy Cressey Professor of Communication and Adjunct Professor of Political Science. Her research concerns issues of communication and citizenship, media effects, and public opinion. She is the editor of *Public Opinion Quarterly* and the online reference tool *Oxford Bibliographies in Communication*. Moy is the President-Elect of the World Association for Public Opinion Research and is a past president of the Midwest Association for Public Opinion Research.

Alejandro Navas (Ph.D., University of Navarra), is Professor of Sociology and Public Opinion and Director of the Seminar on Health and Communication at the School of Communication of the University of Navarra. He also is the former Dean of the School and currently serves as an adviser on social and political programs to the Regional Government of Navarra. Two decades ago, he first met Elisabeth Noelle-Neumann and Wolfgang Donsbach. Since then, Professor Donsbach, both from his Institut für Publizistik in Mainz and the University of Dresden, has been regularly cooperating with the School of Navarra.

Peter Neijens holds a Chair in Persuasive Communication in the Amsterdam School of Communication Research, University of Amsterdam, the Netherlands. Peter is a long-standing WAPOR member and served as editor-in-chief of WAPOR's flagship journal, "The International Journal of Public Opinion Research", from 2008-2011, as a successor of Wolfgang Donsbach.

Elisabeth Noelle-Neumann, geboren 1916 in Berlin, gestorben 2010 in Allensbach am Bodensee, war die Gründerin und langjährige Leiterin des Instituts für Demoskopie Allensbach und des Instituts für Publizistik der Universität Mainz. Studium der Publizistik und Geschichte in Berlin, München, Königsberg und Columbia (Missouri). Promotion 1940. 1939-1945 Arbeit als Journalistin, u. a. bei der "Frankfurter Zeitung" bis zu deren Verbot 1943. 1947 Gründung des Instituts für Demoskopie Allensbach, des ersten deutschen Umfrageforschungsinstituts. 1964 Ruf auf den Lehrstuhl für Publizistik an der Universität Mainz. Zahlreiche Publikationen zu den Methoden der Umfrageforschung, zu Wahlforschung, Markt- und Mediaforschung und zur Medienwirkungsforschung sowie zur Theorie der Schweigespirale, ihrem wichtigsten kommunikationswissenschaftlichen Werk (erschienen 1980). Wolfgang Donsbach war Student von Elisabeth Noelle-Neumann (und zeitweise einer der Wortführer der Studentenrevolte gegen sie in den 70er Jahren), promovierte und habilitierte sich am Institut für Publizistik der Universität Mainz. Elisabeth Noelle-Neumann blieb Wolfgang Donsbach ihr Leben lang freundschaftlich und auch wissenschaftlich über gemeinsame Forschungsprojekte verbunden.

Heinrich Oberreuter, geboren 1942 in Breslau, studierte Politikwissenschaft, Geschichte, Kommunikationswissenschaft und Soziologie in München. Er ist Direktor des Instituts für Journalistenausbildung in Passau, war von 1980 bis 2010 Professor für Politikwissenschaft an der Universität Passau und von 1993 bis 2011 Direktor der Akademie für Politische Bildung in Tutzing. Heinrich Oberreuter war von 1991 bis 1993 Gründungsdekan für Geistes- und Sozialwissenschaften an der Technischen Universität Dresden.In dieser Zeit betrieb er erfolgreich die Gründung der Fakultät für Sprach- und Literaturwissenschaft und der Philosophischen Fakultät, an die Wolfgang Donsbach 1993 als Gründungsprofessor des Instituts für Kommunikationswissenschaft berufen wurde.

Thomas E. Patterson is Bradlee Professor of Government & the Press at Harvard University's Kennedy School of Government. His latest book is *Informing the News: The Need for Knowledge-Based Journalism* (New York: Vintage 2013).

Thomas Petersen, geboren 1968 in Hamburg, studierte 1987 bis 1992 an der Universität Mainz Publizistik, Alte Geschichte und Vor- und Frühgeschichte. 1993 Magister, 2001 Promotion, 2010 Habilitation. Projektleiter am Institut für Demoskopie Allensbach, Privatdozent am Institut für Kommunikationswissenschaft der Technischen Universität Dresden. Donsbach war ein Lehrer Petersens an der Universität Mainz, später sein „Habilitationsvater" in Dresden. Beide verbindet die Prägung durch ihre gemeinsame akademische Lehrerin Elisabeth Noelle-Neumann und die Dankbarkeit ihr gegenüber. Donsbach und Petersen arbeiteten in mehreren Forschungsprojekten zur Wahlforschung zusammen, außerdem im Rahmen der World Association for Public Opinion Research (WAPOR) bei der Organisation von Tagungen und der institutionellen Verankerung des International Journal of Public Opinion Research (IJPOR).

José Javier Sanchez Aranda (Ph.D. in Journalism, University of Navarra) is a Full Professor in the Public Communication Department at the University of Navarra. He teaches History of Journalism and Research Methods in Mass Communication. The recent research interests are in History of Journalism and Pulic Opinion issues. Former research with Professor Donsbach in projects of the Universiy of Navarra about Communication and VIH and professional attitudes of Spanish journalists.

Dietram A. Scheufele (Ph.D., University of Wisconsin-Madison) holds the John E. Ross Professor in Science Communication at the University of Wisconsin, Madison, and is Honorary Professor of Communication at the Dresden University of Technology (Germany). He is an elected fellow of the American Association for the Advancement of Science and the Wisconsin Academy of Sciences, Arts & Letters, and has been a tenured faculty member at Cornell University, a Shorenstein fellow at Harvard

University, and a DAAD Visiting Professor at the Technische Universität Dresden. Over the years, Wolfgang Donsbach and Scheufele have interfaced in various functions and countries, most recently in the Institut für Kommunikationswissenschaft at TU Dresden.

Anna-Maria Schielicke (Ph.D. 2012, TU Dresden) ist Wissenschaftliche Mitarbeiterin am Institut für Kommunikationswissenschaft der TU Dresden. Sie studierte Kommunikationswissenschaft, Psychologie und Germanistik an der TU Dresden. Ihre Forschungsschwerpunkte sind Politische Kommunikation, Medienpsychologie und Journalismusforschung. Anna-Maria Schielicke verbindet mit Wolfgang Donsbach eine langjährige und andauernde Zusammenarbeit an unterschiedlichen Forschungsprojekten, zudem betreute er ihre Dissertation.

Winfried Schulz, geboren 1938 in Berlin, studierte 1960 bis 1964 an den Universität München und FU Berlin Soziologie, Psychologie, Publizistik und Politikwissenschaft. 1964 Dipl.-Soziologe, 1968 Dr. rer. pol., 1974 Habilitation. 1965-75 wiss. Assistent und Assistenzprofessor am Institut für Publizistik Mainz, 1975-76 Research Fellow an der University of California at Berkeley, 1977-83 Professor für Publizistik und Kommunikationswissenschaft an der Universität Münster, 1983-2004 Lehrstuhl für Kommunikations- und Politikwissenschaft der FAU Erlangen-Nürnberg, seitdem Lehrbeauftragter der FAU. Donsbach und Schulz verbindet die gemeinsame Herkunft aus dem Mainzer Publizistik-Biotop, geprägt von ihrer akademischen Lehrerin Elisabeth Noelle-Neumann. Ihre Forschungsinteressen decken sich zum großen Teil und ihre Wege kreuzen sich seit Jahrzehnten auf akademischen Veranstaltungen national und international.

Claudia Seifert, geboren 1985 in Halle a. d. Saale, studierte 2005 bis 2010 den Bachelor „Medienforschung/Medienpraxis" sowie den Master „Angewandte Medienforschung" am Institut für Kommunikationswissenschaft in Dresden. Nachdem sie 2011 Mitarbeiterin der Abteilung Medienforschung des Zweiten Deutschen Fernsehens in Mainz war, kehrte sie ans Institut und den Lehrstuhl von Lutz Hagen zurück. Wolfgang Donsbach lernte sie als Dozent während ihres Studiums, als Projektleiter während ihrer Tätigkeit für das Presseclipping der Sächsischen Staatskanzlei und als Kollegen in ihrer Tätigkeit als Wissenschaftliche Mitarbeiterin für das Institut kennen.

Jeroen Slot is Director of Research and Statistics Amsterdam, Municipality of Amsterdam, the Netherlands. Jeroen is a long-standing WAPOR member and the Dutch WAPOR representative.

Michael W. Traugott (Ph.D. 1974, University of Michigan) is Research Professor Emeritus and Director of the Center for Political Studies, Institute for Social Research at the University of Michigan. He has been the president of the American Association for Public Opinion Research (AAPOR) and the World Association for Public Opinion Research (WAPOR). He was also the president of the Midwest Association for Public Opinion Research (MAPOR) and elected as a Fellow. In 2010, he received the AAPOR Award for Outstanding Lifetime Achievement. His research interests include political communication, especially in campaigns and elections; survey methodology; and the use of polls to construct news. He has collaborated with Wolfgang Donsbach on a number of projects, including the WAPOR conferences at Cadenabbia and on the editorial team of the International Journal of Public Opinion Research. They also served on the WAPOR Council together. They are the co-editors of the SAGE Handbook of Public Opinion Research.

Sara K. Yeo (Ph.D., University of Wisconsin-Madison) is an assistant professor in the Department of Communication at the University of Utah. Broadly, her research interests include science communication, public opinion of emerging technologies, selective exposure, and biased information processing. Her work has been published in journals such as Risk Analysis, Energy Policy, Journalism and Mass Communication Quarterly, and Materials Today. Originally from Malaysia, Sara is trained as a bench and field scientist and holds a M.S. in Oceanography from the University of Hawaii at Manoa. Her training in ecology and the life sciences has been invaluable to her research at the intersection of science, media, and politics.

Printed by Printforce, the Netherlands